本書係「敦煌文獻系統性保護整理出版工程」項目成果

二〇二一—二〇三五年國家古籍工作規劃重點出版項目

「十四五」國家重點出版物出版規劃項目

國家古籍整理出版專項經費資助項目

# 中國國家圖書館藏
# 敦煌文獻

中國國家圖書館 編

第六三册

BD00939～BD00955

國家圖書館出版社

# DUNHUANG MANUSCRIPTS IN THE NATIONAL LIBRARY OF CHINA

063

BD00939 ~ BD00955

*compiled by the*

National Library of China

National Library of China Publishing House

顧問　方廣錩　郝春文　榮新江　李際寧

編纂出版　張志清　魏崇　陳紅彦　殷夢霞　薩仁高娃
謝冬榮　劉波　林世田　廖生訓

編纂　林世田　薩仁高娃　常蓋心　于瑞　劉毅超
烏心怡　劉波　劉炳梅　周升川　劉婷
程佳羽　沈艷麗　高雅

編輯　潘竹　程魯潔　黄鑫　苗文葉

審稿　孫彦　耿素麗　宋志英　鄧咏秋

# 凡例

一　本書刊布中國國家圖書館藏敦煌文獻，以館藏編號爲序編排。

二　館藏編號采用「BD+流水號」格式，如BD00001, BD16579等。背面在編號後加v表示。一個編號包含多件文獻者，編號後分別綴以字母A, B, C等。一件文獻含有多個内容者，以數字-1, -2, -3等標明順序。

三　圖版有縮印或放大處另加説明，尺寸超出本書幅面的以摺葉形式呈現。

四　卷軸裝、梵夾裝、經摺裝等裝幀形制的敦煌文獻，各附外觀圖像。

五　每件文獻依次呈現外觀、正面、背面等。背面僅刊布有文字、圖像或其他要素的圖版，而略去素紙部分，背面圖版同樣以從右到左順序編排。凡有外題者，遵從以上原則。

六　除個別特殊情況外，爲保證閲讀連貫、流暢，圖版盡量通欄呈現。

七　各葉上方附該件文獻全圖，以高亮形式顯示本葉大圖在全卷中的位置。部分長卷文獻全圖衹能分多段呈現時，在上段末以<符標示下段接續。卷尾内容不足一葉時，文獻全圖使用該圖卷尾部分，亦以<符標示。背面圖版文字與正面文字方向相反時，文獻全圖按原貌顯示，正文翻轉呈現，以便閲讀研究，用⟲符標示。

八　文獻題名大體沿用中國國家圖書館此前所編多部敦煌文獻目録的考證，部分吸收學界最新研究成果略作調整和完善。文獻題名綜合參考原卷首題、尾題、外題確定，如原卷題名與該文獻正式名稱不同，則采用正式名稱；無題名者，或比定題名，或擬定新名。非漢文文獻在題名前標注語種。有分卷不同等其他情況者，括注於文獻名稱後。

九　本書著録使用通行繁體字，涉及原文中的人名、地名等，必要時保留原字形。

# About this publication

1. The documents are presented in shelfmark order.
2. The shelfmarks are in the form BD plus a running number, eg. BD00001, BD16579, &c. If a given shelfmark contains multiple documents, these are distinguished by the letters A, B, C, &c. If a document has multiple contents, they are distinguished by the numbering 1, 2, 3, &c. The verso side of an item is indicated by the letter v.
3. If it has been necessary to reduce or enlarge the size of an illustration, the dimensions are indicated. If the size of an illustration exceeds the size of the book, a folding sheet is used.
4. If the document is a scroll, a folded sutra, or has a stitched binding, a picture of the whole object is provided to show its external appearance.
5. The cover, front, and back of each document are reproduced in sequence. The back of a document is only reproduced if it contains text, illustrations, or other markings, and it is oriented from right to left. If it is blank it is not reproduced.
6. Except in a few special cases, the lines of text are reproduced unbroken to make them coherent and easier to read.
7. An illustration of the complete document is reproduced at the top of each page, and the section where the main illustration appears is highlighted in order to indicate its position. If it has only been possible to reproduce a long scroll in sections, the direction symbol has been used to indicate where one illustration ends and the next one begins. If the end of the scroll occupies less than one page, the direction symbol is used to indicate its position in the illustration of the complete document. If the text on the back of the document has a different orientation from the text on the front, it is reproduced as it is, but is also rotated (indicated with the rotation symbol ) so that it can be read easily.
8. The titles of the documents generally conform with those already established by the Library, but in some cases have been amended by drawing on the most recent scholarly research. The titles are derived firstly from the beginning of the text, then from the end of the text, and lastly from the cover. If the title of a document differs from its authoritative form, the authoritative form is used; and if a document has no title, one is either supplied by comparison with similar documents, or a new one is devised. If the document is not in Chinese, its language is indicated before the title. If the number of juan is different from that of the authoritative version, or if there are other irregularities, this is noted.
9. The documents in the book are in traditional Chinese characters. Where the title contains personal or place names, the original characters used for these names are retained.

(Translated by David Helliwell)

# 第六三冊目録

BD00939

# 妙法蓮華經卷四

（後秦）鳩摩羅什 譯

790.9cm×26cm

三菩提　佛告藥王
又如來滅度之後若有人聞妙法華經乃至
一偈一句一念隨喜者我亦與受阿耨多羅三
藐三菩提記若復有人受持讀誦解說書
寫妙法華經乃至一偈於此經卷敬視如佛
種種供養華香瓔珞末香塗香燒香繒蓋
幢幡衣服伎樂乃至合掌恭敬藥王當知是
諸人等已曾供養十萬億佛於諸佛所成就大
[illegible]間藥王[illegible]等
佛應示是諸人等於
未來世必得作佛何以故若善男子善女人
於法華經乃至一句受持讀誦解說書寫種
種供養經卷華香瓔珞末香塗香燒香繒蓋

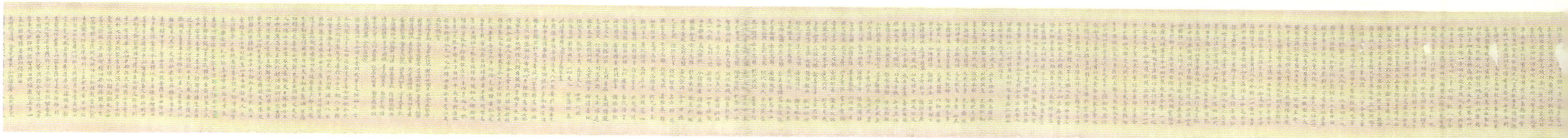

幢幡衣服伎樂合掌恭敬是人一切世間所應
瞻奉應以如來供養而供養之當知此人是
大菩薩成就阿耨多羅三藐三菩提哀愍
衆生願生此間廣演分別妙法華經何況盡
持……清
……愍衆生故生於惡世廣
演此經若是善男子善女人我滅度後能竊
爲一人說法華經乃至一句當知是人則如來使
如來所遣行如來事何況於大衆中廣爲
人說藥王若有惡人以不善心於一劫中現於
佛前常毀罵佛其罪尚輕若人以一惡言毀
呰在家出家讀誦法華經者其罪甚重藥王
有讀誦法華經者當知是人以佛莊嚴
……至方

…所至方
…敬供養尊重讚歎華
香瓔珞末香塗香燒香繒蓋幢幡衣服餚饌
作諸伎樂人中上供而供養之應持天寶而
以散之天上寶聚應以奉獻所以者何是人
歡喜說法須臾聞之即得究竟阿耨多羅三
藐三菩提故尒時世尊欲重宣此義而說偈言
若欲住佛道　成就自然智　常當勤供養　受持法華者
…欲疾得　一切種智慧　當受持是經　并供持經者
…愍念諸衆生
…經者　捨於清淨土　愍衆故生此
當知如是人　自在所欲生　能於此惡世　廣說无上法
應以天華香　及天寶衣服　天上妙寶聚　供養說法者
吾滅後惡世　能持是經者　當合掌禮敬　如供養世尊

上饌眾甘美　及種種衣服　供養是佛子　冀得須臾聞
若能於後世　受持是經者　我遣在人中　行於如來事
若於一劫中　常懷不善心　作色而罵佛　獲无量重罪
[illegible]法華經[illegible]罪復過彼
[illegible]合掌在我前　以无數偈讚
由是讚佛故　得无量功德　歎美持經者　其福復過彼
於八十億劫　以最妙色聲　及與香味觸　供養持經者
如是供養已　若得須臾聞　則應自欣慶　我今獲大利
藥王今告汝　我所說諸經　而於此經中　法華最第一
尒時佛復告藥王菩薩摩訶薩　我所說經典
无量千億　已說今說當說　而於其中　此法華經
[illegible]信難解　藥王此經是諸佛秘要之藏
[illegible]之所守護從
[illegible]說而此經者如來現在猶多怨

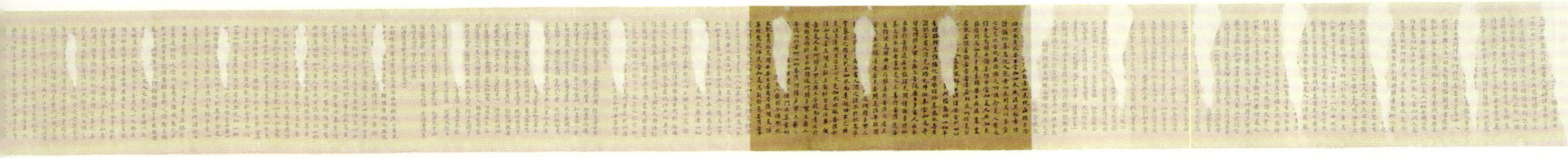

……而此經者如来現在猶多怨
嫉况滅度後藥王當知如来滅後其能書持
讀誦供養為他人說者如来則為以衣覆
之又為他方現在諸佛之所護念是人有大
信力及志願力諸善根力當知是人與如来
共宿則為如来手摩其頭藥王在在處處
若說若讀若誦若書若書若經卷所住處皆
……令高廣嚴飾不須復安舍利所以
……身此塔應以一切華
香瓔珞繒蓋幢幡伎樂歌頌供養恭敬尊重
讚歎若有人得見此塔礼拜供養當知是等
皆近阿耨多羅三藐三菩提藥王多有人在家
出家行菩薩道若不能得見聞讀誦書持供
養是法華經者當知是人未善行菩薩道若

有得聞是經典者乃能善行菩薩之道其
有衆生求佛道者若見若聞是法華經聞
[illegible]近阿耨多羅三
藐[illegible]菩提[illegible]譬如有人渴之須水於彼高原
穿鑿求之猶見乾土知水尚遠施功不已轉
見濕土遂漸至泥其心決定知水必近菩薩亦
復如是若未聞未解未能脩習是法華經
當知是人去阿耨多羅三藐三菩提尚遠若得
聞解思惟脩習必知得近阿耨多羅三藐三
菩提所以者何一切菩薩阿耨多羅三藐三
[illegible]此經開[illegible]便門示真實相
[illegible]遠無人能到今佛教化
成就菩薩而爲開示藥王若有菩薩聞是法
華經驚疑怖畏當知是爲新發意菩薩若聲

華經驚疑怖畏當知是爲新發意菩薩若聲
聞人聞是經驚疑怖畏當知是爲增上慢者
藥王若有善男子善女人如來滅後欲爲四衆
說是法華經者云何應說是善男子善女人
入如來室著如來衣坐如來座尒乃應爲四衆
廣說斯經如來室者一切衆生中大慈悲心
是如來座者一切
法空是安住是中然後以不懈怠心爲諸
菩薩及四衆廣說是法華經藥王我於餘國
遣化人爲其集聽法衆亦遣化比丘比丘尼
優婆塞優婆夷聽其說法是諸化人聞法信
受隨順不逆若說法者在空閑處我時廣遣
天龍鬼神乾闥婆阿修羅等聽其說法我雖
在異國時時令說法者得見我身若於此經

行具足尒時世尊欲重
宣此義而說偈言
欲捨諸懈怠　應當聽此經　是經難得聞　信受者亦難
如人渴須水　穿鑿於高原　猶見乾燥土　知去水尚遠
漸見濕土泥　決定知近水　藥王汝當知　如是諸人等
不聞法華經　去佛智甚遠　若聞是深經　決了聲聞法
是諸經之王　聞已諦思惟　當知此人等　近於佛智慧
若人說此經　應入如來室　著於如來衣　而坐如來座
大慈悲為室　柔和忍辱衣
諸法空為座　處此為說法　若說此經時　有人惡口罵
加刀杖瓦石　念佛故應忍　我千萬億土　現淨堅固身
於无量億劫　為衆生說法　若我滅度後　能說此經者
我遣化四衆　比丘比丘尼　及清信士女　供養於法師
引導諸衆生　集之令聽法　若人欲加惡　刀杖及瓦石

引導諸衆生 集之令聽法 若人欲加惡 刀杖及瓦石
則遣變化人 為之作衛護 若說法之人 獨在空閑處
寂漠无人聲 誦讀此經典 我尒時為現 清淨光明身
□人具是德 或為四衆說
空處誦讀經 皆得見我身 若人在空閑 我遣天龍王
夜叉鬼神等 為作聽法衆 是人樂說法 分別无罣礙
諸佛護念故 能令大衆喜 若親近法師 速得菩薩道
隨順是師學 得見恒沙佛

妙法蓮華經見寶塔品第十一

尒時佛前有七寶塔高五百由旬縱廣二百五
十由旬□□踊出住在空中種種寶物而莊校
之五□□□□室千万无數幢幡以為嚴飾
垂寶瓔珞寶鈴万億而懸其上四面皆出多
摩羅䟦栴檀之香充遍世界其諸幡蓋以金

銀瑠璃車渠馬碯真珠玫瑰七寶合成高至
四天王宮三十三天雨天曼陁羅華供養寶塔
餘諸天龍夜叉乾闥婆阿修羅迦樓羅緊
那羅摩睺羅伽人非人等千万億眾以一切
華香瓔珞幡蓋伎樂供養寶塔恭敬尊重
讚歎尒時寶塔中出大音聲歎言善哉善
哉釋迦牟尼世尊能以平等大慧教菩薩法
佛所護念妙法華經為大眾說如是如是釋
迦牟尼世尊如所說者皆是真實尒時四眾見
大寶塔住在空中又聞塔中所出音聲皆得
法喜怪未曾有從座而起恭敬合掌却住
一面尒時有菩薩摩訶薩名大樂說知一切
世間天人阿修羅等心之所疑而白佛言世尊以
何因緣有此寶塔從地踊出又於其中發是

何因緣有此寶塔從地踊出又於其中發是
音聲尒時佛告大樂說菩薩此寶塔中有如
來全身乃往過去東方无量千万億阿僧祇世
界國名寶淨彼中有佛号曰多寶其佛行
菩薩道時作大誓願若我成佛滅度之後
於十方國土有說法華經處我之塔廟爲聽
是經故踊現其前爲作證明讚言善哉彼佛
成道[illegible]於天人大衆中告諸比丘
我滅度後欲供養我全身者應起一大塔其
佛以神通願力十方世界在在處處若有說
法華經者彼之寶塔皆踊出其前全身在於
塔中讚言善哉善哉大樂說今多寶如來
塔聞說法華經故從地踊出讚言善哉善
哉是時大樂說菩薩以如來神力故白佛言

世尊[illegible]身佛告大樂說菩薩
摩訶薩是多寶佛有深重願若我寶塔為
聽法華經故出於諸佛前時其有欲以我身示
四眾者彼佛分身諸佛在於十方世界說法盡
還集一處然後我身乃出現耳大樂說我分
身諸佛在於十方世界說法者今應當集大
樂說白佛言世尊我等亦願欲見世尊分身
諸佛礼拜供養尒時佛放白毫一光即見東
方五百万[illegible]他恒河沙等國土諸佛彼諸
國土皆以頗梨為地寶樹寶衣以為莊嚴
無數千万億菩薩充滿其中遍張寶幔寶
網羅上彼國諸佛以大妙音而說諸法及見无
量千万億菩薩遍滿諸國為眾說法南西北
方四維上下白毫相光所照之處亦復如是

量千万億菩薩遍滿諸國為衆說法南西北
方四維上下白豪相先所照之處亦復如是
尒時十方諸佛各告衆菩薩言善男子我今應
往娑婆[illegible]迦牟尼佛所并供養多寶如
來寶塔時娑婆世界即變清淨瑠璃為地
寶樹莊嚴黃金為繩以界八道无諸聚落村
營城邑大海江河山川林藪燒大寶香曼陁羅
華遍布其地以寶網幔羅覆其上懸諸寶
鈴唯留此會衆移諸天人置於他土是時諸佛
各將一大菩薩以為侍者至娑婆世界各到
寶樹下[illegible]樹高五百由旬枝葉華菓次第
莊嚴諸寶樹下皆有師子之座高五由旬亦
以大寶而校飾之尒時諸佛各於此座結
跏趺坐如是展轉遍滿三千大千世界而於

釋迦牟尼佛一方所分之身猶故未盡時釋
迦牟尼佛欲容受所分身諸佛故八方各
更變二百万億那由他國皆令清淨无有地
獄餓鬼畜生及阿修羅又移諸天置於他
土所化之國亦以瑠璃為地寶樹莊嚴樹高
五百由旬枝葉華菓次第嚴飾樹下皆有寶
師子座高五由旬種種諸寶以為莊校亦无
大海江河及目真隣陁山摩訶目真隣陁山
鐵圍山大鐵圍山須弥山等諸山王通為一
佛國土寶地平正寶交露幔遍覆其上懸諸
幡蓋燒大寶香諸天寶華遍布其地釋迦牟
尼佛為諸佛當來坐故復於八方各變二百
萬億那由他國皆令清淨无有地獄餓鬼畜
生及阿修羅又移諸天人置於他土所化之

生及阿修羅又移諸天人置於他土所化之
國亦以瑠璃爲地寶樹莊嚴樹高五百由旬
枝葉華菓次第莊嚴樹下皆有寶師子座
高五由旬亦以大寶而挍飾之亦无大海江河
及目真隣陁山摩訶目真隣陁山鐵圍山大
鐵圍山須弥山等諸山王通爲一佛國土寶
地平正寶交露幔遍覆其上懸諸幡蓋燒
大寶香諸天寶華遍布其地尒時東方釋迦
牟尼所分之身百千万億那由他恒河沙等國土
中諸佛各各說法來集於此如是次第十方
諸佛皆悉來集坐於八方尒時一一方四百万
億那由他國土諸佛如來遍滿其中是時諸
佛各在寶樹下坐師子座皆遣侍者問訊
釋迦牟尼佛各賫寶華滿掬而告之言善

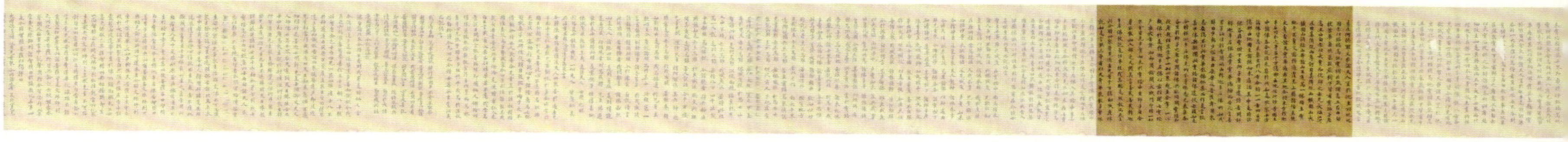

男子汝往詣耆闍崛山釋迦牟尼佛所如我
辭曰少病少惱氣力安樂及菩薩聲聞衆
悉安隱不以此寶華散佛供養而作是言彼
某甲佛與欲開此寶塔諸佛遣使亦復如是
尒時釋迦牟尼佛見所分身佛悉已來集各
各坐於師子之座皆聞諸佛與欲同開寶塔即
從座起住虛空中一切四衆起立合掌一心
觀佛於是釋迦牟尼佛以右指開七寶塔
戶出大音聲如却關鑰開大城門即時一切
衆會皆見多寶如來於寶塔中坐師子座全
身不散如入禪定又聞其言善哉善哉釋迦
牟尼佛快說是法華經我爲聽是經故而來至
此尒時四衆等見過去无量千万億劫滅度佛
說如是言歎未曾有以天寶華聚散多寶佛

山尒時四衆等見過去无量千万億劫滅度佛
說如是言歎未曾有以天寶華聚散多寶佛
及釋迦牟尼佛上尒時多寶佛於寶塔中
分半座與釋迦牟尼佛而作是言釋迦牟尼佛
可就此座即時釋迦牟尼佛入其塔中坐其
半座結跏趺坐尒時大衆見二如來在七寶
塔中師子座上結跏趺坐各作是念佛座高
遠唯願如來以神通力令我等輩俱處虛空
即時釋迦牟尼佛以神通力接諸大衆皆
在虛空以大音聲普告四衆誰能於此娑婆
國土廣說妙法華經今正是時如來不久當入
涅槃佛欲以此妙法華經付囑有在尒時世
尊欲重宣此義而說偈言
聖主世尊　雖久滅度　在寶塔中　尚為法來
諸人云何　不勤為法　此佛滅度　无鞅數劫

處處聽法　以難遇故　彼佛本願　我滅度後
在在所往　常為聽法　又我分身　无量諸佛
如恒沙等　來欲聽法　及見滅度　多寶如來
各捨妙土　及弟子眾　天人龍神　諸供養事
令法久住　故來至此　為坐諸佛　以神通力
移无量眾　令國清淨　諸佛各各　詣寶樹下
如清淨池　蓮華莊嚴　其寶樹下　諸師子座
佛坐其上　光明嚴飾　如夜暗中　然大炬火
身出妙香　遍十方国　眾生蒙薰　喜不自勝
譬如大風　吹小樹枝　以是方便　令法久住
告諸大眾　我滅度後　誰能護持　讀說斯經
今於佛前　自說誓言　其多寶佛　雖久滅度
以大誓願　而師子吼　多寶如來　及與我身
所集化佛　當知此意　諸佛子等　誰能護法

所集化佛　當知此意　諸佛子等　誰能護法
當發大願　令得久住　其有能護　此經法者
則為供養　我及多寶　此多寶佛　處於寶塔
常遊十方　為是經故　亦復供養　諸來化佛
莊嚴光飾　諸世界者　若說此經　則為見我
多寶如來　及諸化佛　諸善男子　各諦思惟
此為難事　宜發大願　諸餘經典　數如恒沙
雖說此等　未足為難　若接須彌　擲置他方
无數佛土　亦未為難　若以足指　動大千界
遠擲他國　亦未為難　若立有頂　為衆演說
无量餘經　亦未為難　若佛滅後　於惡世中
能說此經　是則為難　假使有人　手把虛空
而以遊行　亦未為難　於我滅後　若自書持
若使人書　是則為難　若以大地　置足甲上

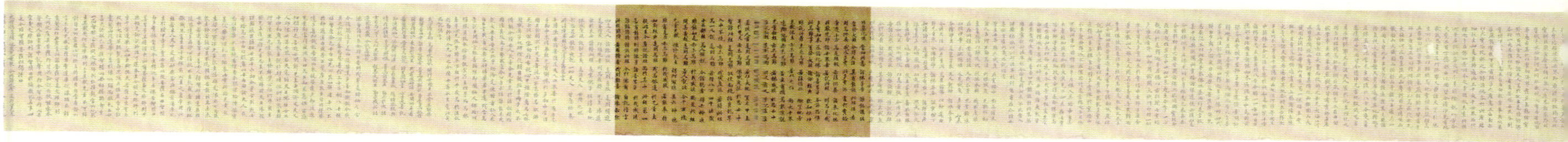

升於梵天　亦未為難　佛滅度後　於惡世中
暫讀此經　是則為難　假使劫燒　擔負乾草
入中不燒　亦未為難　我滅度後　若持此經
為一人說　是則為難　若持八万　四千法藏
十二部經　為人演說　令諸聽者　得六神通
雖能如是　亦未為難　於我滅後　聽受此經
問其義趣　是則為難　若人說法　令千万億
无量无數　恒沙衆生　得阿羅漢　具六神通
雖有是益　亦未為難　於我滅後　若能奉持
如斯經典　是則為難　我為佛道　於无量土
從始至今　廣說諸經　而於其中　此經第一
若有能持　則持佛身　諸善男子　於我滅後
誰能護持　讀誦此經　今於佛前　自說誓言
此經難持　若暫持者　我則歡喜　諸佛亦然

此經難持　若暫持者　我則歡喜　諸佛亦然
如是之人　諸佛所歎　是則勇猛　是則精進
是名持戒　行頭陁者　則為疾得　无上佛道
能於來世　讀持此經　是真佛子　住淳善地
佛滅度後　能解其義　是諸天人　世間之眼
於恐畏世　能須臾說　一切天人　皆應供養
妙法蓮華經提婆達多品第十二
尒時佛告諸菩薩及天人四衆吾於過去无
量劫中求法華經无有懈惓於多劫中常作
國王發願求於无上菩提心不退轉為欲滿
足六波羅蜜勤行布施心无悋惜象馬七珎
國城妻子奴婢僕從頭目髓腦身肉手足不
惜軀命時世人民壽命无量為於法故捐捨
國位委政太子擊鼓宣令四方求法誰能為我

說大乘者吾當終身供給走使時有仙人來
白王言我有大乘名妙法華若不違我當為
宣說王聞仙言歡喜踊躍即隨仙人供給所
須採菓汲水拾薪設食乃至以身而為牀
座身心无惓于時奉事經於千歲為於法故
精勤給侍令无所乏尒時世尊欲重宣此義
而說偈言
我念過去劫　為求大法故　雖作世國王　不貪五欲樂
搥鍾告四方　誰有大法者　若為我解說　身當為奴僕
時有阿私仙　來白於大王　我有微妙法　世間所希有
若能脩行者　吾當為汝說　時王聞仙言　心生大喜悅
即便隨仙人　供給於所須　採薪及菓蓏　隨時恭敬與
情存妙法故　身心无懈惓　普為諸衆生　勤求於大法
亦不為己身　及以五欲樂　故為大國王　勤求獲此法

亦不爲己身　及以五欲樂　故爲大國王　勤求獲此法
遂致得成佛　今故爲汝説
佛告諸比丘介時王者則我身是時仙人者
今提婆達多是由提婆達多善知識故令我
具足六波羅蜜慈悲喜捨三十二相八十種
好紫磨金色十力四无所畏四攝法十八不
共神通道力成等正覺廣度衆生皆因提婆
達多善知識故告諸四衆提婆達多却後過
无量劫當得成佛号曰天王如來應供正遍
知明行足善逝世間解无上士調御丈夫天
人師佛世尊世界名天道時天王佛住世二
十中劫廣爲衆生説於妙法恒河沙衆生得
阿羅漢果无量衆生發緣覺心恒河沙衆生
發无上道心得无生忍至不退轉時天王佛般

涅槃後正法住世二十中劫全身舍利起七
寶塔高六十由旬縱廣四十由旬諸天人民
悉以雜華末香燒香塗香衣服瓔珞幢幡寶
蓋伎樂歌頌礼拜供養七寶妙塔无量衆
生得阿羅漢无量衆生悟辟支佛不可思議
衆生發菩提心至不退轉佛告諸比丘未來
世中若有善男子善女人得聞妙法蓮華經
提婆達多品淨心信敬不生疑惑者不墮地
獄餓鬼畜生生十方佛前所生之處常聞此
經若生人天中受勝妙樂若在佛前蓮華化
生於時下方多寶世尊所從菩薩名曰智積
白多寶佛當還本土釋迦牟尼佛告智積曰
善男子且待須臾此有菩薩名文殊師利可
與相見論說妙法可還本土尒時文殊師利

[illegible]
與相見論說妙法可還本土尒時文殊師利
坐千葉蓮華大如車輪俱來菩薩亦坐寶華
從於大海娑竭龍宫自然踊出住虚空中詣
靈鷲山從蓮華下至於佛所頭面敬礼二世
尊足脩敬已畢往智積所共相慰問却坐
一面智積菩薩問文殊師利仁往龍宫所化衆
生其數幾何文殊師利言其數无量不可稱
計非口所宣非心所測且待須臾自當有證所
言未竟无數菩薩坐寶蓮華從海踊出詣
靈鷲山住在虚空此諸菩薩皆是文殊師利
之所化度具菩薩行皆共論說六波羅蜜本
聲聞人在虚空中說聲聞行今皆脩行大乘
空義文殊師利謂智積曰於海教化其事如
是尒時智積菩薩以偈讚曰

大智德勇健　化度无量衆　今此諸大會　及我皆已見
演暢實相義　開闡一乘法　廣度諸羣生　令速成菩提
文殊師利言我於海中唯常宣説妙法華經
智積問文殊師利言此經甚深微妙諸經中
寶世所希有頗有衆生勤加精進修行此經
速得佛不文殊師利言有娑竭羅龍王女年
始八歲智慧利根善知衆生諸根行業得陁
羅尼諸佛所説甚深秘藏悉能受持深入禪
定了達諸法於刹那頃發菩提心得不退轉
辯才无礙慈念衆生猶如赤子功德具足心念
口演微妙廣大慈悲仁讓志意和雅能至
菩提智積菩薩言我見釋迦如來於无量
劫難行苦行積功累德求菩薩道未曾止息
觀三千大千世界乃至无有如芥子許非是

BD00939　妙法蓮華經卷四

觀三千大千世界乃至无有如芥子許非是
菩薩捨身命處爲衆生故然後乃得成菩提
道不信此女於須臾頃便成正覺言論未訖時
龍王女忽現於前頭面礼敬却住一面以偈
讚曰
深達罪福相　遍照於十方　微妙淨法身　具相三十二
以八十種好　用莊嚴法身　天人所戴仰　龍神咸恭敬
一切衆生類　无不宗奉者　又聞成菩提　唯佛當證知
我闡大乘教　度脫苦衆生
時舍利弗語龍女言汝謂不久得无上道是
事難信所以者何女身垢穢非是法器云何
能得无上菩提佛道懸曠經无量劫勤苦積
行具修諸度然後乃成又女人身猶有五障
一者不得作梵天王二者帝釋三者魔王

四者轉輪聖王五者佛身云何女身速得
成佛尒時龍女有一寶珠價直三千大千世
界持以上佛佛即受之龍女謂智積菩薩尊
者舍利弗言我獻寶珠世尊納受是事疾不
荅言甚疾女言以汝神力觀我成佛復速於此
當時衆會皆見龍女忽然之間變成男子具
菩薩行即往南方无垢世界坐寶蓮華成等正
覺三十二相八十種好普為十方一切衆生演
說妙法尒時娑婆世界菩薩聲聞天龍八
部人與非人皆遥見彼龍女成佛普為時會
人天說法心大歡喜悉遥敬礼无量衆生聞
法解悟得不退轉无量衆生得受道記无垢
世界六反震動娑婆世界三千衆生住不退
地三千衆生發菩提心而得受記智積菩薩

地三千衆生發菩提心而得受記智積菩薩
及舍利弗一切衆會嘿然信受

妙法蓮華經持品第十三

尒時藥王菩薩摩訶薩及大樂說菩薩摩訶
薩與二萬菩薩眷屬俱皆於佛前作是誓言
唯願世尊不以爲慮我等於佛滅後當奉持
讀誦說此經典後惡世衆生善根轉少多增
上慢貪利供養增不善根遠離解脫雖難
可教化我等當起大忍力讀誦此經持說書
寫種種供養不惜身命尒時衆中五百阿
羅漢得受記者白佛言世尊我等亦自誓
願於異國土廣說此經復有學八千人得受
記者從座而起合掌向佛作是誓言世尊我
等亦當於他國土廣說此經所以者何是娑婆

國中人多弊惡懷增上慢功德淺薄瞋濁
諂曲心不實故尒時佛姨母摩訶波闍波提比
丘尼與學无學比丘尼六千人俱從座而起
一心合掌瞻仰尊顏目不暫捨於時世尊告
憍曇弥何故憂色而視如來汝心將无謂我
不說汝名授阿耨多羅三藐三菩提記耶憍
曇弥我先惣說一切聲聞皆已授記今汝欲
知記者將來之世當於六万八千億諸佛法
中為大法師及六千學无學比丘尼俱為法
師汝如是漸漸具菩薩道當得作佛号一
切衆生憙見如來應供正遍知明行足善逝
世間解无上士調御丈夫天人師佛世尊憍
曇弥是一切衆生憙見佛及六千菩薩轉次
授記得阿耨多羅三藐三菩提尒時羅睺

授記得阿耨多羅三藐三菩提尒時羅睺
羅母耶輸陁羅比丘尼作是念世尊於授記中
獨不說我名佛告耶輸陁羅汝於來世百万億
諸佛法中脩菩薩行為大法師漸具佛道
於善國中當得作佛号具足千万光相如來
應供正遍知明行足善逝世間解无上士調
御丈夫天人師佛世尊佛壽无量阿僧祇劫
尒時摩訶波闍波提比丘尼及耶輸陁羅比
丘尼并其眷屬皆大歡喜得未曾有即於佛
前而說偈言
世尊導師 安隱天人 我等聞記 心安具足
諸比丘尼說是偈已白佛言世尊我等亦
能於他方國土廣宣此經尒時世尊視八十
万億那由他諸菩薩摩訶薩是諸菩薩皆

是阿惟越致，轉不退法輪，得諸陀羅尼。即從座起，至於佛前，一心合掌，而作是念：若世尊告勅我等持說此經者，當如佛教，廣宣斯法。復作是念：佛今嘿然，不見告勅，我當云何？時諸菩薩敬順佛意，并欲自滿本願，便於佛前作師子吼而發誓言：世尊！我等於如來滅後，周旋往反十方世界，能令衆生書寫此經，受持讀誦，解說其義，如法修行，正憶念，皆是佛之威力。唯願世尊在於他方遙見守護。即時諸菩薩俱同發聲而說偈言：

唯願不為慮　於佛滅度後　恐怖惡世中　我等當廣說
有諸無智人　惡口罵詈等　及加刀杖者　我等皆當忍
惡世中比丘　邪智心諂曲　未得謂為得　我慢心充滿
或有阿練若　納衣在空閑　自謂行真道　輕賤人間者

惡世中比丘　邪智心諂曲　未得謂為得　我慢心充滿
或有阿練若　納衣在空閑　自謂行真道　輕賤人間者
貪著利養故　與白衣說法　為世所恭敬　如六通羅漢
是人懷惡心　常念世俗事　假名阿練若　好出我等過
而作如是言　此諸比丘等　為貪利養故　說外道論議
自作此經典　誑惑世間人　為求名聞故　分別於是經
常在大衆中　欲毀我等故　向國王大臣　婆羅門居士
及餘比丘衆　誹謗說我惡　謂是邪見人　說外道論議
我等敬佛故　悉忍是諸惡　為斯所輕言　汝等皆是佛
如此輕慢言　皆當忍受之　濁劫惡世中　多有諸恐怖
惡鬼入其身　罵詈毀辱我　我等敬信佛　當著忍辱鎧
為說是經故　忍此諸難事　我不愛身命　但惜无上道
我等於來世　護持佛所囑　世尊自當知　濁世惡比丘
不知佛方便　隨宜所說法　惡口而嚬蹙　數數見擯出
遠離於塔寺　如是等衆惡　念佛告勅故　皆當忍是事

諸聚落城邑　其有求法者　我皆到其所　說佛所囑法

我是世尊使　處衆无所畏　我當善說法　願佛安隱住

我於世尊前　諸來十方佛　發如是誓言　佛自知我心

妙法蓮華經卷第四

## BD00940 金光明最勝王經卷二

（唐）義净 譯

190.6cm × 24.8cm

法如如如如智攝一切以
復次善男子一切諸佛
自利益者是法如如利益
於自他利益之事而得自
用故是故分别一切佛法有
差别善男子譬如依止
惱說種種業因種種果報如是依
智說種種佛法說種種獨覺法說
聞法依法如如依如如智一切佛法自在成
就是為第一不可思議譬如畫空作莊嚴具
是難思議如是依法如如依如如智成就佛
法亦難思議善男子云何法如如如如智二
無分别而得自在事業成就善男子譬如如
來入於涅槃願自在故種種事業皆得成就
法如如如如智自在事成亦復如是

復次菩薩摩訶薩入无心定依前願力從禪
定起作衆事業如是二法无有分別自在事
成善男子譬如日月無有分別亦如水鏡無
有分別光明亦無分別三種和合得有影生
如是法如如如如智亦無分別以願自在故
衆生有感現應化身如日月影和合出現
復次善男子譬如无量无邊水鏡依於光故
空影得現種種異相空者即是無相善男子
如是受化諸弟子等是法身影以願力故於
二種身現種種相於法身地無有異相善男
子依此二身一切諸佛說有餘涅槃依此法
身說無餘涅槃何以故一切餘法究竟盡故
依此三身一切諸佛說無住處涅槃為二身
故不住涅槃離於法身無有別佛何故二身
不住涅槃二身假名不實念念生滅不定住

故不住涅槃離法身無有別佛何故二身
不住涅槃二身假名不實念念生滅不定住
故數數出現以不定故法身不尒是故二身
不住涅槃法身不二是故不住涅槃故依三
身說無住涅槃
善男子一切凡夫為三相故有縛有障遠離
三身不至三身何者為三一者遍計所執相
二者依他起相三者成就相如是諸相不能
解故不能滅故不能淨故是故不得至於三
身如是三相能解能滅能淨故是故諸佛具
足三身善男子諸凡夫人未能除遣此三心
故遠離三身不能得至何者為三一者起事
心二者依根本心三者根本心依諸伏道起事
心盡依法斷道依根本心盡依最勝道根本
心盡起事心滅故得現化身依根本心滅故
得顯應身根本心滅故得至法身是故一切如

來具足三身
善男子一切諸佛於第一身與諸佛同事於
第二身與諸佛同意於第三身與諸佛同體
善男子是初佛身隨衆生意有多種故現種
種相是故說多第二佛身弟子一意故現一
相是故說一第三佛身過一切種相非執相
境界是故說名不一不二善男子是第一身依
於應身得顯現故是第二身依於法身得
顯現故是法身者是真實有无依處故善
男子如是三身以有義故而說於常以有義
故說於無常化身者恒轉法輪處處隨緣方便
相續不斷絕故是故說常非是本故具足大
用不顯現故說為无常應身者從无始來相
續不斷一切諸佛不共之法能攝持故衆生无
盡用亦无盡是故說常非是本故以具足

盡用亦无盡是故說常非是本故以具足
用不顯現故說為无常法身者非是行法无
有異相是根本故猶如虛空是故說常善男
子離无分別智更无勝智離法如如无勝境
界是法如如是慧如如是二種如如如如不一
不異是故法身慧清淨故滅清淨故是二
清淨是故法身具足清淨
復次善男子分別三身有四種異有化身非
應身有應身非化身有化身亦應身有非
化身亦非應身何者化身非應身謂諸如來
般涅槃後以願自在故隨緣利益是名化身何
者應身非化身是地前身何者化身亦應身
謂住有餘涅槃之身何者非化身非應身謂
是法身善男子是法身者二无所有所顯現
故何者名為二无所有於此法身相及相處
二皆是无非有非无非一非異非數非非數

非明非闇如是如如智不現在及在處不見
非有非无不見非一非異不見非數非非數
不見非明非闇是故當知境界清淨智慧清
淨不可分別无有中間為滅道本故於此法
身能顯如來種種事業
善男子是身因緣境界處所果依於本難思
議故若了此義是身即是大乘是如來性是
如來藏依於此身得發初心脩行地心而得顯
現不退地心亦皆得現一生補處心金剛之心
如來之心而悉顯現无量无邊如來妙法皆
悉顯現依此法身不可思議摩訶三昧而得顯
現依此法身得現一切大智是故二身依於
三昧依於智慧而得顯現如此法身依於自
體說常說我依大三昧故說於樂依於大智
故說清淨是故如來常住自在安樂清淨依
大三昧一切禪定首楞嚴等一切念處大法

故說清淨是故如來常住自在安樂清淨依
大三昧一切禪定首楞嚴等一切念處大法
念等大慈大悲一切陁羅尼一切神通一切
自在一切法平等攝受如是佛法悉皆出現
依此大智十力四无所畏四无礙辯一百八
十不共之法一切希有不可思議法悉皆顯現
譬如依如意寶珠无量无邊種種珎寶悉
皆得現如是依大三昧寶依大智慧寶能出
種種无量无邊諸佛妙法善男子如是法身
三昧智慧過一切相不著於相不可分別非
常非斷是名中道雖有分別體无分別雖有
三數而无三體不增不減猶如夢幻亦无所執
亦无能執法體如如是解脫處過死王境
越生死闇一切衆生不能修行所不能至一
切諸佛菩薩之所住處善男子譬如有人願
欲得金處處求覓遂得金礦既得礦已即便

碎之樺取精者爐中銷鍊得清淨金隨意迴
轉作諸鐶釧種種嚴具雖有諸用金性不改
復次善男子若善男子善女人求勝解脫修行
世善得見如來及弟子衆得親近已白佛言
世尊何者為善何者不善何者正修得清淨
行諸佛如來及弟子衆見彼問時如是思
惟是善男子善女人欲求清淨欲聽正法即
便為説令其開悟彼既聞已正念憶持發心
修行得精進力除……一切罪於諸學
處離不□……於初地依初地心
除利有情障得入二地於此地中除不逼惱障
入於三地於此地中除心軟浄障入於四地
於此地中除善方便障入於五地於此地中
除見真俗障入於六地於此地中除見行
相障入於七地於此地中除不見滅相障入

# BD00941 老子道德經五千文（甲本）

44.4cm × 24.3cm

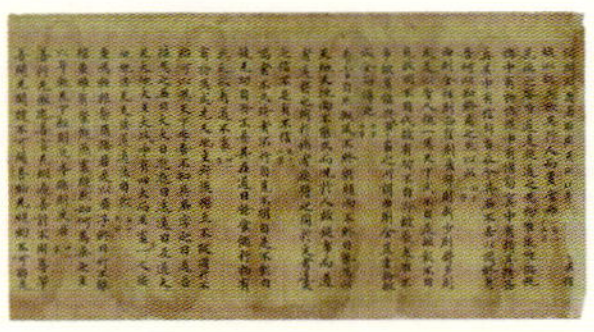

獨悶悶忽若晦寂无所止衆[illegible]以我獨
頑似鄙我欲異於人而貴食母 一百一十五字
孔德之容唯道是從道之為物唯慌唯惚
惚中有物惚慌中有像窈冥中有精其精甚
真其中有信自古及今其名不去以閱終甫
吾何以知終甫之然以此 六十一字
曲則全枉則正窪則盈弊則新少則得多則
惑是以聖人抱一為天下式不自是故彰不自
見故明不自伐故有功不自矜故長夫唯不
爭故莫能與之爭古之所謂曲則全豈虛語故
成全而歸之 七十四字
希言自然飄風不終朝趨雨不終日孰為此
天地天地尚不能久而況於人故從事而道
者道得之同於德者德得之同於失者道失

之信不足有不信 八字
喘者不久跨者不行自見不明自是不彰自
饒无功自矜不長其在道曰餘食餟行物有
惡之故有道不處 卅一字
有物混成先天地生寂漠獨立不改周行不
殆可以爲天下母吾不知其名字之曰道吾
強爲之名曰大大曰逝逝曰遠遠曰反道大
天大地大王大域中有四大而王處其一人法
地地法天天法道道法自然 七十九字
重爲輕根静爲躁君是以君子終日行不離
輜重雖有榮觀燕處超然如何萬乘之主
以身輕天下輕則失本躁則失君 卅六字
善行无徹迹善言无瑕適善計不用籌筭
善閉无關揵不可開善結无繩約不可解是

# BD00942 金光明最勝王經卷二

（唐）義净 譯

671.4cm×26cm

[illegible]
等障爲具諸善法[illegible]
法身前二種身是假
有爲前二身而作想
分別智一切諸佛無有
具足一切煩惱究竟
故法如如如如智攝一切佛
復次善男子一切諸佛利益自他至
自利益者是法如如利益他者是如如智能
於自他利益之事而得自在成就種種無邊
用故是故分別一切佛法有無量無邊種種
差別善男子譬如依止妄想思惟說種種煩
惱說種種業因種種果報如是依法如如
如智說種種佛法說種種獨[illegible]

聞法依法如如依如如智一切佛法
是爲第一不可思議譬如畫空作
是難思議如是依法如如依如如智
法亦難思議善男子云何法如如如如
無分别而得自在事業成就善男子
來入於涅槃願自在故種種事業皆
法如如如如智自在事成亦復如是
復次菩薩摩訶薩入無心定依前願
定起作衆事業如是二法無有分别
成善男子譬如日月无有分别亦如水鏡无
有分别光明亦无分别三種和合得有影生
如是法如如如如智亦无分别以願自在故
衆生有感現應化身如日月影和合出現
復次善男子譬如无量无邊水鏡依於光故
空影得現種種異相空者即是无相

BD00942　金光明最勝王經卷二

空影得現種種異相空者即是无[illegible]子
如是受化諸弟子等是法身影以[illegible]
二種身現種種相於法身地无有異相[illegible]
子依此二身一切諸佛說有餘涅槃依此法
身說无餘涅槃何以故一切餘法究竟盡故
依此三身一切諸佛說无住處涅槃為二身
故不住涅槃離於法身無有別佛何故二身
不住涅槃二身假名不實念念生滅不定住
故數數出現以不定故法身不尒是故二身
不住涅槃法身不二是故不住涅槃故依三
身說無住涅槃
善男子一切凡夫為三相故有縛有障遠離
三身不至三身何者為三一者遍計所執相
二者依他起相三者成就相如是諸相不能

解故不能滅故不能淨故是故不得至於三
身如是三相能解能滅能淨故是故諸佛具
足三身善男子諸凡夫人未能除遣此三心
故遠離三身不能得至何者為三一者起事
心二者依根本心三者根本心依諸伏道起
事心盡依法斷道依根本心盡依最勝道根
本心盡起事心滅故得現化身依根本心滅
故得顯應身根本心滅故得至法身是故一
切如來具足三身
善男子一切諸佛於第一身與諸佛同事於
第二身與諸佛同意於第三身與諸佛同體
善男子是初佛身隨衆生意有多種故現
種種相是故說多第二佛身弟子一意故現一
相是故說一第三佛身過一切種相非執相
境界是故說名不一不二善男子是第一身

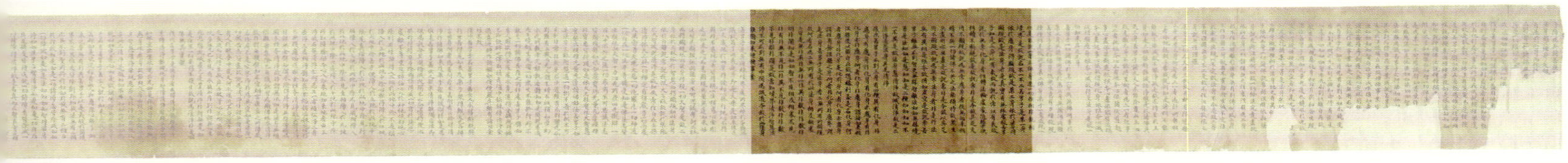

相是故説一苐三佛身過一切種相非執相
境界是故説名不一不二善男子是苐一身
依於應身得顯現故是苐二身依於法身得
顯現故是法身者是真實有無依處故善男
子如是三身以有義故而説於常以有義故
説於無常化身者恒轉法輪處處隨緣方便
相續不斷絶故是故説常非是本故具足大
用不顯現故説為無常應身者從無始来相
續不斷一切諸佛不共之法能攝持故衆生
無盡用亦無盡是故説常非是本故以具足
用不顯現故説為無常法身者非是行法
無有異相是根本故猶如虚空是故説常善
男子離無分別智更無勝智離法如如無勝境
界是法如如是慧如如是二種如如如如不
一不異是故法身慧清淨故滅清淨故是二

清淨是故法身具足清淨
復次善男子分別三身有四種異有化身非
應身有應身非化身有化身亦應身有非
化身亦非應身何者化身非應身謂諸如來般
涅槃後以願自在故隨緣利益是名化身何
者應身非化身是地前身何者化身亦應身
謂住有餘涅槃之身何者非化身非應身謂
是法身善男子是法身者二無所有所顯現
故何者名為二無所有於此法身相及相處
二皆是無非有非無非一非異非數非非數非
明非闇如是如如智不見相及相處不見
非有非無不見非一非異不見非數非非數
不見非明非闇是故當知境界清淨智慧清
淨不可分別無有中間為滅道本故於此法身
能顯如來種種事業

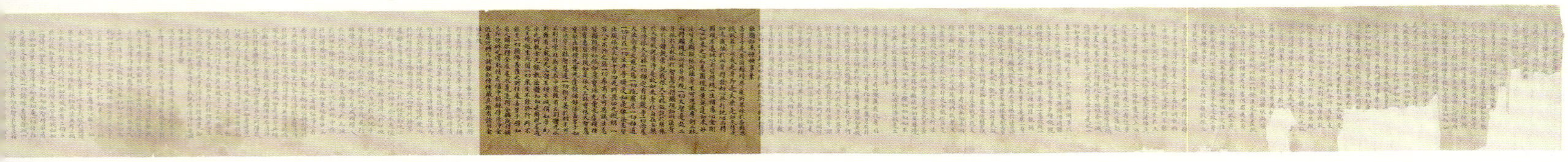

能顯如来種種事業
善男子是身因緣境界處所果依於本難思
議故若了此義是身即是大乘是如来性是
如来藏依於此身得發初心修行地心而得
顯現不退地心亦皆得現一生補處心金剛
之心如来之心而悉顯現無量無邊如来妙
法皆悉顯現依此法身不可思議摩訶三昧
而得顯現依此法身得現一切大智是故二
身依於三昧依於智慧而得顯現如此法身
依於自體說常說我依大三昧故說於樂依
於大智故說清淨是故如来常住自在安樂
清淨依大三昧一切禪定首楞嚴等一切念處
大法念等大慈大悲一切陁羅尼一切神通
一切自在一切法平等攝受如是佛法悉皆

出現依止大智十力四无所畏四无礙辯一
百八十不共之法一切希有不可思議法悉
皆顯現譬如依如意寶珠无量无邊種種
珍寶悉皆得現如是依大三昧寶依大智慧
寶能出種種无量无邊諸佛妙法善男子如
是法身三昧智慧過一切相不著於相不可
分別非常非斷是名中道雖有分別體无分
別雖有三數而无三體不增不減猶如夢幻
亦无所執亦无能執法體如如是解脫處過
死王境越生死闇一切衆生不能修行所不
能至一切諸佛菩薩之所住處善男子譬如
有人願欲得金處處求覓遂得金鑛既得鑛
已即便碎之擇取精者爐中銷鍊得清淨金
隨意迴轉作諸鐶釧種種嚴具雖有諸用金
性不改

隨意迴轉作諸鏍釧種種嚴具雖有諸用金
性不改
復次善男子若善男子善女人求勝解脫修
行世善得見如來及弟子衆得親近已白佛
言世尊何者為善何者不善何者正修得清
淨行諸佛如來及弟子衆見彼問時如是思
惟是善男子善女人欲求清淨欲聽正法即
便為說令其開悟彼既聞已正念憶持發心
修行得精進力除嬾墮障滅一切罪於諸學
處離不尊重息悼悔心入於初地依初地心
除利有情障得入二地於此地中除不逼惱
障入於三地於此地中除心軟淨障入於四地
於此地中除善方便障入於五地於此地中
除見真俗障入於六地於此地中除見行

相障入於七地於此地中除不見滅相障入
於八地於此地中除不見生相障入於九地
於此地中除六通障入於十地於此地中除
所知障除根本心入如來地如來地者由三
淨故名極清淨云何為三一者煩惱淨二者
苦淨三者相淨譬如真金鎔銷冶鍊既燒打
已無復塵垢為顯金性本清淨故金體清淨
非謂無金譬如濁水澄渟清淨無復滓穢為
顯水性本清淨故非謂無水如是法身與煩
惱雜苦集除已無復餘習為顯佛性本清淨
故非謂無體譬如虛空烟雲塵霧之所障蔽
若除屏已是空界淨非為無空如是法身一
切衆苦悉皆盡故說為清淨非謂無體譬如
有人於睡夢中見大河水漂泛其身運手動
足截流而度得至彼岸由彼身心不懈退故

足截流而渡得至彼岸由彼身心不懈退故
從夢覺已不見有水彼此岸別非謂無心生
死忘想既滅盡已是覺清淨非謂無覺如
是法界一切妄想不復生故說爲清淨非是諸
佛無其實體
復次善男子是法身者惑障清淨能現應身
業障清淨能現化身智障清淨能現法身譬
如依空出電依電出光如是依法身故能現
應身依應身故能現化身由性淨故能現法
身智慧清淨能現應身三昧清淨能現化
身此三清淨是故如如不異如如一味如如解
脫如如究竟如如是故諸佛體無有異善男
子若有善男子善女人說於如來是我大師
若作如是決定信者此人即應深心解了如

來之身無有別異善男子以是義故於諸境
界不正思惟悉皆除斷即知彼法無有二相
亦無分別聖所修行如如於彼無有二相正
修行故如是如是一切諸障悉皆除滅如如
一切障滅如是如是法如如如如智得最清
淨如如法界正智清淨如是如是一切自在
具足攝受皆得成就一切諸障悉皆除滅一
切諸障得清淨故是名真如正智真實之相
如是見者是名聖見是則名為真實見佛何
以故如實得見法真如故是故諸佛悉能普
見一切如來何以故聲聞獨覺已出三界求
真實境不能知見如是聖人所不知見一切
凡夫皆生疑惑顛倒分別不能得度如兔浮
海必不能過所以者何力微劣故凡夫之人
亦復如是不能通達法如如故然諸如來無

凡夫皆生疑惑莫能[illegible]
海必不能過所以者何力羸劣故凡夫之人
亦復如是不能通達法如如故然諸如來無
分別心於一切法得大自在具足清淨深智
慧故是自境界不共他故是故諸佛如來於
無量無邊阿僧祇劫不惜身命難行苦行方
得此身最上無比不可思議過言說境是妙
寂靜離諸怖畏
善男子如是知見法真如者无生老死壽命
无限无有睡眠亦无飢渴心常在定无有散
動若於如來起諍論心是則不能見於如來
諸佛所說皆能利益有聽聞者无不解脫諸
惡禽獸惡人惡鬼不相逢值由聞法故果報
无盡然諸如來无无記事一切境界无欲知
心生死涅槃无有異想如來所說无不決定

諸佛如来四威儀中无非智攝一切諸法无
有不為慈悲所攝无有不為利益安樂諸衆
生者善男子若有善男子善女人於此金光
明經聽聞信解不墮地獄餓鬼傍生阿蘇羅
道常處人天不生下賤恒得親近諸佛如来
聽受正法常生諸佛清淨國土所以者何由
得聞此甚深法故是善男子善女人則為如
来已知已記當得不退阿耨多羅三藐三菩
提若善男子善女人於此甚深微妙之法一
經耳者當知是人不謗如来不毀正法不輕
聖衆一切衆生未種善根令得種故已種善
根令增長成熟故一切世界所有衆生皆勸
修行六波羅蜜多
尒時虛空藏菩薩梵釋四王諸天衆等即從
座起偏袒右肩合掌恭敬頂禮佛足白佛言

座起偏袒右肩合掌恭敬頂佛足白佛言
世尊若所在處講說如是金光明王微妙經
典於其國土有四種利益何者為四一者國
王軍衆强盛无諸怨敵離於疾病壽命延長
吉祥安樂正法興顯二者中宮妃后王子諸
臣和悅无諍離於諂侫王所愛重三者沙門
婆羅門及諸國人修行正法无病安樂无枉
死者於諸福田悉皆修立四者於三時中四
大調適常為諸天增加守護慈悲平等无傷
害心令諸衆生歸敬三寶皆願修習菩提之
行是為四種利益之事世尊我等亦常為弘
經故隨逐如是持經之人所在住處為作利
益佛言善哉善哉善男子如是如是汝等應
當勤心流布此妙經王則令正法久住於世

金光明最勝王經夢見懺悔品第四
尒時妙幢菩薩親於佛前聞妙法已歡喜踊
躍一心思惟還至本處於夜夢中見大金鼓
光明晃耀猶如日輪於此光中得見十方无
量諸佛於寶樹下坐琉璃座无量百千大衆
圍繞而為說法見一婆羅門桴擊金鼓出大
音聲聲中演說微妙伽他明懺悔法妙幢聞
已皆悉憶持繫念而住至天曉已與无量百
千大衆圍繞持諸供具出王舍城詣鷲峯山
至世尊所礼佛足已布設香花右繞三帀退
座一面合掌恭敬瞻仰尊顏白佛言世尊我
於夢中見婆羅門以手執桴擊妙金鼓出大
音聲聲中演說微妙伽他明懺悔法我皆憶
持唯願世尊降大慈悲聽我所說即於佛前
而說頌曰

BD00942　金光明最勝王經卷二

而說頌曰

我於昨夜中　夢見大金鼓　其形極殊妙　周遍有金光

猶如盛日輪　光明皆普耀　充滿十方界　咸見於諸佛

在於寶樹下　各處琉璃座　无量百千衆　恭敬而圍繞

有一婆羅門　以杖擊金鼓　於其鼓聲內　說此妙伽他

金光明鼓出妙聲　遍至三千大千界

能滅三塗極重罪　及以人中諸苦厄

由此金鼓聲威力　永滅一切煩惱障

斷除怖畏令安隱　譬如自在牟尼尊

佛於生死大海中　積行修成一切智

能令衆生覺品具　究竟咸歸功德海

由此金鼓出妙聲　普令聞者獲梵響

證得无上菩提果　常轉清淨妙法輪

住壽不可思議劫　隨機說法利群生

能斷煩惱衆苦流　貪瞋癡等皆除滅
若有衆生處惡趣　大火猛燄周遍身
若得聞是妙鼓音　即能離苦歸依佛
皆得成就宿命智　能憶過去百千生
悉皆正念牟尼尊　得聞如來甚深教
由聞金鼓勝妙音　常得親近於諸佛
悉能捨離諸惡業　純修清淨諸善品
一切天人有情類　慇重至誠祈願者
得聞金鼓妙音聲　能令所求皆滿足
衆生墮在无間獄　猛火炎熾苦焚身
无有救護處輪迴　聞者能令苦除滅
人天餓鬼傍生中　所有現受諸苦難
得聞金鼓發妙響　皆蒙離苦得解脫
現在十方界　常住兩足尊　願以大慈悲　哀愍憶念我
衆生无歸依　亦无有救護　為如是等類　能作大歸依

[illegible]

衆生无歸依　亦无有救護　為如是等類　能作大歸依
我先所作罪　極重諸惡業　今對十力前　至心皆懺悔
我不信諸佛　亦不敬尊親　不務修衆善　常造諸惡業
或自恃尊高　種姓及財位　盛年行放逸　常造諸惡業
心恒起邪念　口陳於惡言　不見於過罪　常造諸惡業
恒作愚夫行　无明闇覆心　隨順不善友　常造諸惡業
或因諸戲樂　或復懷憂惱　為貪瞋所纏　故我造諸惡
親近不善人　及由慳嫉意　貧窮行諂誑　故我造諸惡
雖不樂衆過　由有怖畏故　及不得自在　故我造諸惡
或為躁動心　或因瞋恚根　及以飢渴惱　故我造諸惡
由飲食衣服　及貪愛女人　煩惱火所燒　故我造諸惡
於佛法僧衆　不生恭敬心　作如是衆罪　我今悉懺悔
於獨覺菩薩　亦无恭敬心　作如是衆罪　我今悉懺悔
無知謗正法　不孝於父母　作如是衆罪　我今悉懺悔

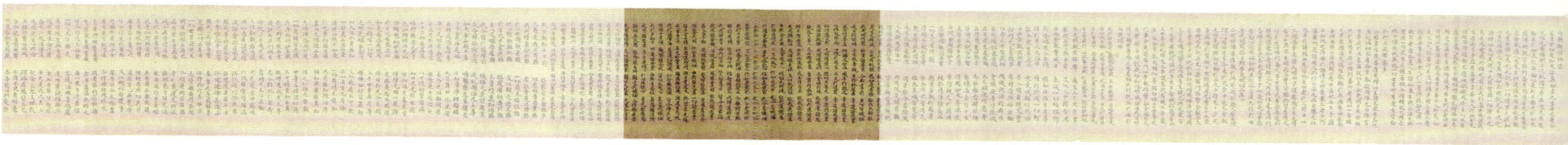

由愚癡憍慢　及以貪瞋力　作如是衆罪　我今悉懺悔
我於十方界　供養无數佛　當願拔衆生　令離諸苦難
願一切有情　皆令住十地　福智圓滿已　成佛道群迷
我爲諸衆生　苦行百千劫　以大智慧力　皆令出苦海
我爲諸含識　演說甚深經　最勝金光明　能除諸惡業
若人百千劫　造諸極重罪　蹔時能發露　衆惡盡消除
依此金光明　作如是懺悔　由斯能速盡　一切諸苦業
勝定百千種　不思議揔持　根力覺道支　修習常无倦
我當至十地　具足珎寶處　圓滿佛功德　濟度生死流
我於諸佛海　甚深功德藏　妙智難思議　皆令得具足
唯願十方佛　觀察護念我　皆以大悲心　哀受我懺悔
我於多劫中　所造諸惡業　由斯生苦惱　哀愍願消除
我造諸惡業　常生憂怖心　於四威儀中　曾无歡樂想
諸佛具大悲　能除衆生怖　願受我懺悔　令得離憂苦
我有煩惱障　及以諸報業　願以大悲水　洗濯令清淨

我有煩惱障　及以諸雜業　願以大悲水　洗濯令清淨
我先作諸罪　及現造惡業　至心皆發露　咸願得蠲除
未來諸惡業　防護令不起　設令有違者　終不敢覆藏
身三語四種　意業復有三　繫縛諸有情　无始恒相續
由斯三種行　造作十惡業　如是衆多罪　我今皆懺悔
我造諸惡業　苦報當自受　今於諸佛前　至誠皆懺悔
於此贍部洲　及他方世界　所有諸善業　今我皆隨喜
願離十惡業　修行十善道　安住十地中　常見十方佛
我以身語意　所修福智業　願以此善根　速成无上慧
我今親對十力前　發露衆多苦難事
凡愚迷惑三有難　恒造極重惡業難
我所積集欲邪難　常起貪愛流轉難
於此世間耽著難　一切愚夫煩惱難
狂心散動顛倒難　及以親近惡友難

於生死中貧窮難　暱麁闇鈍造罪難
生八无暇惡處難　未曾積集功德難
我今皆於最勝前　懺悔无邊罪惡業
我今歸依諸善逝　我礼德海无上尊
如大金山照十方　唯願慈悲哀攝受
身色金光淨无垢　目如清淨紺瑠璃
吉祥威德名稱尊　大悲慧日除衆闇
佛日光明常遍遍　善淨无垢離諸塵
牟尼月照極清涼　能除衆生煩惱熱
三十二相遍莊嚴　八十隨好皆圓滿
福得難思无與等　如日流光照世間
色如瑠璃淨无垢　猶如滿月處虛空
妙頗梨網映金軀　種種光明以嚴飾
於生死苦暴流內　老病憂愁水所漂
如是苦海難堪忍　佛日舒光令永竭

如是苦海難堪忍　佛日舒光令永竭
我今稽首一切智　三千世界希有尊
光明晃耀紫金身　種種妙好皆嚴飾
如大海水量難知　大地微塵不可數
如妙高山叵稱量　亦如虛空无有際
諸佛功德亦如是　一切有情不能知
於无量劫諦思惟　无有能知德海岸
盡此大地諸山岳　析如微塵能算知
毛端渧海尚可量　佛之功德无能數
一切有情皆共讚　世尊名稱諸功德
清淨相好妙莊嚴　不可稱量知分齊
我之所有衆善業　願得速成无上尊
廣說正法利群生　悉令解脫於衆苦
降伏大力魔軍衆　當轉无上正法輪

久住劫數難思議　充足衆生甘露味
猶如過去諸最勝　六波羅蜜皆圓滿
滅諸貪欲及瞋癡　降伏煩惱除衆苦
願我常得宿命智　能憶過去百千生
亦常憶念牟尼尊　得聞諸佛甚深法
願我以斯諸善業　奉事无邊最勝尊
遠離一切不善因　恒得修行真妙法
一切世界諸衆生　悉皆離苦得安樂
所有諸根不具足　令彼身相皆圓滿
若有衆生遭病苦　身形羸瘦无所依
咸令病苦得消除　諸根色力皆充滿
若犯王法當刑戮　衆苦逼迫生憂惱
彼受如斯極苦時　無有歸依能救護
若受鞭杖枷鎖繫　種種苦具切其身
無量百千憂惱時　逼迫身心無蹔樂

若受鞭杖枷鎖　種種苦具切其身
無量百千憂惱時　逼迫身心無暫樂
皆令得免於繫縛　及以鞭杖苦楚事
將臨刑者得命全　衆苦皆令永除盡
若有衆生飢渴逼　令得種種殊勝味
盲者得視聾者聞　跛者能行瘂能語
貧窮衆生獲寶藏　倉庫盈溢無所乏
皆令得受上妙樂　無一衆生受苦惱
一切人天皆樂見　容儀温雅甚端嚴
悉皆現受無量樂　受用豐饒福德具
隨彼衆生念伎樂　衆妙音聲皆現前
念水即現清涼池　金色蓮花汎其上
隨彼衆生心所念　飲食衣服及牀敷
金銀珎寶妙琉璃　瓔珞莊嚴皆具足
勿令衆生聞惡響　亦復不見有相違

所受容貌悉端嚴　各各慈心相愛樂
世間資生諸樂具　隨心念時皆滿足
所得珎財無悋惜　分布施與諸衆生
燒香末香及塗香　衆妙雜花非一色
每日三時從樹墮　隨心受用生歡喜
普願衆生咸供養　十方一切最勝尊
三乘清淨妙法門　菩薩獨覺聲聞衆
常願勿處於卑賤　不墮無暇八難中
生在有暇人中尊　恒得親承十方佛
願得常生富貴家　財寶倉庫皆盈滿
顔貌名稱無與等　壽命延長經劫數
悉願女人變爲男　勇健聰明多智慧
一切常行菩薩道　勤脩六度到彼岸
常見十方無量佛　寶王樹下而安處
處妙瑠璃師子座　恒得親承轉法輪

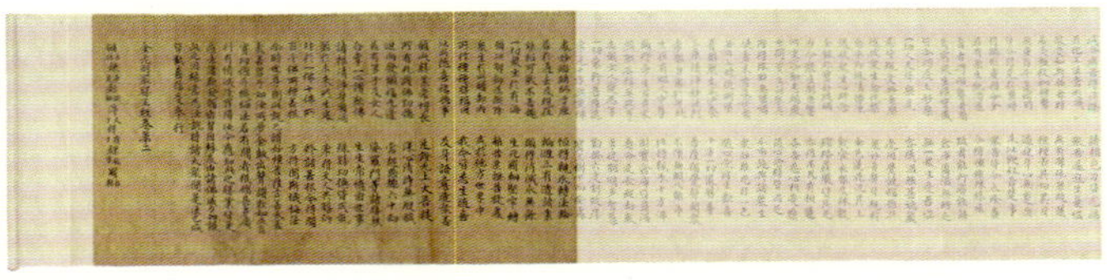

處妙瑠璃師子座　恒得親承轉法輪
若於過去及現在　輪迴三有造諸業
能招可猒不善趣　願得消滅永無餘
一切衆生於有海　生死羂網堅牢縛
願以智劒爲斷除　離苦速證菩提處
衆生於此贍部内　或於他方世界中
所作種種勝福因　我今皆悉生隨喜
以此隨喜福德事　及身語意造衆善
願此勝業常增長　速證无上大菩提
所有礼讚佛功德　深心清淨無瑕穢
迴向發願福无邊　當超惡趣六十劫
若有男子及女人　婆羅門等諸勝族
合掌一心讚歎佛　生生常憶宿世事
諸根清淨身圓滿　殊勝功德皆成就

願於未來所生處　常得天人共瞻仰
非於一佛十佛所　修諸善根今得聞
百千佛所種善根　方得聞斯懺悔法
尒時世尊聞此說已讚妙幢菩薩言善哉善
哉善男子如汝所夢金鼓出聲讚歎如來真
實功德并懺悔法若有聞者獲福甚多廣
利有情滅除罪障汝今應知此之勝業皆是
過去讚歎發願宿習因緣及由諸佛威力加護
此之因緣當為汝說時諸大衆聞是法已咸
皆歡喜信受奉行

金光明最勝王經卷第二

礦古猛　鍊蓮見　鎔欲鍾　渟大丁　桴覆于　鏁蘇果　羂古縣

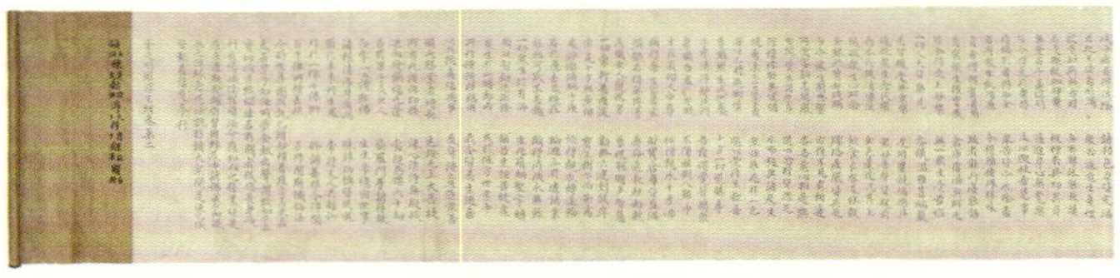

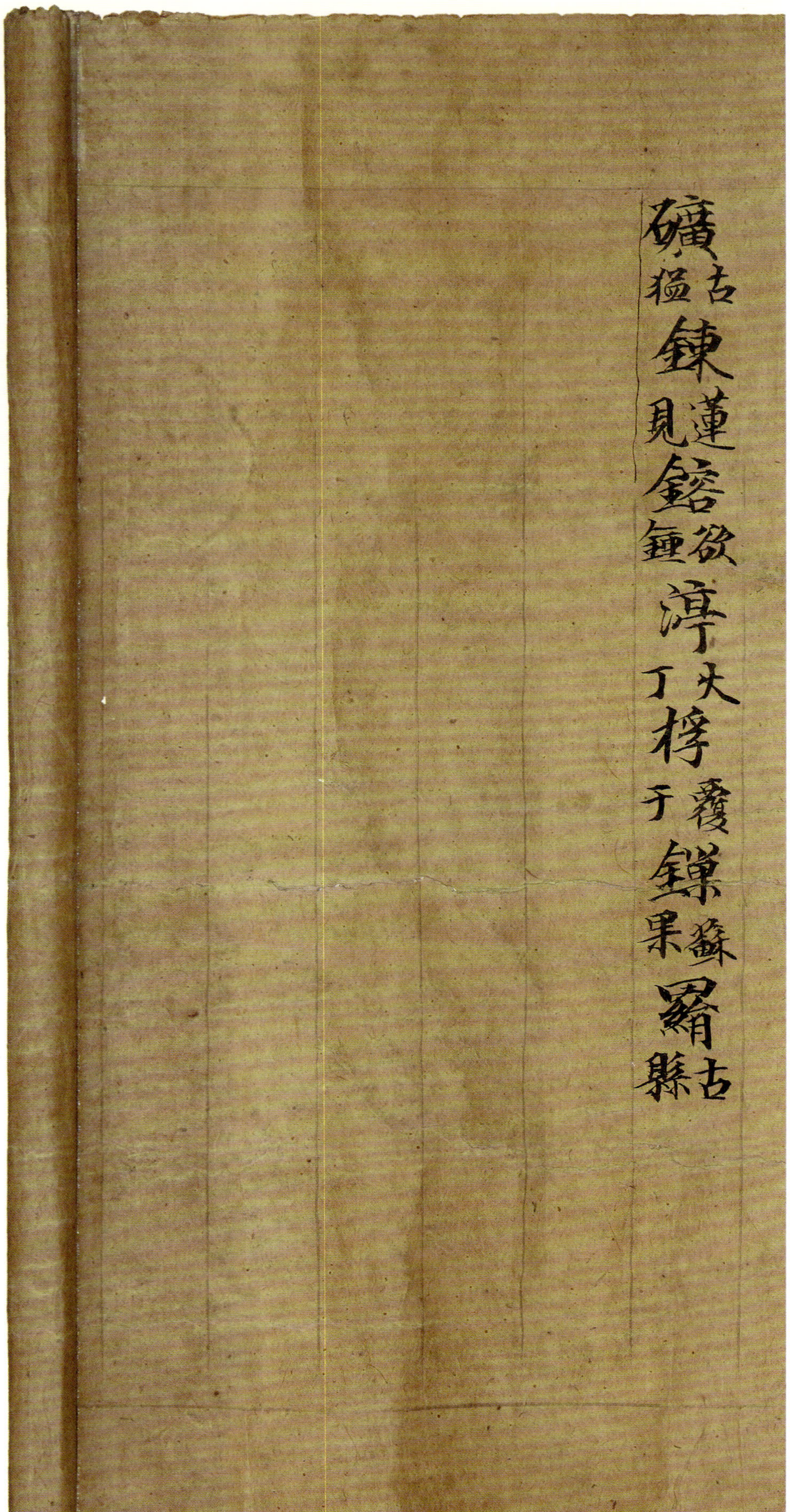

礦古猛
鍊蓮見
鎔欲鍾
渟大丁
桴覆于
鏁蘇果
羂古縣

BD00943　無量大慈教經（异本一）

BD00943v　雜寫

251.5cm × 25cm

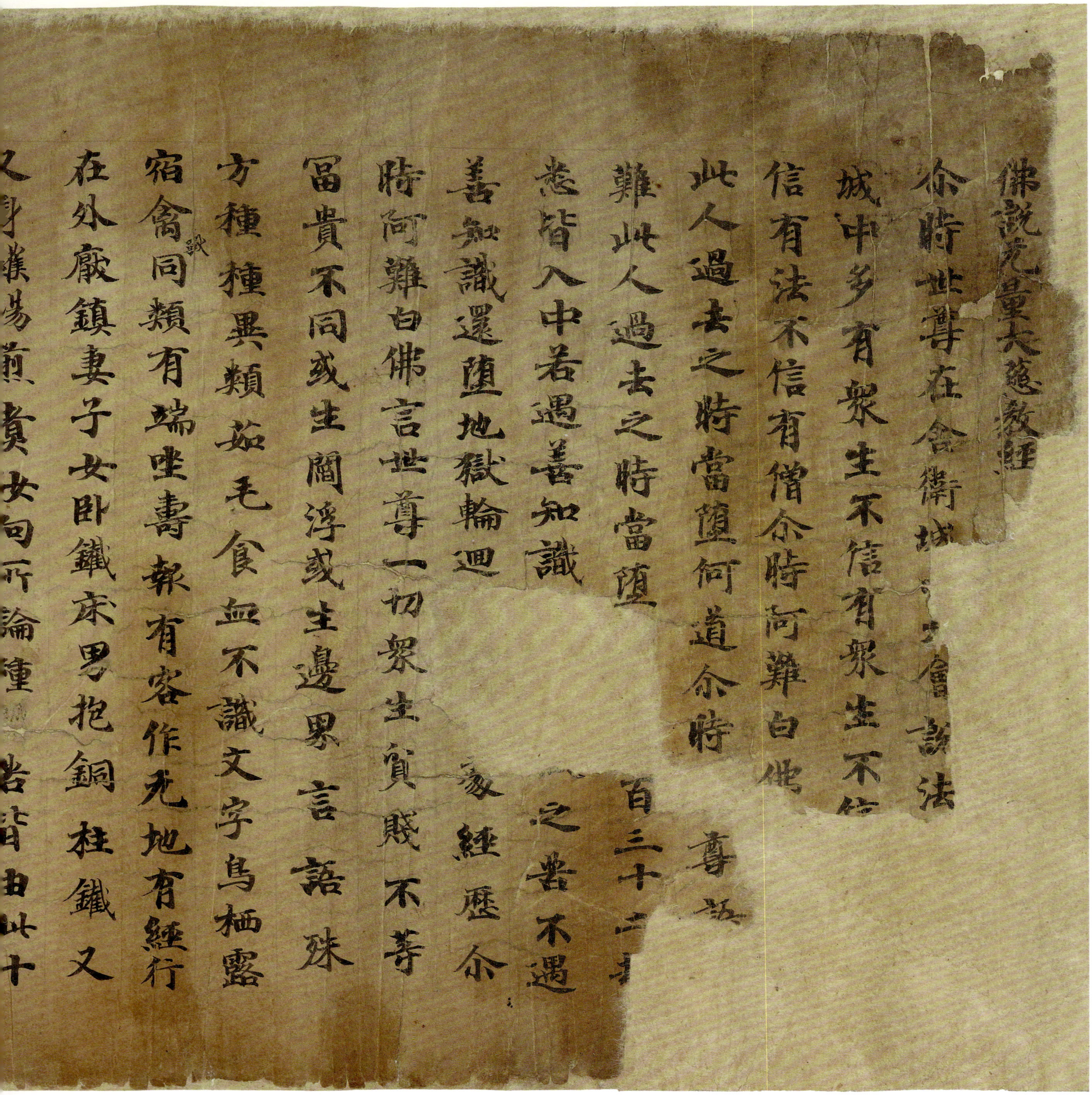

佛說无量大慈教經
尒時世尊在舍衛城[illegible]大會說法
城中多有衆生不信有衆生不信
信有法不信有僧尒時阿難白佛
此人過去之時當墮何道尒時　尊告
難此人過去之時當墮　百三十二劫
悉皆入中若遇善知識　之皆不遇
善知識還墮地獄輪迴　緣經歷尒
時阿難白佛言世尊一切衆生貧賤不壽
富貴不同或生閻浮或生邊界言語殊
方種種異類茹毛食血不識文字鳥栖露
宿禽（獸）同類有端坐壽報有客作无地有經行
在外厥鎮妻子女卧鐵床男抱銅柱鐵叉
又身[illegible]湯煎貧女何所論種[illegible]皆由此十

惡之業佛說此經為一切愚癡不信佛法衆
生二為邪行衆生二為五逆不孝衆生故說
此經善男子善女人等於此經中生清淨信
者受持　讀誦晝夜奉持脩行此人過去之時
定生西方極樂世界若有衆生讀此經者誹
謗見在世者即墮落
尒時世尊復語阿難一切不信佛衆生二為邪
行衆生三有不孝父母衆生若見此經更生
輕慢不肯受持此人過去之時定墮阿鼻地
獄二名難聞地獄一百三十六劫悉皆入中百
劫千劫無有出日鍾聲不救
尒時阿難白佛言世尊若有衆生行道遶
須弥山无數帀不如斷酒肉造舍利塔廟遍
十方大地如林不如有人能斷酒肉黃金百万

十方大地如林不如有人能斷酒肉黄金百万
兩在六天布施不如斷酒肉將恒河沙等身
命布施不如斷酒肉
尒時世尊復語阿難若有衆生念阿弥陁
佛國者一斷酒肉二斷五辛三斷煞生四斷邪
行誓脩善行如此之人舉足一步天堂自至
未來受果如樹提伽受福无量
尒時世尊復語阿難我聞三歸五戒卑夲是
山中木得聞大慈經死不墮地獄尒時阿難
白佛言大衆我奉諸天世尊菩薩等教育
衆生若有衆生憶我語者念我語者受我
語者用我語者我若不救誓當不轉
尒時世尊荅言阿難我看一切衆生喻如赤
子令慈亦然若有衆生憶我之者我若不

救誓當不轉若有衆生造舍利塔廟遍十方
大地黄金百千万六天布施不如念佛心至尒
時世尊復語阿難若有衆生将瓔珞寳珠
黄金百万兩供養十方比丘福得多不言謂
甚多世尊吾言阿難由不如舉足一步向道塲
中佛説此經爲一切法界衆生勸脩淨行一切
天人阿脩羅聞佛所説皆大歡喜作礼而去
信受奉行
尒時世尊厭離娑婆入於涅槃佛告阿難
我去之時末知迴日親屬法等令教衆生汝盡
心勞尒時阿難白佛言世尊衆生沉在苦
海无有出期尒時世尊復語阿難由汝等
方便之力善化善育令出苦海尒時阿難白
佛言世尊衆生愚癡現前顛到弃其貴妻

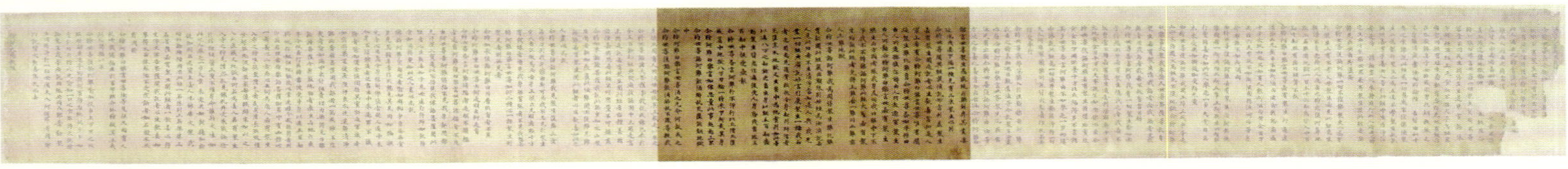

佛言世尊衆生愚癡現前顛到弃其貴妻
逐他賤妾下漏一種无有二殊衆生心别
尒時世尊聞其經藏演說妙言利益衆生
若有衆生聞是說者心生歡喜當知是人
最上希有尒時阿難白佛言世尊唯有閻
提衆生難化難育尒時世尊荅如牛耕田
由人所遣猕猴作儛由人所教造罪衆生
由人所勸尒時阿難白佛言世若有衆生
樂生西方國者緣我身及向我口眼中下不
淨我亦不辞佛語阿難此經大聖若有衆
生勤誦此經者免得三難苦一難囚二難病
人三難地獄
尒時世尊語阿難我爲閻浮衆生難化難
育汝聞此經藏出朝殊别妙經爲女寅說若

人見此經者不生清淨當知是人與我无
業一切經典廣説妙言引度衆生一稱我名
者悉聞悉見隨聲救拔令身劫剥師僧者
死墮寒氷地獄又生蛋中為他責剥如此等
以逕八万之劫餘受畜生身以經五百劫蠢
動衆生皆悉作遍後受人身癃殘盲跛五
百劫中恒受㽵報
尒時世尊荅言阿難行不淨行比丘僧死墮
鐵窟中地獄八万刀輪一時来下斬截其身
尒時阿難白佛言如佛思量此事超越三界
尒時世尊語阿難飲酒醉亂死墮飲銅地獄
中
尒時阿難白佛言世尊酒之无命何故戒之
尒時世尊復語阿難飲酒醉亂不識尊親我

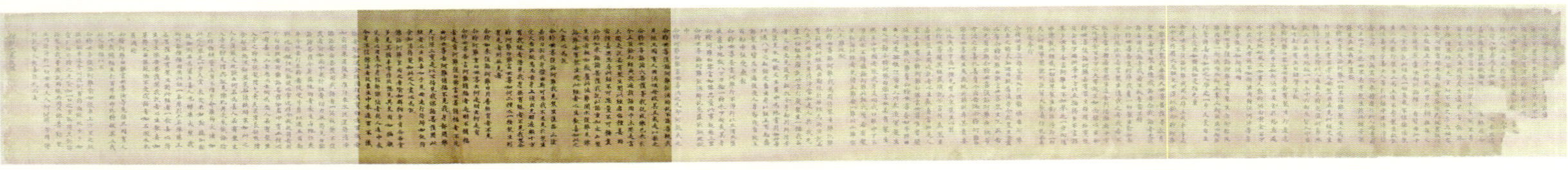

尒時世尊復語阿難飲酒醉亂不識尊親我
見根旦國有人因酒婬母破其五戒是以禁之
尒時世尊語諸大菩薩等我從成佛已來於
今五百餘劫經典披遍讀誦周帀未聞是言
未聞是說若有衆生聞此經者宿種善因
宿種善果思尋此經不可思量不可稱盡
尒時如來語諸菩薩我說此語重如太山衆
生聞者輕如微塵此法難聞亦復難見佛
語阿難若有衆生聞此經者心生歡喜如此之
人盡心爲說
尒時世尊復語阿難我見衆生墮落三塗
若將刀割我身體由斯可忍我不忍見於衆生
受大苦惱酸悲忍苦身上演出光明遍照十方
有我緣者尋見我身無有緣者不見我想尒

時阿難白佛言世尊如何二種心一種衆生則
有見者則無見者
尒時如來復語阿難日月普照盲者不見
尒時阿難重白世尊云何是明云何是盲
尒時世尊荅言阿難脩福者是明不脩福
者是盲阿難復白佛言世尊脩福者不見
由何世尊吉阿難脩福不見我身鄣閇佛
光汙涅三寶是以不得見我佛語菩薩聞此
經者心生歡喜如子見母遠行得歸如飢得
食如渇得漿如此之人盡心爲說
佛語阿難食肉之者喻如群狗爭骨各各貪
多見其猪羊常作煞想見其皃肉如猫覩
鼠專心用意令身信解佛法者從人道中來
令身不信佛法者從畜生中來造罪不懺
[illegible]

今身不信佛法者從畜生中來造罪不懺
悔者喻如運金填圍損其實物造罪懺者
如病得藥還復差損汗衣水洗還得清淨
佛語普廣菩薩用我語者一偈成佛不信
我者喻如海中求針枉費功力無得見日佛
語諸菩薩令身盜他物者來生与他作癡
牛令他苦打非時苦使受牛身以逕五百劫
與他作奴任他駈使心常逃避令被捉得苦刑
印面非理苦持佛語菩薩伽藍中有二種心
一者善心二者惡心云何為惡人若有衆生
入寺之時唯從衆僧乞索或求僧長短歐僧
食都無慙愧餅菓菜茹懷挟歸家如此之
人死墮鑊又地獄云何名為善人若有衆生
入寺之時見僧恭敬見佛禮拜受戒懺悔舍

於財物經營三寶不惜身命讃揚大法如
此之人舉足一步天堂来受果如樹提伽樹
提伽則名為最上善人也佛告大衆我
向所論種種因果此經一名殊別二名殊勝三
名菩薩若有衆生聞此經者一發善心得
生淨土佛告菩薩聞我說者心生歡喜如
旱得水苗稼蘇活不受我語者如石澗水無
有潤時
尒時阿難白佛言世尊汝等見振旦國有人
從七歲脩福至於百年臨命終時破其五戒
此人得福以不
尒時世尊復語阿難喻如般車上万里之坂
臨頭翻車連本所損何有得期縱少多如
雲影日片時之光喻如一口之食能得久飽佛

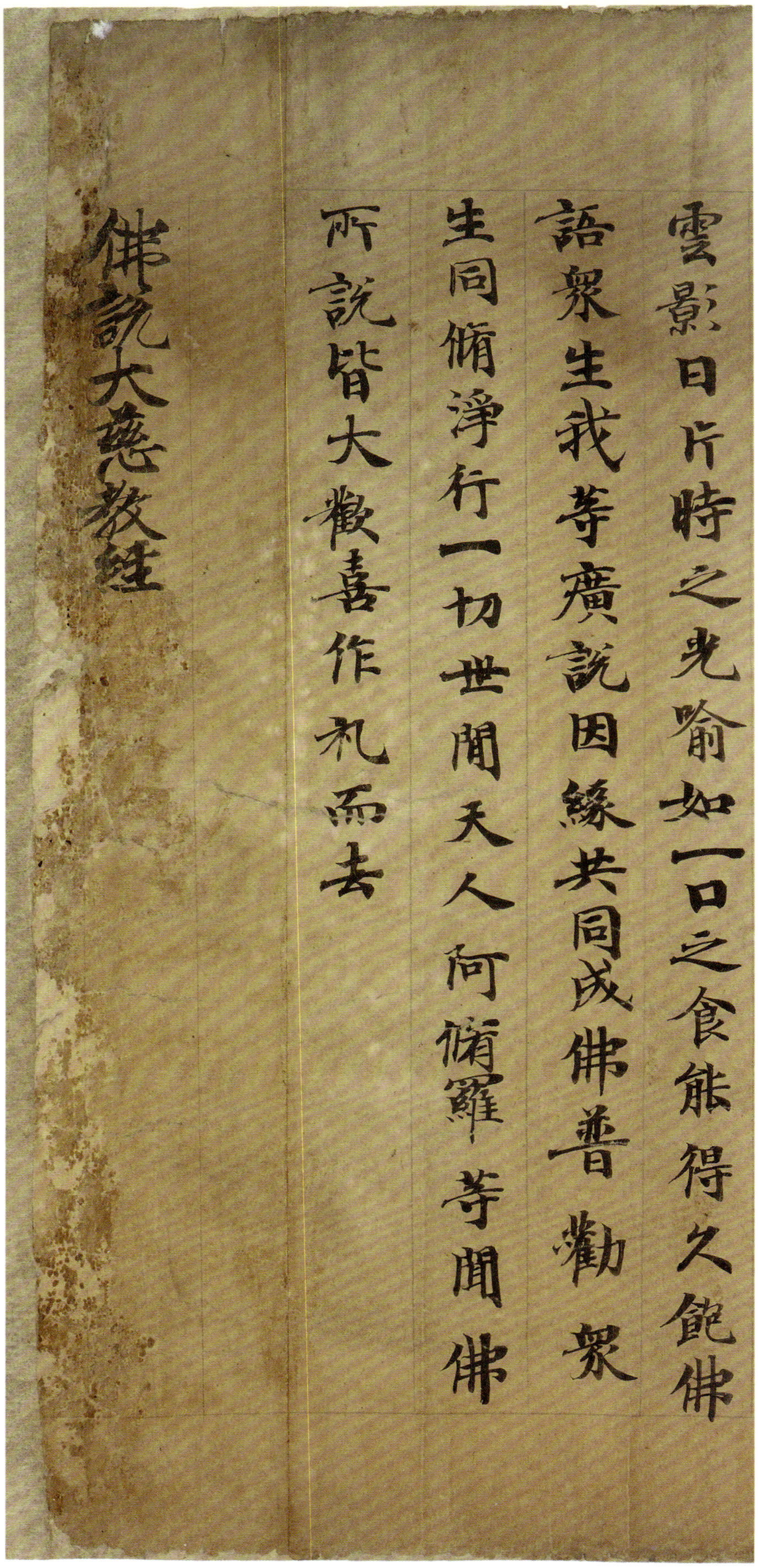

雲影日片時之光喻如一口之食能得久飽佛
語衆生我等廣説因緣共同成佛普勸衆
生同脩淨行一切世間天人阿脩羅等聞佛
所説皆大歡喜作礼而去

佛説大慈教経

BD00943v　雜寫

## BD00944　十誦律卷三八

（後秦）弗若多羅　鳩摩羅什　譯

93.3cm × 26.5cm

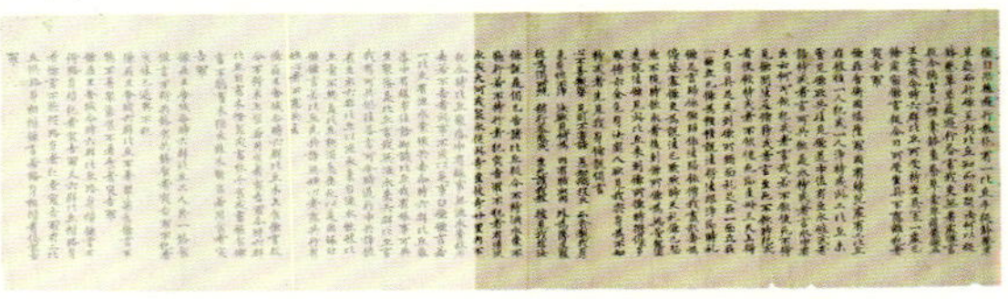

佛自恣後遊行教化有一比丘手捉鉢蔡草
草蓯而行佛見此比丘知而故問汝何以捉
鉢蔡草草蓯遊行答言我更無着處佛言
從今聽畜三種囊鉢囊蔡草囊草蓯囊佛在
王舍城尒時六群比丘所受持坐具置一處已
餘處宿佛言從今日所受坐具不應離犯者
突吉羅
佛在舍衛國憍薩羅國有練兒處有二比丘
在彼住一人犯戒一人淨持戒此二比丘未
曾見佛欲共往見佛道中值有虫水破戒者
語持戒者言可共飲是水持戒者言水中有
虫云何可飲犯戒者言我若不飲便死不得
見佛聞法及僧持戒者言至死不飲時犯戒
者更飲持戒者不飲便死即生卅三天上得

天身具足先到佛所頭面礼足在一面立在
一面立已佛為種種說法得法眼淨即時礼
佛足言歸依佛歸依法歸依僧我盡形壽為
優婆塞佛更為說法已默然時天礼佛已忽
然不現時飲水者後到佛所佛為無量衆圍
遶說法佛見此比丘來到佛所佛時撥優多
羅僧示金色身汝癡人欲見我宍身為不如
持戒者先見我身佛說偈言
心不善觀察　見則不審諦　愚如鵝投火　而貪觀我身
色身但不淨　汝欲見何為　內有脂血肉　外為薄皮覆
彼為渴所燒　猶行恭敬戒　至死護我教　彼見我非汝
佛說是偈已告諸比丘從今不持漉水囊不
聽行若不持行者犯突吉羅不犯者有清流
水或大河或泉水從此寺至彼寺廿里內不

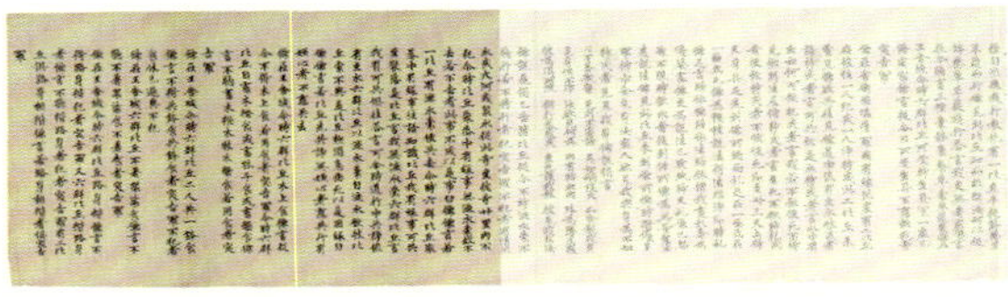

水或大河或泉水從此寺至彼寺廿里內不
犯尒時比丘聚落中有緣事無漉水囊故不
去若不去者此事不成以是事白佛佛言若
一比丘有漉水囊便共去尒時六群比丘聚
落中有緣事往語知識比丘我有緣事可共
至聚落是比丘言我無漉水囊六群比丘言
我有可共俱往荅言可尒時道行中共諍值
有虫水六群比丘以漉水囊自漉水飲彼比
丘索不與是比丘極渴急垂死以是因緣白
佛佛言若比丘先共諍無嫌心者應共行有
嫌心者不應共去
佛在王舍城尒時六群比丘木上食佛言從
今不得木上食若用食者突吉羅尒時六群
比丘自畜木鐙食或畜林子食或畜槃食佛

言不聽畫木橙木牀木般食若用食者突

吉羅

佛在王舍城尒時六群比丘二人共一鉢食

佛言不得共鉢食共鉢食者突吉羅不犯者

食休已過與不犯

佛在王舍城六群比丘不著袈裟食佛言不

聽不著袈裟食不著食者突吉羅

佛在王舍城尒時六群比丘路身揩佛言不

得路身揩犯者突吉羅又六群比丘揩路身

者佛言不聽揩路身者犯者突吉羅有二比

丘俱路身相揩佛言若路身相揩者俱突吉

羅

## BD00945 十誦律卷三八

（後秦）弗若多羅 鳩摩羅什 譯

93cm × 26.5cm

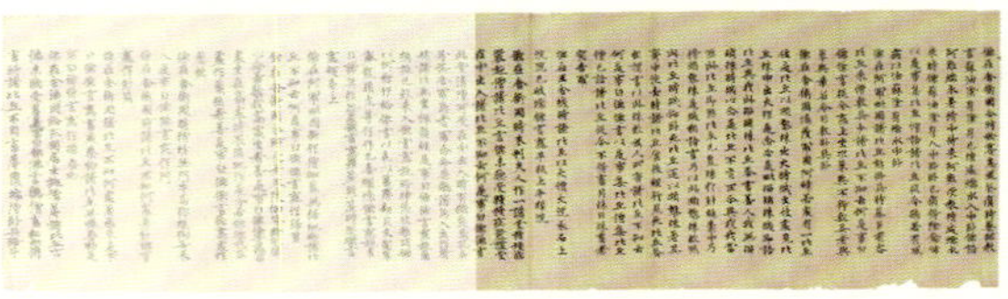

佛在舍衛國尒時世尊患風脊痛時藥師教
言蘇油塗身塗身已槽盛煗水入中卧佛語
阿難煗水著槽中持來阿難受教槽盛煗水
來時佛蘇油塗身入中卧卧已病得除愈佛
以是事集比丘僧語諸比丘從今聽若有風
病以油蘇塗身煗水中卧
佛在阿羅毗國諸比丘辦卧具時慕多有客
比丘來僧敷具少諸比丘不知云何是事白
佛佛言從今應上坐次第與不得敷具者與
草與葉各令自敷卧具卧
佛在舍衛國憍薩羅國阿練若處有一比丘
住是比丘以頗黎珠出火時賊主彼處見比
丘珠中出火作是念必是毗瑠璃珠賊即語
比丘與我此瑠璃珠比丘答言善人我無瑠

壞珠時賊心念是比丘不肯正尒與我我當
煞此比丘即煞比丘已覓珠於針綖囊中乃
得頗黎珠是賊相語言乃以此頗黎珠故煞
此比丘時賊仰卧死比丘還以頗黎珠著其
齋中便去時諸比丘食後經行見死比丘各
相謂言以此珠故為人所害諸比丘不知云
何是事白佛佛言以是事集比丘僧集比丘
僧已語諸比丘從今不得畜月珠日珠畜者
突吉羅

佛在王舍城時諸比丘以大價火浣衣石上
浣浣已破壞佛言應平板上手挼浣

佛在舍衛國時末利夫人作一講堂種種莊
嚴施僧諸比丘言佛未聽受種種莊嚴講堂
在中出入諸比丘不知云何是事白佛佛言

嚴施僧諸比丘言佛未聽受種種莊嚴講堂
在中出入諸比丘不知云何是事白佛佛言
此堂清淨可受在中出入時有鵝鶩鴦孔雀
等俱舍羅鳥耆羅命命飛鸚諸鳥入出作聲
妨諸比丘坐禪誦經是事白佛佛言應施蘭
楯施已故來入佛言應施絡時優波離問佛
以何物作絡佛言以蠶以芻摩劫貝文闍草
麻龍鬚皮等作作已喜爛壞佛言應施雀
目諸鳥故得來佛言應懸簾懸簾時闇佛言
應繩牽上
佛在阿羅毗國新作僧伽藍無掃地物諸比
丘不知云何是事白佛佛言應作掃箒
佛在舍衛國尒時長老畢陵伽婆蹉眼痛
心念著聽我高處坐者善是事白佛佛言聽高

處坐在高處時畏墮地作是念若佛聽我高
處作蘭楯者善是事白佛佛言聽高處作
蘭楯
佛在舍衛國時僧坊無門牛馬獼猴狗等來
入是事白佛佛言應作門
佛在舍衛國時諸比丘不知何處著針佛言
應作針筒
佛在舍衛國諸比丘不知何處著藥草是事
白佛佛言應畜盛藥物諸比丘無甖藥物是
事白佛佛言應作甖藥物
佛在舍衛國給孤獨居士施僧蓐諸比丘言
佛未聽受蓐是事白佛佛言聽僧畜私亦得
畜時諸比丘不自畜蓐覆壞僧臥具路身

# BD00946　維摩詰所說經卷上

（後秦）鳩摩羅什　譯

169.5cm × 27cm

（4-1）

維摩詰所説經　一名不可思議解脫佛國品第一
如是我聞一時佛在毗耶離菴羅樹園與大
比丘衆八千人俱菩薩三万二千衆所知識大
智本行皆悉成就諸佛威神之所建立爲護
法城受持正法能師子吼名聞十方衆人不請
友而安之紹隆三寶能使不絶降伏魔怨
制諸外道悉已清淨永離蓋纏心常安住
无导解脫念定揔持辯才不斷布施持戒忍
辱精進禪定智慧及方便力无不具足逮无
所得不起法忍已能隨順轉不退輪善解法
相知衆生根蓋諸大衆得无所畏功德智慧
以脩其心相好嚴身色像第一捨諸世間所
有飾好名稱高遠踰於須彌深信堅固猶

BD00946　維摩詰所説經卷上

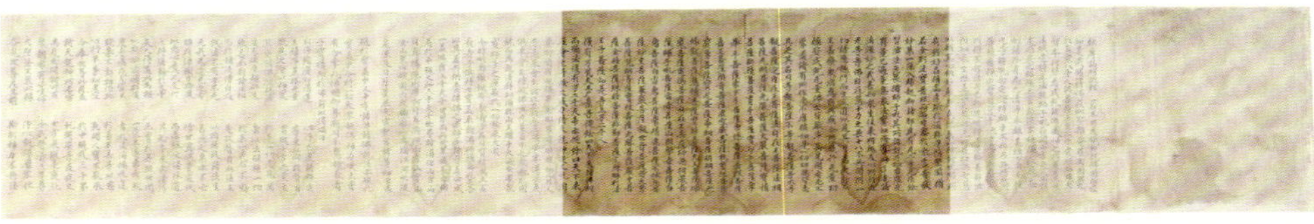

以衆相好嚴身色像第一捨諸世間所
有餝好名稱高遠踰於須弥深信堅固猶
若金剛法寶普照而雨甘露於衆言音微
妙第一深入緣起斷諸邪見有无二邊无復餘
習演法无畏猶師子吼其所講說乃如雷震无
有量已過量集衆法寶如海導師了達諸
法深妙之義善知衆生往來所趣及心所行近
无等等佛自在慧十力无畏十八不共關閉一
切諸惡趣門而生五道以見其身為大醫
王善療衆病應病與藥令得復行无量功
德皆成就无量佛土皆嚴淨其見聞者无不
蒙益諸有所作亦不唐捐如是一切功德皆悉
具足其名曰等觀菩薩不等觀菩薩等不等
觀菩薩定自在王菩薩法自在王菩薩法相
菩薩光相菩薩光嚴菩薩大嚴菩薩寶積

菩薩寶積菩薩寶手菩薩寶印手菩薩常
舉手菩薩常下手菩薩常慘菩薩喜根菩薩
喜王菩薩辯音菩薩虛空藏菩薩執寶炬菩薩
寶勇菩薩寶見菩薩帝網菩薩明網菩薩无
緣觀菩薩慧積菩薩寶勝菩薩天王菩薩壞
魔菩薩電德菩薩自在王菩薩功德相嚴菩
薩師子吼菩薩雷音菩薩山相擊音菩薩香
象菩薩白香象菩薩常精進菩薩不休息菩
薩妙生菩薩華嚴菩薩觀世音菩薩得大勢
菩薩梵網菩薩寶杖菩薩无勝菩薩嚴土菩
薩金髻菩薩珠髻菩薩弥勒菩薩文殊師利法
王子菩薩如是等三万二千人
復有万梵天王尸棄等從餘四天下来詣佛所
而聽法復有万二千天帝亦從餘四天下来
在[illegible]

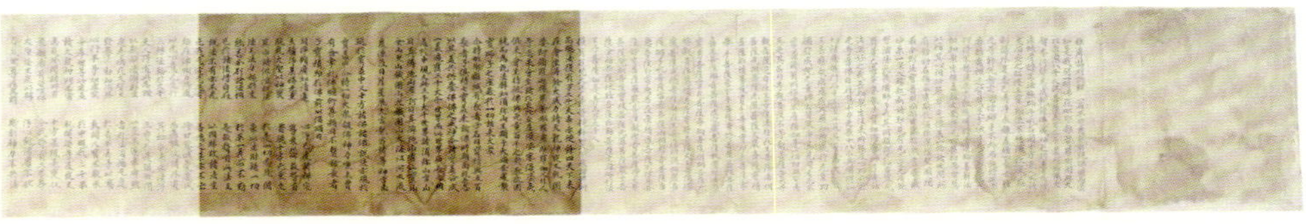

而聽法復有万二千天帝亦從餘四天下来
在會坐并餘大威力諸天龍神夜叉乾闥
婆阿脩羅迦樓羅緊那羅摩睺羅伽人非人
等悉来會坐諸比丘比丘尼優婆塞優婆夷
俱来會坐時彼佛與无量百千之衆恭敬圍
繞而為説法譬如須弥山王顯于大海安處衆
寶師子之座蔽於一切諸来大衆
尒時毗耶離城有長者子名曰寶積與五百
長者子俱持七寶蓋来詣佛所頭面礼足各
以其蓋共供養佛佛之威神令諸寶蓋合成
一蓋遍覆三千大千世界而此世界廣長之相
悉於中現又此三千大千世界諸須弥山雪山
目真隣陁山摩訶目真隣陁山香山寶山
金山黒山鐵圍山大鐵圍山大海江河川流

泉源及日月星辰天宮龍宮諸尊神宮悉
現於寶蓋中又十方諸佛諸佛說法亦現於
寶蓋中尒時一切大衆覩佛神力嘆未曾
有合掌礼佛瞻仰尊顏目不暫捨長者
子寶積即於佛前以偈頌曰

目淨脩廣如清蓮　心淨已度諸禪定
久積淨業稱无量　導衆以寂故稽首
既見大聖以神變　普現十方无量土
其中諸佛演說法　於是一切悉見聞
法王法力超群生　常以法財施一切
能善分別諸法相　於第一義而不動
已於諸法得自在　是故稽首此法王
說法不有亦不无　以因緣故諸法生
无我无造无受者　善惡之業亦不亡

說法不有亦不无　以因緣故諸法生
无我无造无受者　善惡之業亦不亡
始在佛樹力降魔　得甘露滅覺道成
以无心意无受行　而悉摧伏諸外道
三轉法輪於大千　其輪本來常清淨
天人得道此為證　三寶於是現世間
以斯妙法濟群生　一受不退常寂然
度老病死大醫王　當礼法海德无邊
毀譽不動如須弥　於善不善等以慈
心行平等如虛空　孰聞人寶不敬承
今奉世尊此微蓋　於中現我三千界
諸天龍神所居宮　乾闥婆等及夜叉
悉見世間諸所有　十方衆現是變化
衆覩希有皆歎佛　今我稽首三界尊

大聖法王衆所歸　淨心觀佛靡不欣

各見世尊在其前　斯則神力不共法

# BD00947 十誦律卷三一

（後秦）弗若多羅　鳩摩羅什　譯

49.5cm × 26.5cm

一作駈出羯磨隨汝馬宿滿宿幾時不捨
是不清淨行隨尒所時與汝作駈出羯磨是
名白如是白四羯磨與馬宿滿宿比丘作駈
出羯磨竟僧忍默然故是事如是持得駈出
羯磨比丘行法者不應與他受大戒不應受
他依止不得畜沙弥不得受教戒比丘尼羯
磨若先受不應教戒不應重犯罪不應作相
似罪不得作過是罪不應呵羯磨不應呵作
羯磨人不應出清淨比丘過罪不應從他乞
聽不應言我當出汝罪不應遮布薩自恣不
應違逆清淨比丘應折伏心如法恭敬若不
如是行者盡形壽不得離駈出羯磨
即時諸比丘受佛教小却一面與馬宿滿宿
作駈出羯磨馬宿滿宿得駈出羯磨故心悔

折伏柔耎從僧乞聽出羯磨諸比丘以是事
白佛佛語諸比丘若馬宿滿宿比丘心悔折
伏者僧應與解若更有如是人僧亦應與解
若比丘不如法行僧不應與解驅出羯磨若
與他受大戒與他作依止畜沙彌若受教戒
比丘尼羯磨若教戒比丘尼若重犯罪若作
相似罪若作過是罪若呵羯磨若呵羯磨人
若從他乞聽若出清淨比丘罪若言我當出
汝罪若遮布薩自恣違逆清淨比丘不心悔
折伏柔耎不應解若如法行僧應與解驅出
羯磨不與他受大戒不與他作依止不畜沙
彌不受教戒比丘尼羯磨不教戒比丘尼不
重犯罪不作相似罪不作過是罪不呵羯磨
羯磨人不從他乞聽不出清淨比丘罪

BD00948 十誦律卷三一

（後秦）弗若多羅 鳩摩羅什 譯

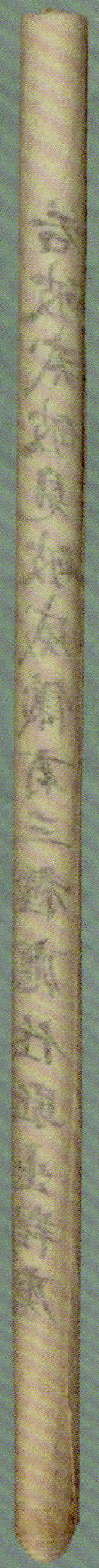

44cm × 26.5cm

佛言比丘於三事中有犯僧應作駈出羯磨
若破戒破見破威儀有三種應作駈出羯磨
〃
喜鬪喜諍喜相言有三種非法非比尼非佛
教作駈出羯磨可破人不現前作不先説其
罪作不令憶念作有三種如法比尼如佛教
教作駈出羯磨不可破人現前作先説其罪
作令憶念作有三種可破非法作別衆作人
不現前作有三種不可破如法作和合僧作
人現前作有三種可破非法作別衆作不先
説其罪作有三種不可破如法作和合僧作
先説其罪作有三種可破非法作別衆作不
令憶念作有三種不可破如法作和合僧作
令憶念作有三種作駈出羯磨可破爲不犯

罪作為不可悔過作與已悔過作有三種作
驅出羯磨不可破為犯罪作為可悔過作與
未悔過作有三種可破非法作別衆作與不
犯罪作有三種不可破如法作和合僧作為
犯罪作有三種可破非法作別衆作為不可
悔過作有三種不可破如法作和合僧作為
可悔過作有三種可破非法作別衆作與已
悔過作有三種不可破如法作和合僧作與
未悔過作驅出羯磨法者一心和合僧一比
丘僧中唱大德僧聽是馬宿滿宿比丘汙他
家行惡行汙他家皆見皆聞皆知行惡行亦
見亦聞亦知若僧時到僧忍聽與馬宿滿宿

## BD00949 金剛般若波羅蜜經

（後秦）鳩摩羅什 譯

117.3cm × 26.5cm

[illegible]
戒脩福者於
知是人不於一佛
已於无量千万佛所
乃至一念生淨信者須
諸衆生得如是无量
无復我相人相衆生
无非法相何以故是諸
相壽
衆生若心取相則為著我人衆生壽者若取
法相即著我人衆生壽者何以故若取[illegible]法
相即著我人衆生壽者是故不應取法不應
取非法以是義故如来常説汝等比丘知我
説法如筏喻者法尚應捨何况非法
須菩提於意云何如来得阿耨多羅三藐三

菩提耶如来有所説法耶須菩提言如我解
佛所説義无有定法名阿耨多羅三藐三菩
提亦无有定法如来可説何以故如来所説法
皆不可取不可説非法非非法所以者何一
切賢聖皆以无為法而有差別
須菩提於意云何若人滿三千大千世界七
寶以用布施是人所得福德寧為多不善須
菩提言甚多世尊何以故是福德即非福德性
是故如来説福德多若復有人於此経中受
持乃至四句偈等為他人説其福勝彼何以
故須菩提一切諸佛及諸佛阿耨多羅三藐三
菩提法皆從此経出須菩提所謂佛法者即
非佛法
須菩提於意云何須陁洹能作是念我得須

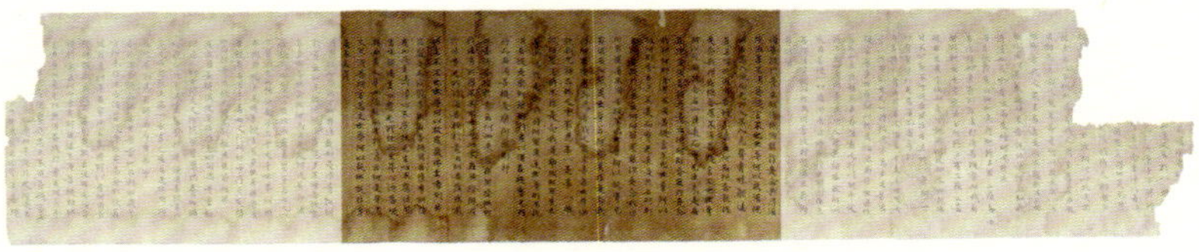

須菩提於意云何須陁洹能作是念我得須
陁洹果不須菩提言不也世尊何以故須陁
洹名為入流而无所入不入色聲香味觸法
是名須陁洹須菩提於意云何斯陁含能作
是念我得斯陁含果不須菩提言不也世尊
何以故斯陁含名一往来而實无往来是名
斯陁含須菩提於意云何阿那含能作是念
我得阿那含果不須菩提言不也世尊何以
故阿那含名為不来而實无来是故名阿那
含須菩提於意云何阿羅漢能作是念我得
阿羅漢道不須菩提言不也世尊何以故實无
有法名阿羅漢世尊若阿羅漢作是念我
得阿羅漢道即為著我人衆生壽者世尊佛
說我无諍三昧人中最為第一是第一離

欲阿羅漢我不作是念我是離欲阿羅漢世
尊我若作是念我得阿羅漢道世尊則不說
須菩提是樂阿蘭那行者以須菩提實无所
行而名須菩提是樂阿蘭那行
佛告須菩提於意云何如来昔在然燈佛所
於法有所得不不也世尊如来在然燈佛所
於法實无所得須菩提於意云何菩薩莊嚴
佛土不不也世尊何以故莊嚴佛土者則非
莊嚴是名莊嚴是故須菩提諸菩薩摩訶薩
應如是生清淨心不應住色生心不應住聲
香味觸法生心應无所住而生其心須菩提
譬如有人身如須弥山王於意云何是身為
大不須菩提言甚大世尊何以故佛說非身
是名大身

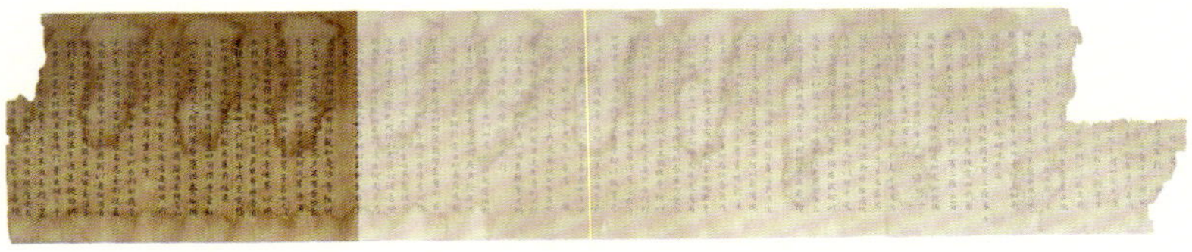

是名大身
須菩提如恒河中所有沙數如是沙等恒河
於意云何是諸恒河沙寧為多不須菩提言
甚多世尊但諸恒河尚多无數何況其沙須
菩提我今實言告汝若有善男子善女人以
七寶滿尒所恒河數沙三千大千世界以用
布施得福多不須菩提言甚多世尊佛告須
菩提若善男子善女人於此經中乃至受持
四句偈等為他人說而此福德勝前福德
復次須菩提隨說是經乃至四句偈等當知
此處一切世間天人阿脩羅皆應供養如佛
塔廟何況有人盡能受持讀誦須菩提當知
是人成就最上第一希有之法若是經典所
在之處則為有佛若尊重弟子

尒時須菩提白佛言世尊當何名此經我等
云何奉持佛告須菩提是經名為金剛般若
波羅蜜以是名字汝當奉持所以者何須菩
提佛説般若波羅蜜則非般若波羅蜜須菩
提於意云何如来有所説法不須菩提白佛
言世尊如来无所説須菩提於意云何三千
界所有微塵是為多不須菩提言甚
提諸微塵如来説非微塵是名
界非世界是名世界須菩提

BD00950　合部金光明經卷八

（隋）寶貴　合

BD00950v　净名經集解關中疏釋（擬）

525.8cm × 26.6cm

是觀已尋便離去尒時第三王子作是念言
我今捨身時已到矣何以故我從昔来多棄
是身都无所為亦常愛護處之屋宅又復供
給衣服飲食卧具醫藥象馬車乘隨時將養
令无所乏而不知恩反生怨害然復不免无常
敗壞復次是身不堅无所利益可惡如賊猶若
行廁我於今日當使此身作无上業於生死海
中作大橋梁復次若捨此身則捨无量癰疽瘭
疾百千怖畏是身唯有大小便利是身不堅
如水上沫是身不淨多諸虫戶是身不淨筋
纏血塗皮骨髓腦共相連持如是觀察甚可
患厭是故我今應當捨離以求寂滅无上涅
槃永離憂患无常變異生死休息无諸塵累
无量禪定智慧功德具足成就微妙法身百

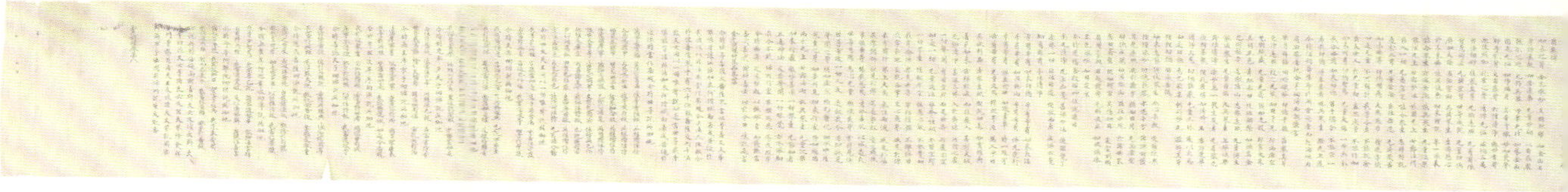

福莊嚴諸佛所讚證成如是无上法身與諸
衆生无量法樂是時王子勇猛堪任作是大
願以上大悲薰脩其心慮其二兄心懷怖懅或
恐固遮為作留難即便語言兄等今者可與
眷屬還其所止尒時王子摩訶薩埵還至虎
所脱身衣裳置竹枝上作是誓言我今為利
諸衆生故證於冣勝无上道故大悲不動捨
故為求菩提智所讚故欲度三有諸衆生故
滅生死怖衆惱熱故是時王子作是誓已即
自放身卧餓虎前是時王子以大悲力故虎
无能為王子復作如是念言虎今羸瘦身
无勢力不能得我身血肉食即起求刀周遍
求之了不能得即以乾竹刺頸出血於高山上
投身虎前是時大地六種震動日无精光

投身虎前是時大地六種震動日无精光
如羅睺羅阿脩羅王捉持鄣蔽又雨雜華種
種妙香時虛空中有諸餘天見是事已心生
歡喜歎未曾有讚言善哉善哉大士汝今真
是行大悲者為衆生故能捨難捨於諸學人
第一勇健汝已為得諸佛所讚常樂住處不
久當證无惱无熱清涼涅槃是虎尒時見血
流出汙王子身即便舐血噉食其肉唯留餘
骨尒時第一王子見地大動為第二王子
而說偈言
震動大地　及以大海　日无精光　如有覆蔽
於上虛空　雨諸華香　必是我弟　捨所愛身
第二王子復說偈言
彼虎產來　已經七日　七子圍遶　窮无飲食

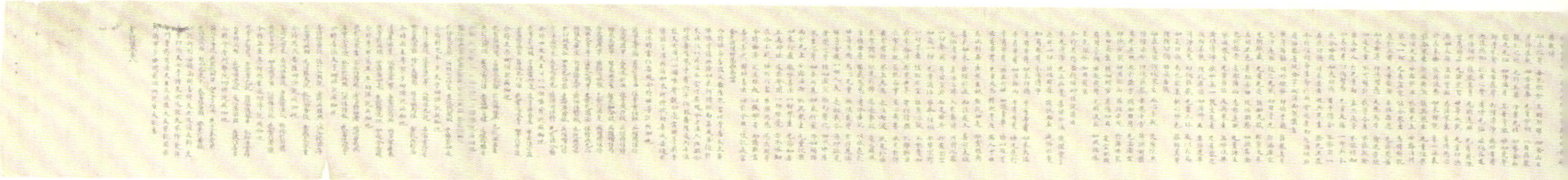

氣力羸損命不云遠小弟大悲知其窮悴
懼不堪忍還食其子恐定捨身以救彼命
時二王子心大愁怖涕泣悲歎容貌憔悴復
共相將還至本所見弟所著被服衣裳皆悉
在一竹枝之上骸骨髮爪布散狼藉流血處
處遍汙其地見已悶絕不自勝持投身骨上
良久乃穌即起舉手呼天而哭我弟幼稚才
能過人特為父母之所愛念奄忽捨身以餧
餓虎我今還宮父母設問當云何荅我寧在
此并命一處不忍見是骸骨髮爪何心捨離
還見父母妻子眷屬朋友知識時二王子悲
號懊惱漸捨而去時小王子所將侍從各散
諸方互相謂言今者我天為何所在尒時王
妃於睡夢中夢乳被割牙齒墮落得三鴿鶵
一為鷹食尒時王妃大地動時即便驚寤心

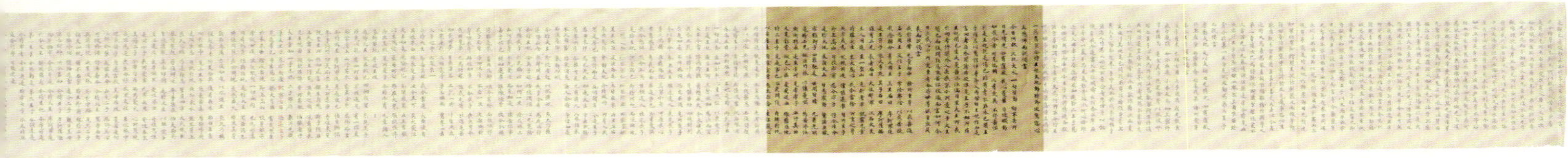

一為鷲食尒時王妃大地動時即便驚寤心
大愁怖而說偈言
今日何故 大地大水 一切皆動 物不安所
日无精光 如有覆蔽 我心憂苦 目睫瞤動
如我今者 所見瑞相 必有災異 不祥苦惱
於是王妃說是偈已時有青衣在外已聞王
子消息心驚惶怖尋即入內啓白王妃作如是
言向者在外聞諸侍從推覓王子不知所在
王妃聞已生大憂苦涕泣滿目至大王所我
於向者傳聞外人失我最小所愛之子大王
聞已而復悶絶悲哽苦惱收淚而言如何今
日失我心中所愛重者尒時世尊欲重宣此
義而說偈言
我於往昔 无量劫中 捨所重身 以求菩提

若為國王 及作王子 常捨難捨 以求菩提
我念宿命 有大國王 其王名曰 摩訶羅陁
是王有子 能大布施 其子名曰 摩訶薩埵
復有二兄 長者名曰 大波那羅 次名大天
三人同遊 至一空山 見新產虎 飢窮无食
時勝大士 生大悲心 我今當捨 所重之身
此虎或為 飢餓所逼 儻能還食 自所生子
即上高山 自投虎前 為令虎子 得全性命
是時大地 及諸大山 皆悉震動 驚諸虫獸
虎狼師子 四散馳走 世間皆暗 无有光明
是時二兄 故在竹林 心懷憂惱 愁苦涕泣
漸漸推求 遂至虎所 見虎虎子 血汙其口
又見骸骨 髮毛爪齒 處處迸血 狼藉在地
時二王子 見是事已 心更悶絕 自擗於地
以灰塵土 自塗全身 忘失正念 生狂癡心

以灰塵土　自塗全身　忘失正念　生狂癡心
所將侍從　覩見是事　亦生悲慟　失聲號哭
手以冷水　共相噴灑　然後穌息　而復得起
是時王子　當捨身時　正值後宮　妃后婇女
眷屬五百　共相娛樂　王妃是時　兩乳汁出
一切枝節　痛如針刺　心生愁惱　以喪愛子
於是王妃　疾至王所　其聲微細　悲泣而言
大王今當　諦聽諦聽　憂愁盛火　今來燒我
我今二乳　俱時汁出　身體苦切　如被針刺
我見如是　不祥瑞相　恐更不復　見所愛子
今以身命　奉上大王　願速遣人　求覓我子
夢三鴿鶵　在我懷抱　其最小者　可適我心
有鷹飛來　奪我而去　夢是事已　即生憂惱
我今愁怖　恐命不濟　唯願遣人　推求我子

是時王妃　說是語已　即時悶絕　死復擗地
王聞是語　復生憂惱　以不得見　所愛子故
其王大臣　及諸眷屬　悉皆聚集　在王左右
哀哭悲歎　聲動天地　尒時城內　所有人民
聞是聲已　驚愕而出　各相謂言　今是王子
為活來耶　為已死亡　如是大士　常出軟語
為衆所愛　今難可見　已有諸人　入林推求
不久自當　得定消息　諸人尒時　章惶如是
而復悲歎　哀動神祇
尒時大王　即從座起　以水灑妃　良久乃穌
還得正念　微聲問王　我子今者　為死活耶
尒時王妃　念其子故　倍復懊惱　心無憩捨
可惜我子　形色端正　如何一旦　捨我終亡
云何我身　不先薨沒　而見如是　諸苦惱事
善子妙色　猶如蓮華　誰壞汝身　使令分離

[illegible]
善子妙色　猶如蓮華　誰壞汝身　使令分離
將非是我　昔日怨讎　快本業緣　而殺汝耶
我子面目　淨如滿月　不圖一旦　遇斯禍對
寧使我身　碎破如塵　不令我子　喪失身命
我所見夢　已為得報　負我无情　能堪是苦
如我所夢　牙齒墮落　二乳一時　汁自流出
必定是我　失所愛子　夢三鴿鶵　鷹奪一去
三子之中　必定失一
尒時大王　即告其妃　我今當遣　大臣使者
周遍東西　推求覓子　汝今且可　莫大憂惱
大王如是　慰喻妃已　即便嚴駕　出其宮殿
心生愁惱　憂苦所切　雖在大衆　顏貌憔悴
即出其城　覓所愛子　尒時亦有　无量諸人
哀號動地　尋從王後

是時大王　既出城已　四向顧望　求覓其子
煩冤心亂　靡知所在　最後遥見　有一信来
頭蒙塵土　血汙其衣　灰糞塗身　悲號而至
尒時大王　摩訶羅陁　見是使已　倍生懊惱
舉手號叫　仰天而哭　先所遣臣　尋復来至
既至王所　作如是言　願王莫愁　諸子猶在
不久當至　令王得見　須臾之頃　復有臣来
見王愁苦　顔貌憔悴　身所著衣　垢膩塵汙
大王當知　一子已終　二子雖存　衰悴无頼
第三王子　見虎新產　飢窮七日　恐還食子
見是虎已　深生悲心　發大誓願　當度衆生
於未来世　證成菩提　即上高山　投身餓虎
虎飢所逼　便起噉食　一切血肉　已為都盡
唯有骸骨　狼藉在地　是時大王　聞臣語已
轉復悶絶　失念躃地　憂愁盛火　熾然其身

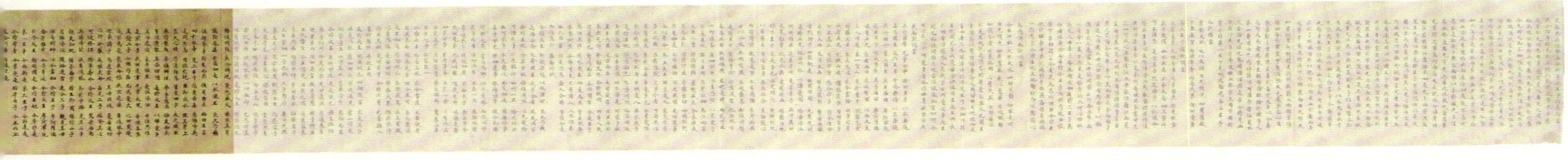

轉復悶絶　失念躃地　憂愁盛火　熾然其身
諸臣眷屬　亦復如是　以水灑王　良久乃穌
復起舉手　歸天而哭　復有臣來　而白王言
向於林中　見二王子　愁憂苦毒　悲號啼哭
迷悶失志　自投於地　臣即求水　灑其身上
良久之頃　乃還穌息　望見四方　大火熾然
扶持暫起　尋復躃地　舉手悲哀　歸天而哭
乍復讚歎　其弟功德　是時大王　以離愛子
其心迷沒　氣力惙然　憂惱涕泣　并復思惟
是最小子　我所愛重　无常大鬼　奄便吞食
其餘二子　今雖存在　而為憂火　之所焚燒
或能為是　喪失命根　我宜速往　至彼林中
迎載諸子　急還宮殿　其母在後　憂苦逼切
心肝分裂　或能失命　若見二子　慰喻其心

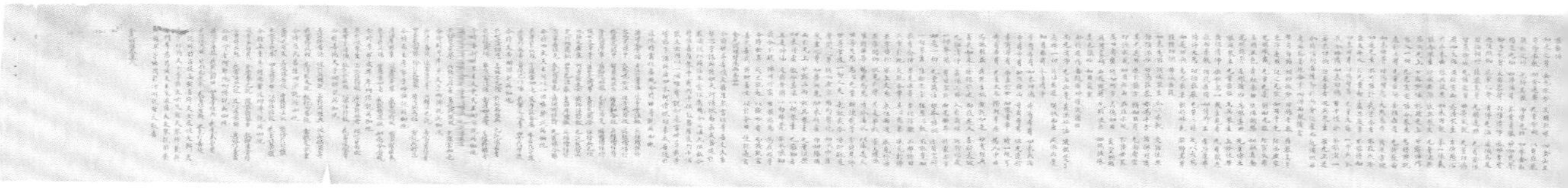

可使終保餘年壽命尒時大王駕乘名象
與諸侍從欲至彼林即於中路見其二子
踊天扣地稱弟名字時王即前抱持二子
悲號涕泣隨路還宮速令二子覲見其母
佛告樹神汝今當知尒時王子摩訶薩埵
捨身餧虎今我身是尒時大王摩訶羅陁
於今父王輸頭檀是尒時王妃今摩耶是
第一王子今弥勒是第二王子今調達是
尒時虎者今瞿夷是時虎七子今五比丘
及舍利弗目揵連是
尒時大王摩訶羅陁及其妃后悲號涕泣悉
皆脫身御服瓔珞與諸大衆往竹林中收其
舍利即於此處起七寶塔是時王子摩訶薩
埵臨捨命時作是誓願願我舍利於未來世
過筭數劫常為衆生而作佛事說是經時无

過筭數劫常為衆生而作佛事説是經時无
量阿僧祇天及人發阿耨多羅三藐三菩提
心樹神是名礼塔往昔因緣尒時佛神力故是
七寶塔即沒不現

金光明經讚佛品第廿三

尒時无量百千万億諸菩薩衆從此世界至
金寶蓋山王如来國土到彼土已五體投地
為佛作礼却一面立向佛合掌異口同音而
讚歎佛

如来之身　金色微妙　其明照曜　如金山王
身淨柔軟　如金蓮華　无量妙相　以自莊嚴
随形之好　光飾其體　淨潔无比　如紫金山
圓足无垢　如淨滿月　其音清徹　妙如梵聲
師子乳聲　大雷震聲　六種清淨　微妙音聲

迦陵頻伽　孔雀之聲　清淨无垢　威德具足
百福相好　莊嚴其身　光明遠照　无有齊限
智慧寂滅　无諸愛習　世尊成就　无量功德
譬如大海　須弥寶山　為諸衆生　生憐愍心
於未來世　能與快樂　如來所說　第一深義
能令衆生　寂滅安隱　能與衆生　无量快樂
能演无上　甘露妙法　能開无上　甘露法門
能入一切　无患窟宅　能令衆生　悉得解脫
度於三有　无量苦海　安住正道　无諸憂苦
如來世尊　功德智慧　大慈悲力　精進方便
如是无量　不可稱計　我等今者　不能說喻
諸天世人　於无量劫　盡思度量　不能得知
如來所有　功德智慧　无量大海　一渧少分
我今略讚　如來功德　百千億分　不能宣一
若我功德　得聚集者　迴與衆生　登无上道

若我功德　得衆集者　迴與衆生　證无上道
尒時信相菩薩即於此會從座而起偏袒右
肩右膝著地合掌向佛而說讚言
世尊百福　相好微妙　功德千數　莊嚴其身
色淨遠照　視之无猒　如日千光　弥滿虛空
光明熾盛　无量无邊　猶如无數　珎寶大聚
其明五色　青紅赤白　琉璃頗梨　如融真金
光明赫弈　通徹諸山　悉能遠照　无量佛土
能滅衆生　无量苦惱　又與衆生　上妙快樂
諸根清淨　微妙第一　衆生見者　无有猒足
髮紺柔軟　猶孔雀項　如諸蜂王　集在蓮華
清淨大悲　功德莊嚴　无量三昧　及以大悲
如是功德　悉已衆集　相好妙色　嚴飾其身
種種功德　助成菩提

如来悲能　調伏衆生　令心柔軟　受諸快樂
種種深妙　功德莊嚴　亦為十方　諸佛所讚
其光遠照　遍於諸方　猶如日月　充滿虛空
功德成就　如須弥山　在在示現　於諸世界
齒白齊整　猶如珂雪　其德如日　處空明顯
眉間豪相　右旋宛轉　光明流出　如琉璃珠
其色微妙　如日處空
尒時道場菩提樹神復說讚曰
南无清淨　无上正覺　甚深妙法　隨順覺了
遠離一切　非法非道　獨拔而出　成佛正覺
如有非有　本性清淨
希有希有　如来功德　希有希有　如来大海
希有希有　如須弥山　希有希有　佛无邊行
希有希有　佛出於世　如優曇華　時一現耳
希有希有　无量大悲　釋迦牟尼　為人中日

希有希有　无量大悲　釋迦牟尼　為人中日
為欲利益　諸衆生故　宣説如是　妙寶經典
善哉如來　諸根寂滅　而復遊入　善寂大城
无垢清淨　甚深三昧　入於諸佛　所行之處
一切聲聞　身皆空寂　兩足世尊　行處亦空
如是一切　无量諸法　推本性相　亦皆空寂
一切衆生　性相亦空　狂愚心故　不能覺知
我常念佛　樂見世尊　常作誓願　不離佛日
我常於地　長跪合掌　其心戀慕　欲見於佛
我常脩行　最上大悲　哀泣雨淚　欲見於佛
我常渴仰　欲見於佛　為是事故　憂火熾然
唯願世尊　賜我慈悲　清冷法水　以滅是火
世尊慈愍　悲心无量　願使我身　常得見佛
世尊常護　一切人天　是故我今　渴仰欲見

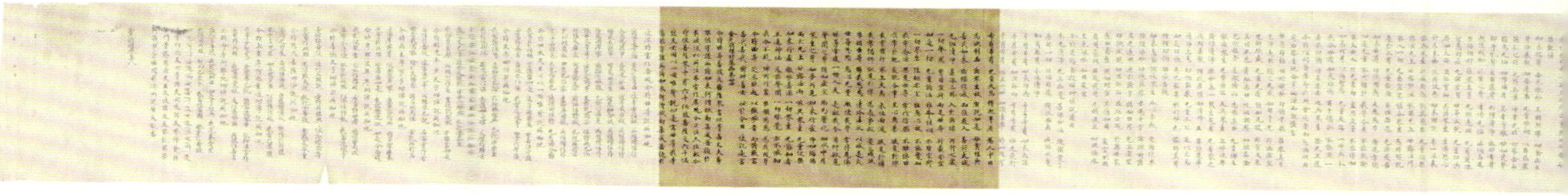

聲聞之身　猶如虛空　焰幻響化　如水中月
衆生之身　如夢所見　如来行處　淨如瑠璃
雨於无上　甘露法雨　能與衆生　无量快樂
如来行處　微妙甚深　一切衆生　无能知者
五通神仙　及諸聲聞　一切緣覺　亦不能知
我今不疑　佛所行處　唯願慈悲　為我現身
尒時世尊　從三昧起　以微妙音　而讃歎言
善哉善哉　樹神善女　汝於今日　快說是言

金光明經付屬品第廿四

尒時世尊告彼大菩薩衆言汝等善丈夫輩
誰能守護此諸如来阿僧祇劫集成菩提於
我滅後以此法本當作廣現令正法久住故尒
時彼菩薩衆中有六十俱致菩薩及六十俱
致天女同以一咽喉聲說如是言世尊我等
甚欣守護此法如来阿僧祇劫集成菩提作

堪能守護此諸如来阿僧祇劫集成菩提於
彼後時當作廣現尒時世尊說此伽他
諸佛是實語　安住於實法　彼等實住故　此經增住持
大悲爲鎧甲　大慈爲安住　彼等慈力故　此經增住持
福衆爲鎧甲　智衆所出生　諸衆和合故　此經增住持
降伏諸摩羅　諸論亦破散　已斷於諸見　此經增住持
護世天帝等　諸梵及脩羅　天龍乾闥婆　住持此已作
地住及虛空　所有諸天女　諸佛住持故　已說此行法
梵行相應故　四寶已莊嚴　盡四摩羅故　此經增住持
虛空若作色　或色作非色　諸佛所住持　无有能令動
尒時四大天王同以一咽喉聲說此伽他
我等於此經　守護當如是　及子諸眷屬　亦善作守護
若當持此者　菩提已作緣　我當近彼等　四方作守護
尒時天帝句弗說此加他

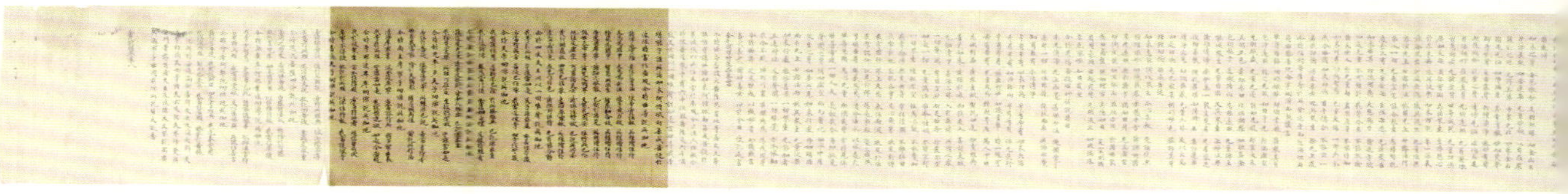

我智諸佛恩　尊師亦已證　於此勝經典　已說佛出生
我於彼諸佛　報恩當作護　當護如是經　及彼持經者
尒時娑訶世界主大梵天王向佛說此伽他
諸定及无量　諸乘及解脫　皆由此經出　已說佛出生
我捨梵處樂　此經所在處　至彼聽聞故　守護當如是
尒時刪兜率多天子向佛說此伽他
若住於菩提　彼當住兜率　此經佛已說　若當有持者
世尊我當能　捨於天福報　閻浮洲內住　當說此行法
尒時商主摩羅子向佛說此伽他
清淨摩羅業　彼不隨摩羅　若當能持此　脩多羅正義
我等於此經　守護當如是　我發精進欲　如是令廣現
尒時摩羅波旬摩向佛說此伽他
我於彼衆生　當不作障礙　若當持此者　煩惱皆折伏
摩羅不得便　故說於此經　以佛住持故　我當護彼等
尒時善惪天子向佛說此伽他

[illegible]

尒時善德天子向佛說此伽他

若諸佛菩提　彼於此經說　若持此經典　彼即供諸尊

我當持此經　爲俱致天說　教化向菩提　當聽及敬重

尒時慈氏菩薩向佛說此伽他

不請之朋友　若彼住菩提　守護諸法故　能捨於自體

故我至兜率　如是脩多羅　以佛住持故　我當作廣顯

尒時上座摩訶迦葉波向佛說此伽他

我等少智慧　聲聞乘已說　隨能隨勢力　教師法當持

若有持此經　我當攝受彼　及以堪能辯　與彼作善言

尒時命者阿難陀向佛說此伽他

諸經多千數　我聞教師口　如是等經典　我先未曾聞

我值遇此經　對面已受取　我當作廣顯　欲求於菩提

佛說此時菩提高樹善稱天女及彼大辯天

女等切德天女等諸天女及諸天衆釋梵[illegible]

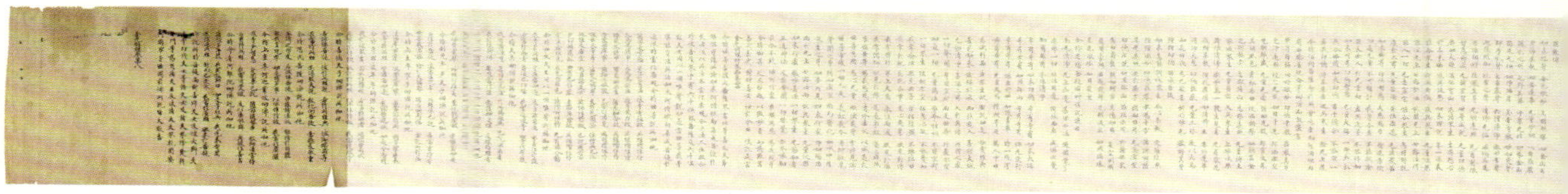

門等慈首諸天王及彼諸大天衆乾闥婆

阿脩羅等世間於佛所說皆大歡喜

金光明經卷第八

BD00950　合部金光明經卷八

又言方謂方圓謂便便宜今衆德曰方所作順宜曰便
方便品者 夫方者理正曰方巧便曰方 品者義類相從謂之爲品 此品有
何所以有其二意一即世尊之方便二者即維摩詰之方便 難曰 此品是維摩
詰之作何不弘國之前 答師資之礼如此 尒時者當尒之時大城者聞其
小城 曾供養已下乃至世尊所敬皆具十德 一者姓貴此維摩詰從三
明生六通生等二乃至十如疏明 雖爲白衣等律有四如律鈔明
又律有二一即性淨之律二即威儀之律 今此即性淨之儀 義在下文自明
雖處居家者 亦有者 梵天无女色之行故曰梵行 何以如王宗无宿
肉等緣是 現有者只如瑠璃王誅釋種如世尊不見有親等是
博弈 小吉桃号爲木奴 博戲小能 喜王殺其愚子 愛諸異道者只如
俗要學九十六種諸是之 雖明 世曲者如園陛曲藉及孔周之曲等是之
一切見敬者有其二釋 一者即一切衆生見維摩詰无不供敬一切草木亦隨仏
等是 二即維摩詰觀一切衆生如一子相是 執持等 一切治生等 遊諸等
入治政者与前執治有異 此入治有幸極之間負燈絶照等緣是 入講者
入諸學堂者 入諸婬舍者 如王在獮之緣是 入諸酒肆 如伏龍比丘是之 又如破
羊邑之緣是 若在長者等 若居士者 若在剎利 若羅婆 若大臣 若在王子
若在内官 若庶民 若在梵天 若帝釋只如目連弟子之緣也是 若在護世
長者等 其以方便現身疾者有其七義 一者梧王等問 二者希求

若在内[illegible]若在[illegible]
長者等　其以方便現身有疾者有其七義　一者招王等問　二者希求
大師遣使　三者顯病无始終　四者令病者安慰其心　五者令聲聞菩異
六者　七者令文殊對問　難　四相之中　何用病相答　生相幼
稚无知故　老者不可頓加故　死者渲然无知故　所以病為勝　以其者
其往者　諸仁者是提西之辭　未有而有曰无常　老衰壯色曰夭強病侵
強力曰无力　須臾變滅曰无堅　念念不住曰速朽　為苦為惱者　苦者有三
苦者苦苦壞苦行苦　六苦者逼迫轉變合會別離所怖不過麁重　小苦者
生老病死怨憎會愛離求不得　惱者惱害　明智者所不怙　如只如如愛大
師云養汝毒身口為護法　不得養汝何為　是身如聚沫　是身如泡者
如浮漚云汝不見滂沲渧際水上泡泡數漚一渧初成　一渧破訖迴消散變迴
浮等　是身如焰從渴愛生　如法句云　是身如芭蕉　是身如幻者
如頸碟子之流又云木抽絲作兒雞皮霍鼓与同等是　愚人不了執為真
實　是顛倒義　是身如夢者　又云夢衆變迴富貴　覺後依舊栖荒　又如幻
說　是身如浮雲者　又云遥望白雲出海浮變成方狀　須臾間忽散集飛趣不
又只有清風逐往還等是　是身為空離我我所　我者我之所執　所者
我之所有奴婢妻子等是　是身不淨　不淨者有其五種　所謂種子不淨
如父母和合　二者住處不淨　如母胎中是　三者自體不淨　如自性是　四者
現相不淨　即九孔所流是　五者究竟不淨　即死相是　是為虛偽　雖假以
澡欲衣食必歸磨滅　即薩埵王子偈云　我從久遠持此身等　是身為
災百一病惱　緣在世經　是身如毒蛇　如怨賊　如空聚　陰界諸入所共合
成衆苦至究　是无量功德智慧生者　即戒不與福即果不圓　智不與

[illegible]

成緣卅經說　從无量功德智慧生者　即戒不与福即果不圓智不与

福即貪沙入鉢等　從布施持戒乃至波羅蜜生者　普心運及為本

盤與惠人為施　防非止惡為戒　忍彼所辱為忍辱　以有忍辱即有柔和

精謂精然進謂進趣如前釋　禪謂初禪二禪三四　又云中間禪　定謂空

識无所有非相非非想　云未至定近分定間何以四禪獨禪四空獨定

答欲惠多不名禪　四空惠少故不名禪　唯此四禪定惠等故

獨得禪　四空无惠故得名四定　八解脫者　內有色外觀色外无色

觀內色觀內外　曰骨空處識處无所有處非非想處滅盡

定　三昧者空无相无作　從方便生　從六通生者　神足天耳天

眼他心宿命漏盡　以何為體　以四智為體　神足以成所作智為體

亦云神境　天耳天眼他心宿命以妙觀察智為體　漏盡以平等大圓

境二智為體　從三明生者　天眼宿命漏盡　天明知未來宿命知

過去漏盡知現在　明通有何別　如凡夫有通无明　不知因果故　如

聲聞通明並有　即无有力　諸佛亦有力知因識果　為明義蘊

現自在為通義　聲聞有限見　如鶖生八万劫事　諸仏見无限

量故力　三明以何為體　天眼宿命以後得智為體　漏盡以

正體智為體　何者後得　以正體後生故　從卅七道品生從

止觀生者除權通物名之為道　義類相從謂之為品　品別不同卅有

七　止觀者　止者止息諸緣　觀者察緣起　諸仁者欲得佛

七　心觀者　心者心見諸法　觀觀察緣起　諸仁者欲得佛
身斷一切衆生病者當發阿耨多羅三藐三菩提心　衆生病即
謂貪嗔煩惱等　菩提心者所謂大乘心即如來乘佛入山修
道將一弟子從後之緣是　先釋品題後依文解　先品題者即
弟子品者居士現疾必有遊往所以有弟子問疾之由　寄宜呵辭者　今居士既
疾教其各各說不任之辭令弟子事過其身各說其能今居士還如世人有勝負心不無意今取大
故　佛知其意即告舍利弗者　是何人　其父是摩竭國國師名摩伽陀其國王封邑後有外國論師
優婆提聞其有德故來相對　其優波提舍手執利刀頭戴火盆鐵鍱葉腹表其異相　故來擊
鼓与其校義　其摩伽陀不在聞有外難從外而來路次見二羊相諍內自思惟夫事逢是
我西邊是彼從決疑忽被西邊之羊強內自知不如後即對談果然揄伏從此王臣等奪彼邑与優
波提舍其摩伽陀心生熱惱遂自思惟即妻其女与之為親後即有身生舍利弗其母未身
已前恒共其兄長爪梵志論義或勝或負不立其母夜中夢見有人持鏡物於腹上安
置遂入其腹又見一金人身著金甲手持寶杵破一切山唯向一大山下而立莫知所以遂即向
其夫說夫遂解曰公今有身好自報愛我男身著金甲者表大智慧之手執杵者破
十六國論師然後依一大山而住者依一大智人為師自此已後其母有大智慧之其兄莫敢
當其鋒其兄亦知有身遂自思惟若生必聰明多智我今入山修道取彼為弟子其兄即
入山食修道業髮長爪長故曰長爪梵志其舍利子者是其母名云名秋露子母眼似秋露鳥亦云
多舌鳥舍利弗才辯多故以為名有多更妹弘先命世　故先勸世下有難云仙既知居士
合疾者　豈不知諸聲聞被呵之由　答世尊亦知為顯居士之德故　不必宴坐為真坐也下
有外疏云今一切衆生在喧亂故所以不得解脫今我捨惱取淨有何所以　答如疏夫心體離
合等　隱障生死者為小乘斷生死根故終日夫終日道法者即如雖有妻子是終日
凡夫常修梵行者是終日道法　心為行宅者如燒車列驢等事也　不近於妻見如渠驢
骨驢等世　不待斷者即如黃脊即事也理出意外者即如炯公之事也　今舍利弗有辭不堪
世尊不可休問疾舍利弗雖有智慧即神通不及目連神化俗今居士身是白衣目連亦可得目
連者是何人此云採菽者是胡豆子其先祖好食其豆故以為名亦云羅一卜餘如法花疏明
[illegible]目連恒在一處有

連者是何人此云採菽[illegible]
然故不抑之命不告者下有難云諸經所說其哲或前或後不定次舍利弗与目連恒在一處有
何所以答舍衛國中有外道名耶舍得五通其二人已為弟子年少故不勤道業亦不獲其果後
時其師得病知其二人不獲勝果故現其相忽然微嘆其二人怪所以即問其故其師云世間
衆生貪愛所繫金地国王死以火燒之其夫人投火而死二人即以書銅誌之可以驗其虛實
其師死後有金地人來果如其言其二人即生悔恨我等明師已死今虛過一身二人遂即立
誓言若得勝者須相命後時弟子在路見馬勝子比丘乞食之次威儀祥序即前問其法
馬勝子即与說其三諦云是法因緣生如来說是因此即初二是法因緣滅大師如是說此即滅諦
弟子遂獲初果即問馬勝子汝之師与汝何如馬勝子云譬如須弥与芥子虛空㩲絲孔大海方
毛端日月比螢火大弟子与師如此弟子即着其目連欲同聞法目連遥見即知弟子得其勝
法弟子遂說三諦目連亦獲初果遂即二人相隨見仏精舍衆會遥見遂生疑此二梵志
名高与世尊論難作知故遠馬勝子遠路伏之際衆僧之疑來至世尊前者聞世尊言善
來元鬚髮自落袈裟著身證阿羅漢果所以恒時相隨而行  故云不當者下身
子目連交呵者為其定慧不平故弟子智慧紛定而呵者但呵其定即智慧之淺深
目連是定而約說法而呵者但知其慧即知定之淺深亦當其根所以不呵  又故云不當
下目連文分撫云我所說為說因果善惡等法亞可當宗更何所說  居士云夫說法
者當如法說始終不改謂之為人者即如來聲其之流外道以人為神始終不發者
謂其心神无有間改斷剎那其受生前剎那死後剎那生故云神  今即不坐前念不是後
念文云夫子与顔回執手不相識等念念滅故  法順空者即謂三空三脫三時是何
者是三能了三界本性自空无有實法故云空了三界之法本无生滅即其相自
无故云无相知万法性空更不求人天福樂等果故云无願  豈況於三乎下目連
有辭我前聞說无生之法  今居士既言法无有說等者我即從今更不敢為人
說法者去不比夫說法者无說无示
今目連故辭不堪世尊不可不聞  次命大迦葉行高種貴應可能聞次人是何
人斯此迦葉有多種有須螺  優樓頻螺  那提  伽耶等  今次是其大迦葉是大富
婆羅門種迦葉者此云龜亦亦陰充龜者有何所以龜者次八攢卦定四時以成
其易之窮即聖故云神龜攢卦以定吉凶迦葉智明能知三世亦云蔭光者有
[illegible]

其□□窮則堅古云神義攢刲以定吉凶迦葉智明能知三世亦云蔭光者有
其二人亦云先祖是仙人有身光明能韲日月又亦云自身真金色暎弊諸光故
以為名亦孫祖未定此昔者有何所以有此光明過去世迦葉仏時青為金師
有一貧女乞求自活困苦甚極一日忽拾得一金環即思惟我貧薄縱得
此金亦未免其貧我今此苦皆從不施中來我寧持莊飾功德以為後世福田
遂便將至金師所自云今將此環莊嚴功德願先生莊飾師云有何價直其
女云並無願先生為之我有一願〻我當來歸當為作妻從是已後世〻恒為夫
妻恒生大族婆羅門家身真金身後漸〻長大其父母良為欲与取妻都
不採納父母苦逼已求還得如我相似金色一女少欲知足者取之其父莫知
所以即問諸婆羅門有一婆羅門云既有金色男必有金色女即設計造一
金人將以遍國覓之婆羅門告国人向前必有疫病起若不來見礼者定
着其病諸人盡來礼敬金人有一國中大婆羅門家有金色女眾人圍繞來
礼金人便迴去其女亦云若金色男少欲知足我即嫁見已便却迴歸還本國
再遣使通傳定婚兩国相去一千餘里且將定婚錢財車牛相柱從此國至彼國
不從兩家呈寫其女家亦將五乘車乘載牛捲在道相逢問牛捲何為答我
今三月是穿捲時今牛堪穿捲是以穿捲去從此已後遂即為夫妻都无
欲之情恒時妻卧即夫行道夫卧即妻覺在一夜中其妻在床而卧其
手垂下夫見有蚖蛇即以手接之其妻即覺語其夫云何以相違其夫云无
恐蚖蛇父母在日其家業並父母自營後父母亡已遂自營〻後夫妻二人共營
家活其郎牛領千具秋耕見烏雀拾其虫即思惟豈不為我一身遂即牛人
盡放遂良去自歸來其妻亦駆婢去亦見其垂頭不見亦來二人相見不知
其意並有優色相畏不語數其妻即說其事君莫嗔我見虫頭不忍
見殺君今遣亦去夫日善我不忍人畜盡殺故夫之不盡二人並投佛見

見煞君今遣亦去夫曰善哉我不甚人畜盡放去 恐夫人不盡之遂投佛一見
佛已自途得戒證阿羅漢果行高以佛命也 得滅盡定三昧者三之言忘
昧之言定 外藏其心不著旁舍者出家人四種惡欲即房舍等頓
遍道身心防於道業故外藏其心不著 摶食者有二種一即摶二即段分段故 分新
取相謂之為味者即如辯清法師之同學一頭陀僧恒在山門於道業番衣恒
恐人惡厭不敢近衆後聞辯清講說即來相看清法師見自同學貴御
心生好調善美膳食飲其〻善美善美不善遂盡棄水際之然後所食斷貪味故 盡為者
无聞道 无生為解脫道 言无定相隨心變者只如水雖是一見有四差等
无自性者如京人斷〻二人相諍二人盡与理其妻有為祠妻即來責之
其夫曰娘子名有道理也自无定性故言无自性即六根等滅 无他
性故即方法自士如後一缽飯者即化菩以一飯充足一切等 等心受
食而有等教者即如維摩詰以瓔珞分作二分等 於迦葉既改隨不真
被呵 次命須菩提也人矢已成佛号清龍隨仙應現聲聞亦可堪受
須菩提者也云善吉亦号空生 舍衛國中有俱流長者子名而無子
恒時祀天求子空中有語長者家當有一大堪來今有一天命將欲盡今
來生也不逾旬日其妻有身其〻生之日室宅皆空故以為名表
其〻解空因即如也其行何故行修无諍三昧比人過去世時
曾為俗人於三寶間有少諍事從是恒受地獄苦往无量
劫自也已來不与物諍故云无諍何以知之有一女人生貪染
心与尊者語尊者以欲不語恐違无諍与語即生貪著
愛其〻眼〻即滅愛其〻鼻〻即滅如是乃至不現其〻女人

愛其眼〻即滅愛其鼻〻即滅如是乃至不現其女人
遂心生悔恨尊者憂現為說法即得道果即知无諍
有恃宁之迹而致詰者下如鉗樓先生死顏面而去
見先生脚出語妻曰其被何不斜蓋之妻曰寧有蓋
而死不斜而活顏面无言可對故用此緣
謂我言唯須菩提汝是阿羅漢從等〻答我從
平等无諍之〻若從平等何以從富而无若能於食
等者諸法亦等住此平等名真福田〻有二種一
者敬田二者悲田若如我所說我自欽仰敬田取之
若不如是即悲田取之須菩取敬田其〻不應取
悲田恐失其名是以兩疑不去以五逆相下云一麻
若有油積聚多麻亦有油一沙若无由積聚多〻
沙亦无油即知一〻蘊中既无父和合之時亦无父推
求父母性不可得故煞亦无罪亡其相故　亦沛一

未父母性不可復故煞亦无罪亡其所故　六爲一

斷滅宗二自在宗三不須修宗四

五　類生蓮談以成大順者如善吉執文六爲真不見佛

執文字爲法不見法執比丘爲僧不見僧似相似逆釣理順

佛去富樓那者大婆羅門種其父無子於滿江神邊求故名曰滿花

法花疏明　前呵目連說不稱理如法无說法高眼耳鼻舌等法

相如是　次呵滿願不識根機只如舍利弗教二弟子不當根金師之

子教白骨觀浣衣之子教數息觀久而不成仏因之迴其所修其夜名

獲道果當故　大乘自法已下者有所以一令維摩詰不入定何得之知

法身之名猶如於鏡聲聞之名猶如於水動即不照　无生忍八地已上

无相將禪恒与定俱无功用行更不作意故名无生忍八地已前直有

忘失如舍利弗得六住婆羅門求眼精從也却入聲聞位故云中忘富

樓那蜯蘚說法不能其義　今摩訶迦旃延滌解其義是何人也

云文飾善能論義第一莊飾巧辯詞句故　又云扇繩其父早亡母恋不

嫁如繩連扇風吹不去故　剃髮種上古有婆羅門有二子其父入山修仙久而

不見其二子遂入山而覓見其父爪髮甚長其二子即与剃之得其安樂

更有同侶婆羅門亦求剃之其弟兄之其兄心歡喜不肯与剃之

其弟心中歡喜盡与剃之諸仙並發其願与我剃者世世恒受富貴不

与我剃者世世貧賤從此已來其弟恒受富貴其兄恒受貧賤長与人

剃髮今此等者是剃髮種因先代与諸仙人剃髮故爲名　阿那律陁者

其

剎帝今此等者是剎帝種曰先代与諸仙人剎髮故為名　阿那律陁者
是佛之堂弟外族即叔伯內族即是斛飯淨飯王兄弟四人今淨飯為長
以為王善覺長者子有其八女淨飯王怙威取二女為妻上取摩耶下取波
闍善覺啓王曰今上取一女下取一諸人必精中間有疾恚不堪當適王曰盡
吾取之所以兄弟四人各取兩箇各生二子有八釋子淨飯二子仏難陁甘露
飯王二子阿那律跋難陁斛飯二子阿難提婆達白飯二子婆提婆數
此阿那律天眼第一有何所以過去世時為獼師逐一鹿於曠野其鹿入一古
塔中甚中甚黑都无所見乃一燈欲死遂即以箭剔之覓其鹿見在
仏足下所以又見世尊三十二相心生悔恨讚歎尚授於況我人遂即
弃捨一切皈依三寶從是以來恒得天眼受其如是天眼者約金剛經
明五種聲聞第一釋名者肉天惠法仏　仏肉眼者浮根四塵所成能見
障內難見四方由旬見日月等天眼能見內外等惠眼見万法皆空法
眼者軌持諸法能照俗故　仏眼遍前四故於仏身上總為仏眼眼者觀察
前境故今阿那律天眼目著貪睡眠仏所呵七日不眠失其肉眼眼若
失食无由可詮仏教修禪天得眼第一　於一義　經行者　義有五經
行亦五先明處者謂靜處戶外堂殿仏塔屋宇　次明經行一堪能遠
附二消宿食三思惟義四能入定五能住定故
菴
菴羅果者其葉以來果似動枇其味酸甜故堪為藥故以喻曰擇得識故云
擇滅　優波離者是八釋子之使人其釋子等盡出捨遊於野外遊戲之
次忽然自悟謂曰今我兄最居其長況自於輪王不取五欲得其道果
況我等諸人貪著五欲我等投佛出家亦合有其道云蒙述則一所其是車

況我等諸人貪著五欲我等投佛出家亦合有道其分遂則所是車
馬衣服盡捨与優波離故良去優波離見諸釋子去後優自思惟
釋等富樂自然尚自能捨五欲投出仏今我貧賤雖得財亦亦何可
樂遂捨財物掛其樹枝施与一切無馬亦放之去即逐八釋子
後到世尊其陳如上事仏為先度之慕摧八釋子之我為最上
座故云上首出家已後求持律儀律有二種有无記律有記律
者即凡夫比丘恒繫在心不令忘犯也是有記心持无諍者不假
心念任運与律相應是今尊者持无記之律故云持律第一
有二比丘犯律行者犯何律行一犯婬戒一犯第二煞戒一比丘
比丘在房而宿有一女子來污其比丘〃眠不覺有一比丘從
外而來其女見比丘來心在怖畏落坑而死二比丘心生疑悔故
問優婆離
羅睺羅者是仏適子世尊雖無欲染若不羅云外道便言仏是不男
為息此謗故現有子羅睺羅者此云覆障於母胎中六年不生為
胎所覆故云覆障何有所以有此報那過去有王名曰天人王有
二子一名月二名日王崩當子紹位兄樂修道行弟紹其位兄仙在山
中修道悞食毒草心生迷悶即取餅水飲之悞取他餅水呈

中路道悟悞食毒草心生迷悶即取餅水飲之悞取糞餅水呈
後心生悔恨故云父嘗子紹位弟亞兄出家藥草不覺知悟悞飲糞瓶
水覺後生憂悔有罪遣王治即投王弟頒法治之王收囚之即放息
勑天下因徒盡捨之貪樂入後宮意之六日始放仙人住令故此王
從此已後墮黑繩地獄經六方劫從此出得人身故有此報耶
隨耽羅有何所以六年壞身過去時曾爲貧女母子二人孤淒傭
酪爲業恒於外取之相待飢之其日道夜趣城其在後飢酪
所行母催之其女瞋心與母飢之遂行十二里不孝心故之有
此報耶釋父世尊十九踰城入苦行林中父王不知心生熱煩到何
耨毆林遣車匿將保錄奉上於王將瓔珞與耶輸將儭身
上耶輸陁羅受已便有身懷生恐人疑謗待世尊得道夜生
父王聞之不悅遂即焚燒之耶輸陁羅在大坑上發願在恒河
岸爲三逆業說之彼故化千人皆爲金色枚耶輸陁羅云勸
善九目此又知不重　捨轉輪王者有四德種　如法爲說出
家功德之利者如百千万億白衣之不如出家功德聽　師子見之捨
士皮大富見而捨身　不應說出家功德之利者有三種一者羅
云既云塞行不應有利說二者長者子父母所制更聞功德之利心生
熱煩　三者長者當是大家根不應……

無煩　三者長者皆是大家根不應爲小事出家之利故

降伏衆魔々者是極惡之義有四種一者天魔世尊得以坐菩提樹下降

之魔遣天女々云蓮華臺上无來由清漢樓中有逗選知君酌之

捐還桃李羊羊生上滿至頭　佛有偈云女人身不淨九孔長流薄

皮棄腥血肝纏嘆骨頭凡夫著貪著被縛不知餘後只十八億思兵

嬈惱如來々以慈心三昧降之　二煩惱魔　煩者煩擾也　惱者惱亂也　世尊

貪嗔癡等悉已斷除煩惱已斷　智亦除梵釋龍天咸供敬　三死魔　不

令衆生於生死中得自在故　如魔請佛入涅槃　佛劫後三月入涅槃　知佛於死

生中自在　四者蘊魔五蘊之身恒受苦故　世尊悉已斷除故　聡

見五蘊皆空度一切苦厄　度五道者　今即五難即六難　說即說阿修

羅爲六　今即合阿修羅爲五　阿修羅或天或鬼不定　繼稱重故即天趣

所攝　諂曲心故即鬼趣所攝　淨五眼者　一切衆生貪著六塵故

不能淨五眼　諸佛了无自性故々云淨五眼者　肉眼天眼慧法佛　肉者

謂能見人間事故　天者能見天上及世事　慧者能見一切諸法通達

无礙故　法者能見万法地位差別故　佛者真是一切智故　不控於緣者

出家訖他人不肯爲僧々作壞諸外道者　所謂九十六家理外起見故又外意

勝行故佛出世悉已伏之　如提婆女并伏外道故々云提婆女有輸麁々能陳那

有斯難々切　佛世難值者　有六義　一佛法難聞　二中國難生　三人身難

有妬在之坊　佛世難值者有六義一佛法難聞二中國難生三人身難

得四善心難發五　六者六根難具六

從阿難從者此云歡喜有三意如讚云阿難是佛堂弟名標起願之初

生居得道之夜面如滿月目類清蓮能令見者悅神父王聞之歡

喜有此三意故云歡喜　起願之初世尊曾為陶師其時有仙亦名

釋迦牟尼佛佛有侍者弟子亦名阿難當尒之時見佛生歡喜心發

係發願願我當來成佛之時還名釋迦弟子還名阿難　生居得

道之夜者如世尊在菩提樹下降諸魔眾諸魔心生熱惱故來惑亂

父王報言今迷違太子退失道心等又須淨居天子來慶父母生達

太子非夜子時降諸魔眾得成無上正覺其王聞二種聲心懷光釋

即問曰汝之二者何者是真曰我是淨居天子前來是魔其王歡

喜又斛飯王宮生一子報王王曰復我歡喜時生故名歡喜　又見者能

令悅神者如阿難无始時來以於無忍故如毗耶城南有一大旃名曰

眾弃如來將諸徒眾在坑而行仏見一死猪感夏之時臭穢語阿

難云甚可嗅穢阿難云此猶好耳甚諸人阿阿難仏言阿難其

談人過故名觀者歡喜　總持第一者世尊因地之時曾為沙彌侍

奉和上嚴切在蘭若如亦尼日鈔誦經更乞和上反自食之已即往

不得之法而食不是恒時在城乞食之而乞有一長者恒見此沙彌在

不得〻經而食不足恒時在城乞〻〻而乞有一長者恒見此佛弟子
道而行〻〻〻而乞依乞一日中即問其所以佛爲具說上事長者云從
今已後恒在我邊取二人食佛孫心喜悅每到時即取經數日專供養
依食及經行其所以佛孫具述〻〻和上日汝爲〻〻長者有何〻〻供養
我〻〻有戲方愛無戲即還入城乞食佛孫即問其〻所以長者曰我
恒供養阿師〻子更無別佛孫曰若無我不敢受供養長者曰有
戲阿師子我佛〻時度我爲多聞弟子〻所是一代教積如瓶瀉瓶
今時和尚者燃燈光佛是佛孫者釋迦牟尼佛是長者〻即阿難是
除彼貪求者有何以有一梵志名郎理其家巨富慳貪
不施恒與鐵網遮於飛鳥又不放佛門取門有〻弟五百人世尊
在一林中菩薩樹下爲諸天人說法〻〻次歎見此梵志堪可化
度故亦有療 祇婆脉振有少風疾要牛乳故令阿難乞乳辰
朝至梵志〻嗔嫌只欲鞭之知是王之子不敢遣與要牛令恨怒之阿難
即行遣牛取乳以手捫摸爲說偈云我是仏弟子如來是我師有
世尊有少疾故來相化尓 牛說偈云 以手捫摸我一何甚快尓
兩乳与犢子餘將奉世尊 犢子在邊亦說偈云 我恨前生不將㦶
隨在畜生中我自食水草四乳俱將奉世尊 其長者梵志見已
心生悔恨亦說偈云 我是人頭畜汝是畜頭人餘 我慳貪相將見世尊
以是〻次即往尊前來 慈園言感 梵志等具羅漢〻遂留一課訶梨勒尚

以是之次即維摩詰來　德園言滅　如薄俱羅施僧一錢訶梨勒尚
得五種不死　況我如來萬德備足而有病耶　金剛者以堅牢利為性
堅實為體能壞一切　夢說者引昔夢夢節物出一口入萬人耳　勿勿使我等
受斯恥也者　君憂臣辱只如起信賦時　又如罷泄會　趙王與秦王
對讌　秦王恃強輕趙　相如以頸刎之不惜於命　今維摩詰是佛弟子
既聞佛病亦受其恥故呵之　自疾不能救者有二　一者身疾　二者心疾
世間良醫能救一切眾生身病　如偏鵲之流　二心病　如阿闍世王已
心生執惱　行嫩瘡生　佛放光照觸其身　身瘡半愈　如來除饑
心疾故　非恩欲等思謂恩等煩惱欲謂欲等六塵故
佛為世尊過於三界者　如來託質王宮初生之日一手指天一手指地　口言天上天下
唯我獨尊故以為名　雖四生之中化生又勝　佛故化　佛不化生　弘言為善應故　又不
王宮生　外道有語故　此是初武之身　外道為伏煩惱故　不能斷　不出三界
聖弟子為斷本能出三界故　三界受生　若善上生非想　下下至鐵輪千
子常圍繞　如其受命盡須臾不暫尊　運環四海中遊流受苦眾　如擊頭盧
并坐非非想亦不免飛驢　佛身无漏者　佛者覺也　覺此六根不漏六
塵故　而无不為者　如盧師王乘長者觀三尺而發心　五百僕從見佛身
而發其隨機根化故　讚壞慚愧者有二種　一者阿難非侍闍故　二者
阿難非鉄根故　所以有二七愧

# BD00951 摩訶般若波羅蜜經（四十卷本）卷三一

（後秦）鳩摩羅什 譯

112cm × 26.2cm

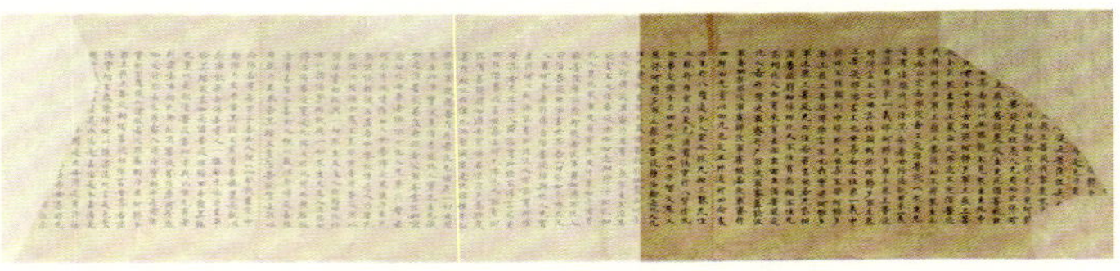

阿耨多
得是色乃至
提是菩薩作是念
三藐三菩提我當度衆生
以五眼觀尚不得色乃至阿耨
三菩提是狂愚人无目而欲得阿
三藐三菩提度衆生生死須菩提白
世尊若佛以五眼觀不見衆生生死中
度者今世尊云何得阿耨多羅三藐三菩
提分別衆生有三聚正定耶定不定須菩提
我得阿耨多羅三藐三菩提初不得衆生三
聚若正定若耶定若不定須菩提以衆生无
法有法想我以除其妄著世俗法故非第一義
世尊非主第一義得阿耨多羅三藐三菩提

耶佛言不也世尊住顛倒得阿耨多羅三藐
三菩提耶佛言不也世尊若不住第一義中
得亦不住顛倒中得將无世尊不得阿耨多
羅三藐三菩提耶佛言不也我實得阿耨多
羅三藐三菩提无所住若有為相若无為相
須菩提譬如佛所化人不住有為相不住无
為相化人亦有来有去亦坐亦立須菩提是
化人若行檀波羅蜜行尸羅波羅蜜羼提波
羅蜜毗梨耶波羅蜜禪波羅蜜般若波羅蜜行
四禪四无量心四无色定五神通行四念處
乃至行八聖道分入空三昧无相三昧无作
三昧行内空乃至无法有法空行八背捨九
次第定佛十力四无所畏四无㝵智大慈大
悲得阿耨多羅三藐三菩提轉法輪是化人化

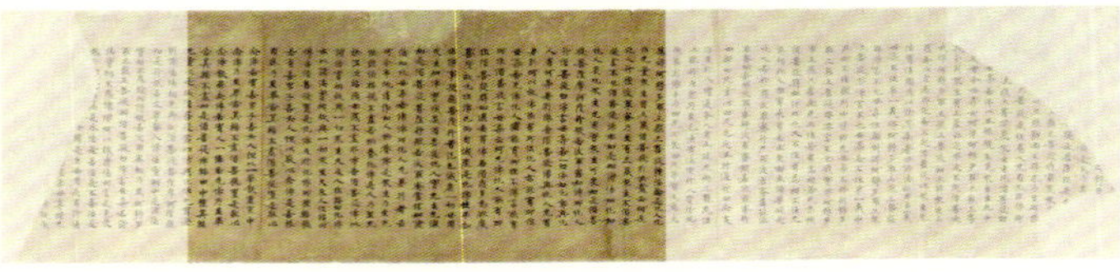

悲得阿耨多羅三藐三菩提轉法輪是化人化
作无量衆生有三聚須菩提於汝意云何是
化人行檀波羅蜜乃至有三聚衆生不須菩
提言不也須菩提佛亦如是知諸法如化如
化人度化衆生无有實衆生可度如是須菩
提菩薩摩訶薩行般若波羅蜜如佛所化人
行須菩提白佛言世尊若一切法如化佛與化
人有何等差別佛告須菩提佛與化人无有
差別何以故佛能有所作化人亦能有所作
世尊若无佛化人獨能有所作不佛言能有
所作須菩提言世尊云何无佛化人能有所
作須菩提譬如過去有佛名須扇多為欲度
菩薩故化作佛已而自滅度是化佛住半劫
作佛事授應菩薩行者記已滅度一切世間
衆生知佛實滅度須菩提是人實无生无滅

如是須菩提菩薩行般若波羅蜜當信知諸
法如化世尊若佛佛所化人无差別者云
何令布施清淨如人供養佛是衆生乃至无
餘涅洹福德不盡若供養化佛是人乃至无
餘涅洹福德亦應不盡耶佛告須菩提佛以
諸法實相故與一切衆生天及人作福田化佛
亦以諸法實相故與一切衆生天及人作福田
佛告須菩提置是化佛及於化佛所種福德
若有善男子善女人但以敬心念佛是善根
因緣乃至畢苦其福不盡須菩提置是敬心
念佛若有善男子善女人但以一華散虛空中
念佛乃至畢苦其福不盡須菩提置是敬心
念佛散華念佛若有人一稱南无佛乃至畢
苦其福不盡如是須菩提佛福田中種其福
无量以是故須菩提當知佛與化佛无有異

若其福不盡如是須菩提佛福田中種其福
无量以是故須菩提當知佛與化佛无有差
別諸法法相无異故須菩提菩薩摩訶薩應
如是行般若波羅蜜入諸法實相中是諸法
實相不應壞所謂般若波羅蜜相乃至阿耨多
羅三藐三菩提相須菩提白佛言世尊若諸
法實相不應壞佛何以壞諸法相言是色受
想行識[illegible]法是外法是善法是不善法是
[illegible]世間是出世間是有諍法
[illegible]去法等世尊將无
[illegible]目故示

# BD00952 金剛般若波羅蜜經

（後秦）鳩摩羅什 譯

332.3cm × 27cm

大身須菩提如恒河
恒河於意云何是諸
提言甚多世尊但諸
沙須菩提我今實言
女人以七寶滿尒所恒
以用布施得福多不
告須菩提若善男子
受持四句偈等為他人說
德復次須菩提隨說
知此處一切世間天人阿
塔廟何況有人盡能
知是人成就最上第
所在之處則為有佛
尒時須菩提白佛言世

云何奉持佛告須菩提
波羅蜜以是名字汝
提佛說般若波羅蜜
菩提於意云何如來有
佛言世尊如來无所說
大千世界所有微塵是
多世尊須菩提諸微塵
微塵如來說世界非世界是名世界
於意云何可以三十二相見如來
尊何以故如來說三十二相即是非
三十二相須菩提若有善男子善女
河沙等身命布施若復有人於此
受持四句偈等為他人說其福甚多
尒時須菩提聞說是經深解義趣涕淚
而白佛言希有世尊佛說如是甚深經

而白佛言希有世尊佛說如是甚深經
從昔來所得慧眼未曾得聞如是之經世尊
若復有人得聞是經信心清淨則生實相
知是人成就第一希有功德世尊是實相
則是非相是故如來說名實相世尊我
聞如是經典信解受持不足為難若當
後五百歲其有衆生得聞是經信解
人則為第一希有何以故此人無我相人
生相壽者相所以者何我相即是非相
衆生相壽者相即是非相何以故離一
相則名諸佛
佛告須菩提如是如是若復有人得
不驚不怖不畏當知是人甚為希有
須菩提如來說第一波羅蜜非第一波羅

是名第一波羅蜜
須菩提忍辱波羅蜜如來說非忍辱波羅蜜
何以故須菩提如我昔爲歌利王割截身體我
於尒時无我相无人相无衆生相无壽者相
何以故我於往昔節節支解時若有我相人
相衆生相壽者相應生瞋恨須菩提又念過
去於五百世作忍辱仙人於尒所世无我相
无人相无衆生相无壽者相是故須菩提
菩薩應離一切相發阿耨多羅三藐三菩提
心不應住色生心不應住聲香味觸法生心
應生无所住心若心有住則爲非住是故佛
說菩薩心不應住色布施須菩提菩薩爲
利益一切衆生應如是布施如來說一切諸相
即是非相又說一切衆生則非衆生須菩提
如來是真語者實語者如語者不誑語者不異語

即是非相又說一切衆生則非衆生須菩提
如来是真語者實語者如語者不誑語者不異語
者須菩提如来所得法此法无實无虚須
菩提若菩薩心住於法而行布施如人入闇
則无所見若菩薩心不住法而行布施如人
有目日光明照見種種色須菩提當来之
世若有善男子善女人能於此經受持讀誦
則為如来以佛智慧悉知是人悉見是人皆
得成就无量无邊功德
須菩提若有善男子善女人初日分以恒河沙
等身布施中日分復以恒河沙等身布施後
日分亦以恒河沙等身布施如是无量百千
萬億劫以身布施若復有人聞此經典信
心不逆其福勝彼何况書寫受持讀誦為
人解說須菩提以要言之是經有不可思議

不可稱量无邊功德如來為發大乘者說為發
㝡上乘者說若有人能受持讀誦廣為人說
如來悉知是人悉見是人皆得成就不可量
不可稱无有邊不可思議功德如是人等則
為荷擔如來阿耨多羅三藐三菩提何以故
須菩提若樂小法者著我見人見衆生見壽
者見則於此經不能聽受讀誦為人解說須
菩提在在處處若有此經一切世間天人阿脩
羅所應供養當知此處則為是塔皆應恭敬
作礼圍繞以諸華香而散其處
復次須菩提善男子善女人受持讀誦此經
若為人輕賤是人先世罪業應墮惡道以今
世人輕賤故先世罪業則為消滅當得阿耨多
羅三藐三菩提須菩提我念過去无量阿僧
祇劫於然燈佛前

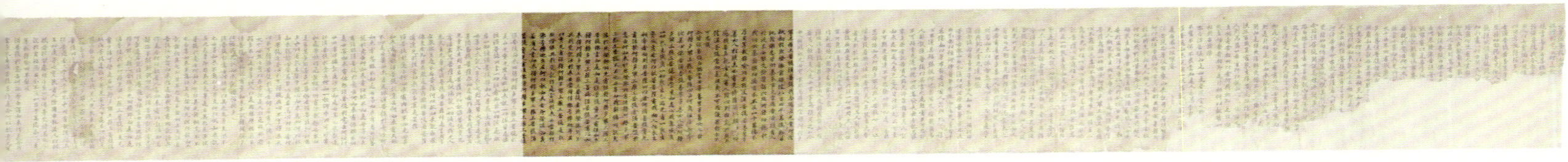

羅三藐三菩提須菩提我念過去无量阿僧
祇劫於然燈佛前得值八百四千萬億那由
他諸佛悉皆供養承事无空過者若復有人
於後末世能受持讀誦此經所得功德於
我所供養諸佛功德百分不及一千萬億分
乃至筭數譬喻所不能及須菩提若善男子
善女人於後末世有受持讀誦此經所得功
德我若具說者或有人聞心則狂亂狐疑不
信須菩提當知是經義不可思議果報亦不
可思議
尒時須菩提白佛言世尊善男子善女人發
阿耨多羅三藐三菩提心云何應住云何降
伏其心佛告須菩提善男子善女人發阿耨
多羅三藐三菩提者當生如是心我應滅度
一切衆生滅度一切衆生已而无有一衆生

實滅度者何以故若菩薩有我相人相衆生
相壽者相則非菩薩所以者何須菩提實无
有法發阿耨多羅三藐三菩提者須菩提於
意云何如來於然燈佛所有法得阿耨多羅
三藐三菩提不不也世尊如我解佛所說義
佛於然燈佛所无有法得阿耨多羅三藐三
菩提佛言如是如是須菩提實无有法如來
得阿耨多羅三藐三菩提須菩提若有法如
來得阿耨多羅三藐三菩提者然燈佛則不
與我受記汝於來世當得作佛号釋迦牟尼
以實无有法得阿耨多羅三藐三菩提是故
然燈佛與我受記作是言汝於來世當得作
佛号釋迦牟尼何以故如來者即諸法如義
若有人言如來得阿耨多羅三藐三菩提須
菩提實无有法佛得阿耨多羅三藐三菩提

若有人言如來得阿耨多羅三藐三菩提須
菩提實无有法佛得阿耨多羅三藐三菩提
須菩提如來所得阿耨多羅三藐三菩提於
是中无實无虛是故如來說一切法皆是佛
法須菩提所言一切法者即非一切法是故
名一切法須菩提譬如人身長大須菩提言
世尊如來說人身長大則為非大身是名大
身須菩提菩薩亦如是若作是言我當滅度
无量衆生則不名菩薩何以故須菩提實无
有法名為菩薩是故佛說一切法无我无人
无衆生无壽者須菩提若菩薩作是言我當
莊嚴佛土是不名菩薩何以故如來說莊嚴
佛土者即非莊嚴是名莊嚴須菩提若菩薩
通達无我法者如來說名真是菩薩
須菩提於意云何如來有肉眼不如是世尊

如來有肉眼須菩提於意云何如來有天眼
不如是世尊如來有天眼須菩提於意云何
如來有慧眼不如是世尊如來有慧眼須菩
提於意云何如來有法眼不如是世尊如來
有法眼須菩提於意云何如來有佛眼不如
是世尊如來有佛眼須菩提於意云何恒河
中所有沙佛說是沙不如是世尊如來說是
沙須菩提於意云何如一恒河中所有沙有
如是等恒河是諸恒河所有沙數佛世界如
是寧為多不甚多世尊佛告須菩提尒所國
土中所有衆生若干種心如來悉知何以故
如來說諸心皆為非心是名為心所以者何
須菩提過去心不可得現在心不可得未來
心不可得須菩提於意云何若有人滿三千

須菩提過去心不可得現在心不可得未來
心不可得須菩提於意云何若有人滿三千
大千世界七寶以用布施是人以是因緣得
福多不如是世尊此人以是因緣得福甚多
須菩提若福德有實如來不說得福德多
以福德无故如來說得福德多
須菩提於意云何佛可以具足色身見不不
也世尊如來不應以色身見何以故如來說
具足色身即非具足色身是名具足色身須
菩提於意云何如來可以具足諸相見不不
也世尊如來不應以具足諸相見何以故如來
說諸相具足即非具足是名諸相具足須菩
菩提汝勿謂如來作是念我當有所說法莫
作是念何以故若人言如來有所說法即為
謗佛不能解我所說故須菩提說法者无法

可說是名說法須菩提白佛言世尊佛得阿
耨多羅三藐三菩提為无所得耶如是如是
須菩提我於阿耨多羅三藐三菩提乃至无
有少法可得是名阿耨多羅三藐三菩提復
次須菩提是法平等无有高下是名阿耨多
羅三藐三菩提以无我无人无衆生无壽者脩
一切善法則得阿耨多羅三藐三菩提須
菩提所言善法者如來說非善法是名善法
須菩提若三千大千世界中所有諸須彌山
王如是等七寶聚有人持用布施若人以此
般若波羅蜜經乃至四句偈等受持為他人
說於前福德百分不及一百千萬億分乃至
筭數譬喻所不能及
須菩提於意云何汝等勿謂如來作是念我

筭數譬喻所不能及
須菩提於意云何汝等勿謂如來作是念我
當度衆生須菩提莫作是念何以故實无有
衆生如來度者若有衆生如來度者如來則
有我人衆生壽者須菩提如來說有我者則
非有我而凡夫之人以爲有我須菩提凡夫
者如來說則非凡夫須菩提於意云何可以
三十二相觀如來不須菩提言如是如是以
三十二相觀如來佛言須菩提若以三十二相
觀如來者轉輪聖王則是如來須菩提白佛
言世尊如我解佛所說義不應以三十二相
觀如來尒時世尊而說偈言
若以色見我　以音聲求我　是人行邪道　不能見如來
須菩提汝若作是念如來不以具足相故得
阿耨多羅三藐三菩提須菩提莫作是念如

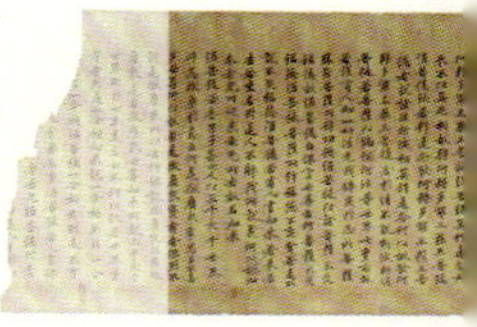

來不以具足相故得阿耨多羅三藐三菩提
須菩提汝若作是念發阿耨多羅三藐三菩
提者說諸法斷滅相莫作是念何以故發阿
耨多羅三藐三菩提者於法不說斷滅相須
菩提若菩薩以滿恒河沙等世界七寶布施
若復有人知一切法无我得成於忍此菩薩
勝前菩薩所得功德須菩提以諸菩薩不受
福德故須菩提白佛言世尊云何菩薩不受
福德須菩提菩薩所作福德不應貪著是故
說不受福德須菩提若有人言如來若來若
去若坐若臥是人不解我所說義何以故如
來者无所從來亦无所去故名如來
須菩提若善男子善女人以三千大千世界
碎為微塵於意云何是微塵眾寧為多不甚
多世尊何以故若是微塵眾實有者佛則不

碎為微塵於意云何是微塵衆寧為多不甚
多世尊何以故若是微塵衆實有者佛則不
説是微塵衆所以者何佛説微塵衆則非微
塵衆是名微塵衆世尊如來所説三千大千
世界則非世界是名世界何以故若世界實
有者則是一合相如來説一合相則非一合
名一合相須菩提一合相者則是不可
人貪著其事須菩提若人言佛
壽者見須菩提於意
尊是人不解

BD00953-1 賢劫十方千五百佛名經（二卷本）卷下

BD00953-2 持誦佛名及功德文（擬）

968.8cm × 27.8cm

……佛
……佛
……佛
南无[illegible]佛
南无淨華宿王智佛
南无六百同字散華佛
南无无量光明佛
南无无量力佛
南无无量明佛
南无寶蓋佛
南无善宿佛
南无明王佛
南无无邊光佛

南……
南无……
南无[illegible]……
南无日月淨……
南无雲雷音宿王華智佛
南无六方同字光明佛
南无无量光佛
南无无量自在力佛
南无一蓋佛
南无蓋行佛
南无宿王佛
南无明輪佛
南无高廣德佛
南无自在王佛

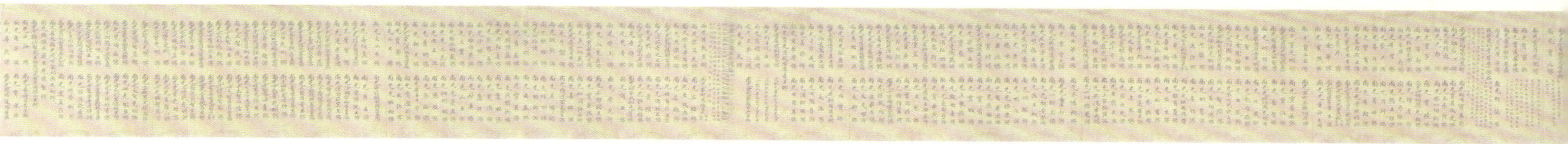

南无自在力佛　南无无量音聲佛
南无大雲光佛　南无網聚佛
南无覺華光佛　南无蓮華自在佛
南无山王佛　南无月衆增上佛
南无放光佛　南无妙肩佛
南无不虚見佛　南无須生王佛
南无蓮華生佛　南无普香光佛
南无香明王佛　南无香弥樓佛
南无香鳥佛　南无香自在佛
南无香窟佛　南无明輪佛
南无光王佛　南无蓮華生佛
南无法自在佛　南无可樂佛
南无无邊法自在佛　南无愛德佛
南无散華佛　南无華蓋行[illegible]佛

BD00953-1　賢劫十方千五百佛名經（二卷本）卷下

南无无邊法自在佛　南无愛德佛
南无散華佛　南无華蓋行列佛
南无華窟佛　南无金華佛
南无香華佛　南无弥樓王佛
南无善導師佛　南无一切衆生最勝嚴佛
南无轉諸難佛　南无善行嚴佛
南无妙華佛　南无无邊香佛
南无普放光佛　南无善放香佛
南无普光明佛　南无散華生德佛
南无寶網手佛　南无趣高王佛
南无普照一切佛土佛　南无宿王佛
南无妙見佛　南无安立王佛
南无香流佛　南无无邊智自在佛
南无不盡嚴佛　南无不盡見佛

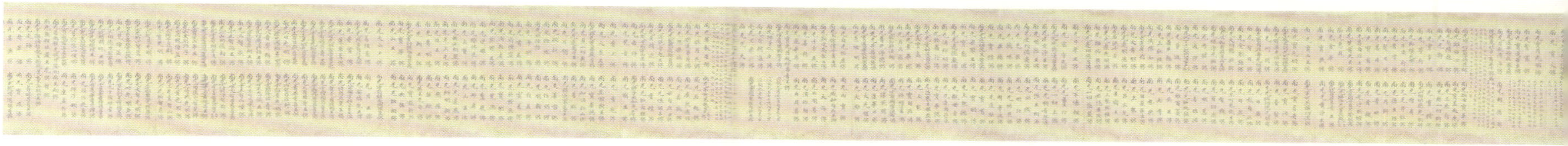

南无无㝵眼佛　南无不動佛
南无初發意佛　南无无邊眼佛
南无燈上佛　南无普照明佛
南无光照佛　南无一切世界佛
南无一切衆生不斷壽佛　南无无垢力佛
南无无迹行佛　南无習精進佛
南无一乘度佛　南无蓮華上佛
南无上精進佛
南无无量寶藏寶積仗見金剛師子遊王佛
南无法央佛　南无普光德上嚴王佛
南无堅住切德住山嚴王佛　南无定光佛
南无德央佛　南无法造和佛
南无仙天佛　南无諦央佛

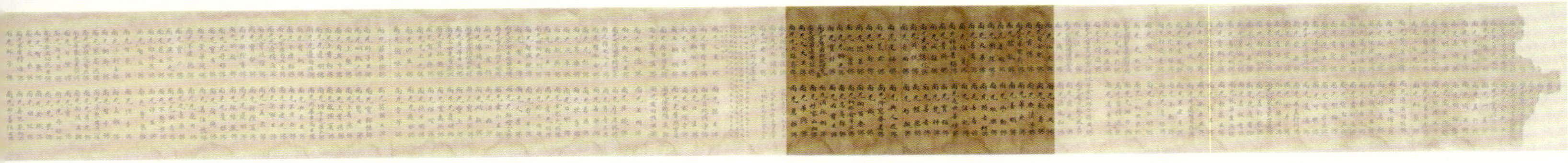

南无仙天佛　南无諦央佛
南无習金剛佛　南无衆尊佛
南无雷像佛　南无樂清淨佛
南无出家樂行佛　南无華央佛
南无勝敬佛　南无善明佛
南无善曜佛　南无仙動佛
南无轉勝佛　南无欣樂佛
南无天華佛　南无轉吉祥佛
南无善首佛　南无善喜佛
南无任覺佛　南无任施佛
南无諦法普稱佛　南无是世善妙佛
南无普辯佛　南无寶稱佛
南无威纏佛　南无梵神佛
南无无畏善化佛　南无善音佛

南无目悅佛　南无積德佛

南无音雨佛　南无妙觀佛

南无受神佛　南无興人遊佛

南无美求佛　南无降寇眷屬佛

南无维越佛　南无識佛

南无隨葉佛　南无拘留秦佛

南无迦葉佛　南无拘那含牟尼佛

南无无垢光佛　南无忍美緣佛

南无寶材佛　南无雨香王佛

南无多摩羅跋旃檀香神通佛　南无須弥相佛

南无優羅蓮華勝佛　南无妙容山相佛

南无人天王佛　南无華德佛

南无无上勝尊佛　南无慧權佛

南无[illegible]佛　南无[illegible]佛
南无无上勝尊佛　南无慧權佛
南无開化菩薩佛　一心敬礼者却八十一劫生死罪
南无見无怨懼佛　一心敬礼者却六十三劫生死之罪
南无一乘度佛　一心敬礼者却六十四劫生死之罪
現在北方一百五五十佛名
佛言若族姓男女學菩薩乘聞此佛名信樂不疑喜心敬事
者所生之處遂得法寶種種三昧覩見十方各十恒河諸
佛亦使現世離諸枉横怨毒除滅行道日進心中善願應
念皆遇善知識猴深法忍所生之處常爲人尊至成仏道
終不受苦能滅三十万億
阿僧秪生死之罪
南无人王佛　南无勝王佛
南无寶智手佛　南无月殿清淨佛
南无難俎佛　南无日生佛
南无炎肩佛　南无冣勝音佛
南无網明佛　南无无量德寶佛

南无蘇日月光佛　南无德德精進佛
南无雲自在佛　南无雲自在王佛
南无相德佛　南无王相佛
南无斷愛王佛　南无接識佛
南无卌億同号釋迦文佛　南无摩尼珠佛
南无釋迦文尼佛　南无尊音王佛
南无智和合佛　南无善華佛
南无无怒佛　南无善藏佛
南无尊樂佛　南无勝尊佛
南无成華佛　南无日明佛
南无龍德佛　南无金剛光明佛
南无稱王佛　南无常无明佛
南无四相光明佛　南无那尼輪佛

BD00953-1　賢劫十方千五百佛名經（二卷本）卷下

南无稱王佛　南无常无明佛
南无四相光明佛　南无那居輸佛
南无智成就佛　南无香王佛
南无香王佛　南无火葉佛
南无娑羅王那羅延佛　南无无垢燈山王佛
南无寶盖增光明佛　南无金山王佛
南无迦葉佛　南无須弥佛
南无壞諸道佛　南无破疑佛
南无无邊功德成就佛　南无寶生德佛
南无蓮華生德佛　南无寶上佛
南无三世无㝵嚴佛　南无无邊明佛
南无寶弥樓佛　南无燈高德佛
南无智生德佛　南无炬燈佛
南无无上光佛　南无德王明佛

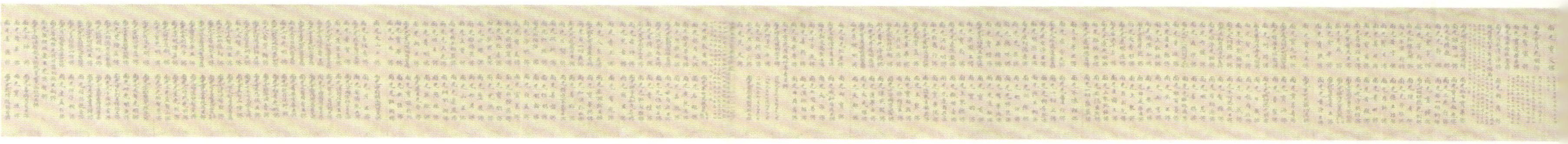

南无沸生佛　南无无邊眼佛

南无德味佛　南无方等佛

南无華生德佛　南无娑羅王佛

南无師子王佛　南无寶彌樓佛

南无毗跋尸佛　南无醫王佛

南无上衆佛　南无上善德佛

南无自在力佛　南无上香德佛

南无上香相佛　南无旃檀窟佛

南无无邊明佛　南无增千光華出佛

南无无邊自在佛　南无成華生高王佛

南无寶網佛　南无安立王佛

南无不虛稱佛　南无不虛力佛

南无不虛自在力佛　南无不虛光佛

南无不虚稱佛　南无不虚力佛
南无不虚自在力佛　南无不虚光佛
南无无邊精進佛　南无婆羅王佛
南无寶波羅佛　南无一蓋嚴佛
南无寶堅佛　南无旃檀窟佛
南无旃檀香佛　南无无邊明佛
南无明輪佛　南无弥樓嚴佛
南无无导眼佛　南无无邊眼佛
南无寶生佛　南无諸德佛
南无覺華德佛　南无善住憶佛
南无不虚德佛　南无无邊力佛
南无寶力佛　南无无邊嚴佛
南无盡空光佛　南无无捐音佛

（21–6）

南无藥王佛　南无不驚畏佛
南无離怖畏佛　南无淨王佛
南无智出佛　南无勇衆佛
南无智聚佛　南无作方佛
南无沙訶主佛　南无上離佛
南无調御佛　南无智守佛
南无最高德佛　南无示衆生深心佛
南无滅諸愛自在佛　南无无㝵光佛
南无華聚高主德佛　南无拘陵王佛
南无日燈佛　南无上寶佛
南无智生德佛　南无无㝵眼佛
南无安立功德王佛　南无无畏佛
南无智聚佛　南无金剛佛

BD00953-1　賢劫十方千五百佛名經（二卷本）卷下

南无智聚佛　南无金剛佛
南无火衣佛　南无明燈佛
南无不虛精進佛　南无善思嚴相佛
南无師子佛　南无妙善住王佛
南无寶聚高德佛　南无梵德佛
南无无导香烏佛　南无弥樓明佛
南无火燈王佛　南无華上先佛
南无住名聞佛　南无名慈佛
南无婆羅王佛　南无觀華佛
南无无邊光佛　南无善華佛
南无无怨佛　南无日藏佛
南无尊樂佛　南无德內豐嚴王佛
聞名歡喜信樂誦念一心作礼得不退轉疾成正覺却一劫生
死後生得六神通得端政常尊貴能降欲縛六情常无病生
常值佛聞法見僧離八難常
[illegible]

南无金剛堅强消伏壞散佛

聞名歡喜信樂誦念得不退轉

却十方億那術劫生死之罪

南无寶火佛

聞名歡喜信樂誦念得不退轉

疾成正覺

南无寶月光明佛

聞名信樂持諷誦念後生得不

退得中正定自見諸佛轉尊法輪

南无賢最佛

聞名歡喜信樂持諷誦念後

生得端政自識宿命

南无寶蓮華步佛

聞名信樂誦念所生之處常為

一切所敬言教承用一心敬礼者能

令女人得為男子成阿惟越致

南无蓮華塲莊嚴王佛

南无月殿清淨佛

南无相德佛

現在東北方一百五十佛名

佛告舍利弗若族姓子族姓

女聞有此諸佛名号歡喜信樂

執持諷誦礼敬之者所得功德勝於一切布施諸餘功德十万億

倍諸佛國土隨意往生不退轉成最正覺若有誹謗懷疑不信者

當墮盧腊泥犁六万億歲中受无量罪其有信樂稱歎

礼拜現世安隱滅五百千万億劫生死之罪

南无壞一切世間怖畏佛

南无蹈七寶華佛

南无離垢心佛

南无寶蓋超光佛

南无悲精進佛

南无離垢心佛　南无寶蓋超光佛
南无悲精進佛　南无三乘行佛
南无无諍佛　南无緣一切辯佛
南无寶事佛　南无寶積佛
南无等行佛　南无一切功德光相佛
南无弥樓乾那佛　南无增肩佛
南无不虛行佛　南无无㝵眼佛
南无普守佛　南无德王眼佛
南无醫王佛　南无月辯佛
南无善月佛　南无普世佛
南无寶首佛　南无普觀佛
南无尊自在王佛　南无光淨照曜佛
南无梵首天王佛　南无二万同号日月燈明佛
南无慧心見佛　南无无垢淨无量德超王佛 所有

南无金華佛　南无龍自在尊音王佛
南无寶藏佛　南无无量淨王佛
南无寶山王佛　南无不可思議功德佛
南无寶光明佛　南无寶尊音佛
南无遍出一切光明功德山王佛　南无寶海佛
南无智華无垢堅佛　南无普賢佛
南无阿閦佛　南无无垢功德光明佛
南无樂自在音光明佛　南无日藏佛
南无智日佛　南无龍自在佛
南无金剛稱佛　南无日藏佛
南无大功德藏佛　南无不可思議王佛
南无安和自在見山王佛　南无智豫佛

南无安和自在見山王佛　南无智稱佛
南无眼淨无垢佛　南无百切德佛
南无号勝佛　南无明慧佛
南无遍淨佛　南无善眼佛
南无九万十一那術同字无色佛　南无无垢起德佛
南无勇進佛　南无離百憂佛
南无喜生德佛　南无安王佛
南无上弥樓佛　南无妙香佛
南无憍陳如佛　南无勢德佛
南无赤蓮華德佛　南无白蓮華生佛
南无大音眼佛　南无上衆佛
南无无邊明德佛　南无月出光佛
南无名流十方佛　南无星宿王佛
南无无邊光明佛　南无上衆弥樓佛

南无離怖畏佛　南无安隱生德佛
南无无邊切德月佛　南无一切德嚴佛
南无日華王佛　南无不壞相佛
南无宗守光佛　南无无量生行佛
南无大威德蓮華佛　南无一切上佛
南无虛空淨王佛　南无无相音聲佛
南无明德王佛　南无德王相佛
南无度切德邊佛　南无燃燈佛
南无无畏佛　南无明作佛
南无德味佛　南无无怖畏佛
南无華德佛　南无智華德佛
南无寶積佛　南无无邊願佛
南无一切德王寶佛　南无寶首佛

南无寳積佛　南无无邊顯佛
南无无邊功德王安立佛　南无寳首佛
南无娑羅王佛　南无寳明佛
南无寳聚佛　南无上衆德佛
南无无邊德嚴佛　南无觀世音佛
南无須弥明佛　南无无邊自在力佛
南无趣高行佛　南无寳華德佛
南无无量神通自在佛　南无隨衆生願嚴佛
南无高寳蓋佛　南无上衆佛
南无无量華佛　南无寳自在佛
南无月出德佛　南无諦釋幢王佛
南无發心即轉法輪佛　南无十方同字流布佛
南无普光淨德佛　南无勝戰鬪佛

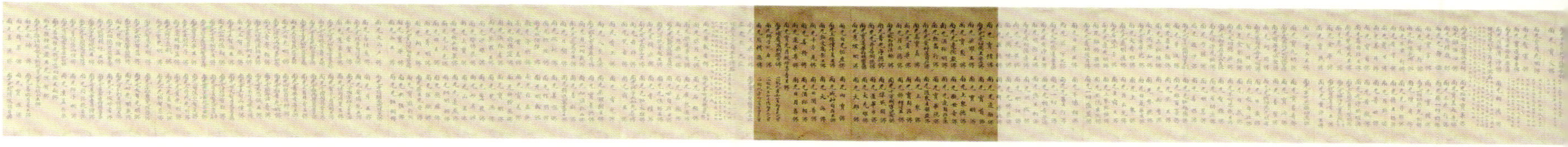

南无寻尊樹德佛　南无蓮華步佛
南无寶蓮華諦桂樹王佛　南无大光曜佛
南无慧燈明佛　南无大雄佛
南无白无垢塵佛　南无內寶佛
南无上像幢十蓋王佛　南无威神自在王佛
南无極受高影王佛　南无大海佛
南无十方見佛　南无世間尊佛
南无善得佛　南无須弥相佛
南无蓮華尊佛　南无日月尊佛
南无寶光月殿妙尊音王佛
南无壞魔羅網獨步佛
一心敬礼者刧一百刧生死之罪
南无師子吼力佛
一心敬礼者刧千億刧生死之罪
南无悲精進佛
一心敬礼者刧二百一千刧生死之罪

南无[illegible]佛　一心敬礼者[illegible]劫生死之罪
南无悲精進佛　一心敬礼者卻二百一十劫生死之罪
南无三乘行佛　南无金剛堅强自在王佛
南无梵天佛
現在上方一百五十佛名
佛言若族姓子族姓女學菩薩乘聞此佛名心无結䌸信吾道眼之所班宣者世世所生未曽懈怠不習貪欲常以菩薩爲父母妻子兄弟親族在在生處身未曽離卅二相亦得往生諸佛國土少婬怒癡身无疾痛一切切皆得成就卌五万恒河沙劫罪皆得消滅
南无華敷星佛　南无不可思議月光明王佛
南无勝月光佛　南无名稱佛
南无樂蓮華首佛　南无廣衆德佛
南无思樂成佛　南无善德佛
南无无數精進顧首佛　南无世自在王佛
南无消滅菩趣王佛　南无无恨眼王佛
南无堅精進佛　南无香積佛

南无万八千辰宿山王佛　南无无垢大聖佛
南无吉祥佛　南无師子央如光尊佛
南无梵音佛　南无宿王佛
南无香上佛　南无香光佛
南无火炎肩佛　南无娑羅樹王佛
南无雜色寶華嚴身佛　南无寶華德佛
南无見一切義佛　南无如須弥山佛
南无无邊高力王佛　南无善寂佛
南无月響佛　南无精進冣高力王佛
南无破疑佛　南无善宿佛
南无燃燈佛　南无作明佛
南无明弥樓佛　南无明輪佛
南无淨明佛　南无白蓋佛

南无淨明佛
南无白蓋佛
南无香蓋佛
南无寶蓋佛
南无旃檀窟佛
南无旃檀德佛
南无須弥肩佛
南无寶明佛
南无娑羅王佛
南无梵德佛
南无淨眼佛
南无鷲畏佛
南无離怖畏佛
南无妙肩佛
南无上寶佛
南无山王佛
南无轉女相嚴佛
南无无邊嚴佛
南无无上光佛
南无網明相佛
南无因王佛
南无德勝佛
南无普明佛
南无勝敵佛
南无相王佛
南无藥王无㝵佛

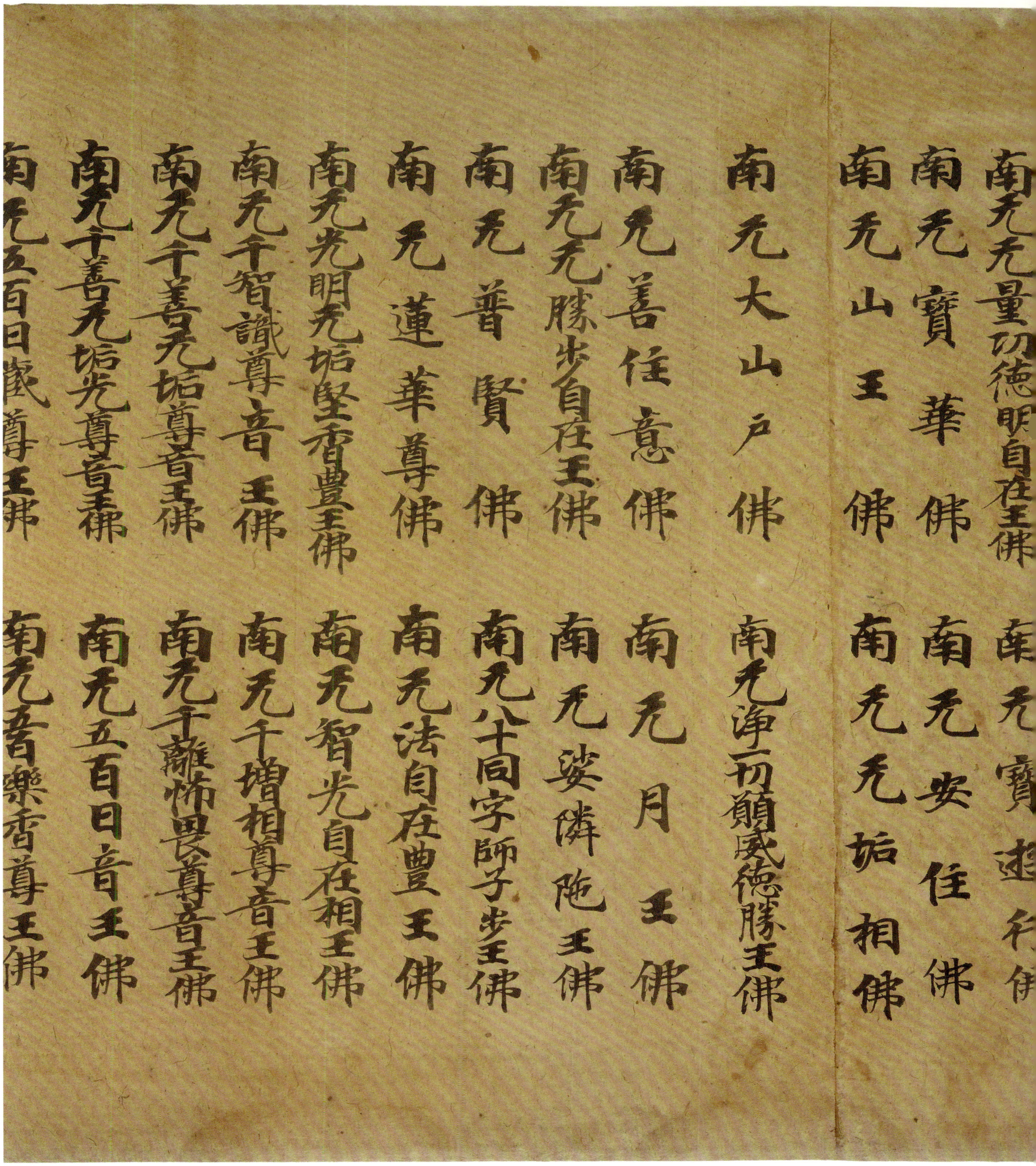

南无无量功德明自在王佛
南无寶遊行佛
南无寶華佛
南无安住佛
南无山王佛
南无无垢相佛
南无大山戶佛
南无淨一切顛威德勝王佛
南无善住意佛
南无月王佛
南无无勝步自在王佛
南无娑隣陁王佛
南无普賢佛
南无八十同字師子步王佛
南无蓮華尊佛
南无法自在豐王佛
南无光明无垢堅香豐王佛
南无智光自在相王佛
南无千智識尊音王佛
南无千增相尊音王佛
南无千善无垢尊音王佛
南无千離怖畏尊音王佛
南无千善无垢光尊音王佛
南无五百日音王佛
南无五百日藏尊王佛
南无音樂香尊王佛

BD00953-1　賢劫十方千五百佛名經（二卷本）卷下

南无一[illegible]
南[illegible]
南无五百日藏尊王佛
南无音樂香尊王佛
南无二日光明佛
南无四龍自在神佛
南无八離恐怖稱王光明佛
南无十離音光明佛
南无八音聲稱佛
南无十顯露法音佛
南无九功德法稱王佛
南无廿不思議王佛
南无覺智尊相王佛
南无七不可思議意佛
南无三智藏佛
南无十五智山幢佛
南无十五智海王佛
南无卅大智力尊音王佛
南无二山功德劫佛
南无六清淨智勤佛
南无九十尊相衆生佛
南无百善智无垢雷音尊王佛
南无八十勝尊大海功德智山力王佛
南无卅无上菩提尊王佛
南无二智覺山華王佛
南无二功德山二智覺佛
南无二金剛師子佛
南无二持戒光明佛

南无二示現增益佛　南无无量光明佛
南无三師子遊戲佛　南无二无盡智山佛
南无二寶光明佛　南无二无垢智慧佛
南无九智慧光明佛　南无五十那羅延无勝藏佛
南无二无垢淨智慧佛　南无九大智光明佛
南无七十聚集珎寶功德佛　南无卌光明藏佛
南无梵增益佛　南无廿分別星宿稱王佛
南无三切德力娑羅王佛　南无九十微妙香佛
南无提頭賴吒王佛　南无千蓮華香稱尊王佛
南无六十光明熾珠王佛　南无卅蓮華香力增佛
南无二无量功德大海智增佛　南无閻浮提音佛
南无一百三切德山幢佛　南无師子相佛
南无百一龍雷尊華光明佛　南无度蓋行佛

BD00953-1　賢劫十方千五百佛名經（二卷本）卷下

南无百三功德山幢佛　南无[illegible]佛
南无百一龍雷尊華光明佛　南无度蓋行佛
南无善趣種无我甘露功德王劫佛
南无種種威嚴王无勝智佛
南无千離法智龍王解脫覺世界海眼山王佛
南无威神佛　南无善寂月音王佛
南无諸華佛　南无寶成佛
南无善德佛　南无无數精進顛首佛
南无廣衆德佛
南无殊勝月佛
現在下方一百五十佛名　佛言若善男子善女人聞此佛名至心受
持燒香敬礼者所生之處得普光三昧命欲終時自
然得見億百千侅諸佛住前十方皆皆然諸佛所說悉
皆受持未曾忽忘神通感動无量衆生亦
能滅除二百億侅生死之罪
南无明德佛　南无師子佛

南无名聞佛　南无普光佛
南无達摩佛　南无法幢佛
南无持法佛　南无一寶蓋佛
南无滌清華佛　南无普賢佛
南无梵精進佛　南无寶藏佛
南无婆羅王佛　南无離恐怖圍遶音佛
南无月殿佛　南无清淨華光佛
南无遇神通王佛　南无建立精進佛
南无師子央佛　南无无量光勝最勝佛
南无虛空音佛　南无虛空嚴王佛
南无大目佛　南无拘留孫佛
南无上德佛　南无大德佛
南无蓮華德佛　南无有德佛

BD00953-1　賢劫十方千五百佛名經（二卷本）卷下

南无蓮華德佛　南无有德佛
南无師子德佛　南无成剎佛
南无師子頚佛　南无師子護佛
南无安立王佛　南无梵弥樓佛
南无淨明佛　南无不虛步佛
南无香烏佛　南无香德佛
南无香弥樓佛　南无无量眼佛
南无香聚佛　南无寶窟佛
南无寶弥樓佛　南无安住佛
南无善住王佛　南无梵弥樓佛
南无娑羅王佛　南无明輪佛
南无七十普淨光王佛　南无燃燈佛
南无威德佛　南无提沙佛

南无非沙佛　南无光明佛
南无天王佛　南无密迹金剛步佛
南无淨王佛　南无息意佛
南无无量訓寶佛　南无錦淨王佛
南无師子步佛　南无妙央佛
南无光明王佛　南无供養佛
南无妙華佛　南无奉養佛
南无善目佛　南无快辟佛
南无炎光佛　南无實味佛
南无无退沒佛　南无執切德佛
南无寶事佛　南无无欺世佛
南无无量德佛　南无寶稱佛
南无蓮華上佛　南无留音王佛

南无蓮華上佛　南无雷音王佛
南无虛空住佛　南无遠離佛
南无德明王佛　南无善思願成佛
南无迦葉佛　南无香明佛
南无八千定光佛　南无无邊德寶佛
南无普光德淨威佛　南无不虛稱佛
南无五百華上佛　南无五威德佛
南无二千憍陳如佛　南无金剛上佛
南无普首佛　南无迦葉佛
南无十五日明佛　南无六十二善寂佛
南无定光佛　南无大莊嚴佛
南无善明佛　南无无始佛
南无智光明佛　南无淨身佛

南无華光佛
南无燃燈佛
南无光明佛
南无名相佛
南无大通智勝佛
南无閻浮那提金光佛
南无多摩羅跋栴檀香佛
南无法明佛
南无千二百普明佛
南无光遠佛
南无月教佛
南无栴檀香佛
南无善山剛佛
南无止念佛
南无世如王佛
南无无量壽佛
南无離垢辯佛
南无无著佛
南无龍天佛
南无音王佛
南无安明須佛
南无金剛藏佛
南无燄光相佛
南无地種佛
南无上瑠璃佛
南无金色佛

BD00953-1　賢劫十方千五百佛名經（二卷本）卷下

南无上瑠璃佛　南无金色佛
南无月像佛　南无音華佛
南无解脫華佛　南无具足光明佛
南无海意樂慧佛　南无火光佛
南无大香佛　南无離胎佛
南无捨猒意佛　南无寶行佛
南无勇音佛　南无首積佛
南无大衆法慧佛　南无蔽日月光佛
南无趣最首佛　南无月光佛
南无日光佛　南无調意越諸華佛
南无除諸癡冥佛　南无宣龍雷音佛
南无斷疑拔欲除冥佛　一心敬礼者却卅六億劫生死之罪
南无意无恐懼威毛不竪佛　一心敬礼者却八万劫生死之罪

南无師子佛　一心敬礼者却六十劫生死之罪

南无名稱遠聞佛　一心敬礼者却八万劫生死之罪

南无法名号佛　一心敬礼者却七十二劫生死之罪

南无奉法佛　一心敬礼者却八十二万三千劫生死之罪

南无法幢佛　一心敬礼者却十二万三千億劫生死之罪

南无善宿月音王佛　南无明德佛

南无日月光王佛

佛說賢劫十方千五百佛名經卷下

若有人至心受持讀誦佛名所犯生死重罪

晝夜獨處至心懺悔悉皆消滅

歸依佛　歸依法　歸依僧　礼訖作如是言

BD00953-1　賢劫十方千五百佛名經（二卷本）卷下　　BD00953-2　持誦佛名及功德文（擬）

歸依佛　歸依法　歸依僧　礼訖作如是言
南无釋迦牟尼佛　南无金剛不壞佛
南无龍尊王佛　南无精進軍佛
南无精喜佛　南无寶月佛
南无无垢佛　南无寶光佛
南无寶火佛　南无寶月光佛
南无現无愚佛　南无寶月佛
南无无垢佛　南无離垢佛
南无勇施佛　南无清淨佛
南无清淨施佛　南无娑留那佛
南无水天佛　南无賢德佛
南无旃檀功德佛　南无无量器光佛
南无光德佛　南无无憂德佛

南无那羅延佛　南无功德化佛
南无蓮華光遊戲神通佛　南无善遊步功德佛
南无洪炎幢王佛　南无善遊步佛
南无戰鬪勝佛　南无寶蓮華遊步佛
南无周匝莊嚴功德佛　南无寶蓮華善住娑羅樹王佛
南无賢劫千佛　南无十六王子佛
南无過去七佛　南无東方无量諸佛
南无東南方无量諸佛　南无南方无量諸佛
南无西南方无量諸佛　南无西方无量諸佛
南无西北方无量諸佛　南无北方无量諸佛
南无東北方无量諸佛　南无上方无量諸佛
南无下方无量諸佛
南无十方世界形像舍利如來神塔

BD00953-2　持誦佛名及功德文（擬）

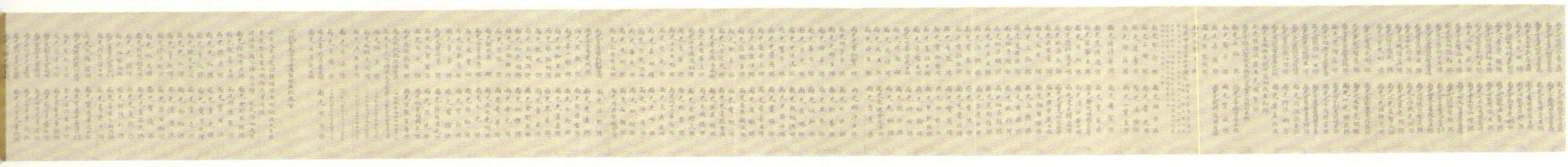

南无十方世界形像舍利如来神塔
南无十方世界諸藏經法　南无十方世界三乘聖衆
南无代釋梵四天王護佛道尊神敬礼諸佛
南无代皇帝陛下太皇太后敬礼諸佛
南无代王公合國人民鎮戍敬礼諸佛
南无代師長父母親族知識四事檀越敬礼諸佛
南无代三界廿五有微塵等衆生敬礼諸佛求哀懺悔
南无大德我大和上應正遍知大悲世尊釋迦
牟尼十方諸佛諸尊菩薩有大神力刑不
唐動言不虛發讚歎懺悔千劫所作極重
惡業若能至心一懺悔者悉皆滅盡我等今
日歸向諸佛誠心懺悔
我弟子某甲等普為法界衆生從无始已來

所作衆罪或煞害君親及真人羅漢兵戈
征討鋒刃煞戮遊獵禽獸網捕虫魚或曾作
惡王刑罰枉濫乃至含靈稟性蠢動凡諸生
類殘害煞傷及猛獸鷙鳥遞相噉食或盜佛
物法物僧物及他財寶居官因事納貨受財
或非己室家外行婬穢莫簡親疎不避僧尼
横起憂憎妄想妒忌或虛詐妄語誑惑君
親不知不見言知言見謬託鬼神詭誑世俗
或讒諂兩舌鬪乱二邊將此惡言向彼陳說
持彼惡語復向此論但隔君臣離間骨宍
一切和合由其破壞或出言無惡毀此他
人訶叱任情罵詈在口或不正已言乃為綺
語說善為惡以是為非名長為短說白為

BD00953-2　持誦佛名及功德文（擬）

人訶叱任情罵詈在口或不正已言乃為綺
語説善為惡以是為香名長為短説白為
黑謗言詭語調弄於人或志在貪味求取
不節性多瞋毒恚怒自纏或不識正理
迷惑耶見謗佛法僧説无因果不信脩
善受人天樂不言為惡受地獄苦或謂
此身无因而得或謂未來斷无因果毀
壞塔寺焚燒經典融刮佛像以取金銅
汙穢伽藍違越禁戒飲酒噉肉及食五辛
愚癡耶見无惡不造凡此所陳十種惡業
自作教他見作隨喜若不懺悔將墮三塗
唯願三世三寶受我懺悔從今已去改往脩
來更不敢犯至心頂礼常住寶

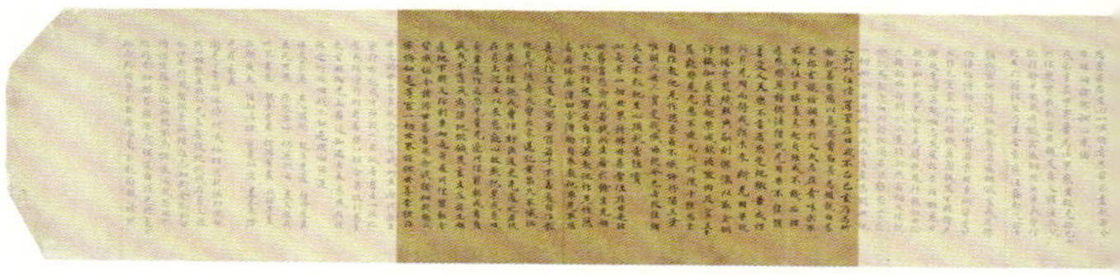

如是等一切世界諸佛世尊常住在世是諸
世尊當慈念我若我此生若於餘生无始
以來所作衆罪若自作若教他作見作隨
喜若塔若僧四方僧物自取教他取見取隨
喜或作五逆无間重罪若十不善道自作教
他見作隨喜或曾出家違犯重禁久不懺悔
然虛於信施或曾作奸臣逆吏无道之君現
在身上從生以來愚癡心故戲犯禁戒身口
意業造作過惡无量无邊所作罪鄣或有覆
藏或不覆藏應墮地獄餓鬼畜生及諸惡趣
邊地下賤及弥利車如是等處所作罪鄣今
皆懺悔今諸佛世尊當慈念我證知我聽我
懺悔如是等罪一切世界諸佛世尊常住在

BD00953－2　持誦佛名及功德文（擬）

懺悔々如是等罪一切世界諸佛世尊常住在
世是諸世尊當慈念我若我此生若於餘生
曾行布施或守淨戒乃至施与畜生一揣之
食或脩淨行所有善根一切合集校計籌量
悉皆迴向无上菩提如過去未來現在諸
佛之所迴向我亦如是迴向佛道
佛道甚遠　其必獲得　衆生无邊　誓命度盡
生死可畏　樂處其中　佛道渊玄　盡其原底
世界有盡　衆生有盡　諸佛有盡　我願无盡
我願廣大　信如法性　究竟如空　盡未來際
无有窮盡
南无十方諸佛持此懺悔功德礼佛功德施
與一切衆生迴向无上菩提使我現在身上從

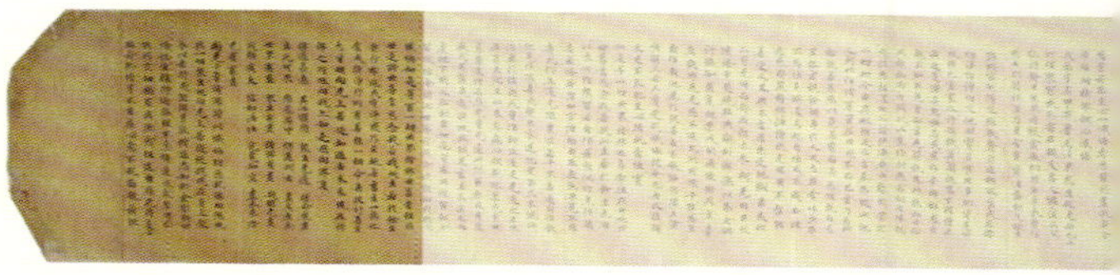

今以去持戒堅强勇猛精進志如斷金剛斷諸
煩惱坐禪得定誦經不忘脩道成就學問聦
明所求如願百病除愈任運自在无諸憂苦
臨命終時身不苦痛心意不亂面覩諸佛

BD00953-2　持誦佛名及功德文（擬）

# BD00954 大般涅槃經（异卷）卷一六

（北凉）曇無讖 譯

644.2cm×26.3cm

群黨抄劫為害滋甚波斯匿王
兵伺捕得已挑目逐著黑闇叢
群賊已於先佛殖衆德本既失
惱各作是言南无佛陀南无佛
无有救護啼哭躃咤我時住在、
其音聲即生慈心時有涼風吹[illegible]
香藥滿其眼匡尋還眼得如本不異言見
眼即見如來住立其前而為說法賊聞法已
發阿耨多羅三藐三菩提心善男子我於尒
時實不作風吹香山中種種香藥住其人前
而為說法善男子當知皆是慈善根力令彼
群賊見如是事復次善男子流離太子以愚
癡故廢其父王自立為主復念宿嫌多害釋
種取万二千釋種諸女刵劓耳鼻斷截手足

推之坑塹時諸女人身受苦惱作如是言南
无佛陁南无佛陁我等今者无有救護復大
嚾咷是諸女人已於先佛種諸善根我於尒
時在竹林中聞其音聲即起慈心諸女尒時
見我來至迦毗羅城以水洗創以藥樹之苦
痛尋除耳鼻手足還服如本我時即爲略說
法要悉令俱發阿耨多羅三藐三菩提心即
於大愛道比丘尼所出家受具善男子如來
尒時實不往至迦毗羅城以水洗創樹藥心
苦善男子當知皆是慈善根力令彼女人得
如是事悲喜之心亦復如是善男子以是義
故菩薩摩訶薩循慈思惟即是真實非虛妄
也善男子夫无量者不可思議菩薩所行不
可思議諸佛所行亦不可思議是大乘典大涅
槃經亦不可議

勝經亦不可議
復次善男子菩薩摩訶薩脩慈悲喜已得住
極愛一子之地善男子云何是地名曰極愛
復名一子善男子譬如父母見子安隱心大
歡喜菩薩摩訶薩住是地中亦復如是視諸
衆生同於一子見脩善者生大歡喜是故此
地名曰極愛善男子譬如父母見子遇患心
生苦惱愍之愁毒初无捨離菩薩摩訶薩住
是地中亦復如是見諸衆生爲煩惱病之所
纏切心生愁惱憂念如子身諸毛孔血皆流
出是故此地名爲一子善男子如人小時捨
取土塊糞穢瓦石枯骨草木置於口中父母
見已恐爲其患右手捉頭左手挑出菩薩摩
訶薩住是地中亦復如是見諸衆生法身未

增長行身口意業不善菩薩見已則以智手
拔之令出不欲令彼流轉生死受諸苦惱是
故此地復名一子善男子譬如父母所愛之
子捨而終亡父母愁惱願与并命菩薩亦尒
見一闡提墮於地獄亦願与俱生地獄中何
以故是一闡提若受苦時或生一念改悔之
心我即當為說種種法令彼得生一念善根
是故此地復名一子善男子譬如父母唯有
一子其子眠悟行住坐卧心常念之若有罪
咎善言誘喻不加其惡菩薩摩訶薩亦復如
是見諸衆生若墮地獄畜生餓鬼或人天中
造作善惡心常念之初不放捨若行諸惡終
不生瞋以惡加之是故此地復名一子迦葉
菩薩白佛言世尊如佛所說其言秘密我今
智淺云何能解若諸菩薩住一子地能如是

短淺云何能解若諸菩薩住一子地能如是
者云何如来昔爲國王行菩薩道時斷絶尒
所婆羅門命若得此地則應護念若不得者
復何因緣不墮地獄若使等視一切衆生同
於子想如羅睺羅何故復向提婆達多説如
是言癡人无羞食人涕唾令彼聞已生於瞋
恨起不善心出佛身血提婆達多造是惡已
如来復記當墮地獄一劫受罪世尊如是之
言云何於義不相違背世尊須菩提者住虚
空地凡欲入城求乞飲食要先觀人若有於
已生嫌嫉心則心不行乃至極飢猶不行乞
何以故是須菩提常作是念我憶往昔於福
田所生一惡念由是因緣墮大地獄受種種
苦我今寧飢終日不食終不令彼於我起嫌

薩於地獄受苦惱也復作是念若有衆生嫌
我立者我當終日端坐不起若有衆生嫌我
坐者我終日立不移本處行卧亦尒是須菩
提護衆生故尚起是心何况菩薩若得一子
地者何緣如來出是麁言使諸衆生起重惡
心善男子汝今不應作如是難言佛如來為
諸衆生作煩惱因緣善男子假使蚉嘴能盡
海底如來終不為諸衆生作煩惱因緣善男
子假令大地悉為非色水為堅相火為冷相
風為住相三寶佛性及以虚空作无常相如
來終不為諸衆生作煩惱因緣善男子假使
數犯四重禁罪及一闡提謗正法者現身得
成十力无畏卅二相八十種好如來終不為
諸衆生作煩惱因緣善男子假使聲聞辟支
佛等常住不變如來終不為諸衆生作煩惱

佛等常住不變如來終不爲諸衆生作煩惱
因緣善男子假使十住諸菩薩等犯四重禁
作一闡提誹謗正法如來終不爲諸衆生作
煩惱因緣善男子假使一切无量衆生壹成
佛性如來究竟入般涅槃如來終不爲諸衆
生作煩惱因緣善男子假使擲羂能繫縛風
齒能破鐵析壞須弥如來終不爲諸衆生作
煩惱因緣寧与毒虵同共一處內其兩手餓
師子口佉陁羅炭用洗浴身不應發言如來
世尊爲諸衆生作煩惱因緣善男子如來真
實能爲衆生斷除煩惱終不爲作煩惱因也
善男子如汝所言如來往昔煞婆羅門者善
男子菩薩摩訶薩乃至蟻子尚不故煞況婆
羅門菩薩常作種種方便慧施衆生无量壽
命善男子夫施食者則爲施命菩薩摩訶薩

行檀波羅蜜時常施衆生无量壽命善男子
脩不煞戒得壽命長菩薩摩訶薩行尸波羅
蜜時則爲施与一切衆生无量壽命善男子
慎口无過得壽命長菩薩摩訶薩行羼提波
羅蜜時常勸衆生莫生怨想惟直於人引曲
向己无所諍訟得壽命長是故菩薩行羼提
波羅蜜時已施衆生无量壽命善男子精懃
脩善得壽命長菩薩摩訶薩行毗梨耶波羅
蜜時常勸衆生懃脩善法衆生行已得无量
壽命是故菩薩行毗梨耶波羅蜜時已施衆
生无量壽命善男子脩攝心者得壽命長菩
薩摩訶薩行禪波羅蜜時勸諸衆生脩平等
心衆生行已得壽命長是故菩薩行禪波羅
蜜時已施衆生无量壽命善男子於諸善法
不放逸者得壽命長菩薩摩訶薩行般若波

不放逸者得壽命長菩薩摩訶薩行般若波
羅蜜時勸諸衆生於諸善法不生放逸衆生
行已以是因緣得壽命長是故菩薩行般若
波羅蜜時已施衆生无量壽命善男子以是
義故菩薩摩訶薩於諸衆生終无奪命善男
子汝向所問煞婆羅門時得是地不善男子
我時已得以愛念故斷其命根非惡心也善
男子譬如父母唯有一子愛之甚重犯官憲
制是時父母以怖畏故若儐若煞雖復儐煞
无有惡心菩薩摩訶薩為護正法亦復如是
若有衆生謗大乘者即以鞭撻苦加治之或
奪其命欲令改往遵脩善法菩薩常當作是
思惟以何因緣能令衆生發起信心隨其方
便要當為之諸婆羅門命終之後生阿鼻地
獄即有三念一者自念我從何處而來生此

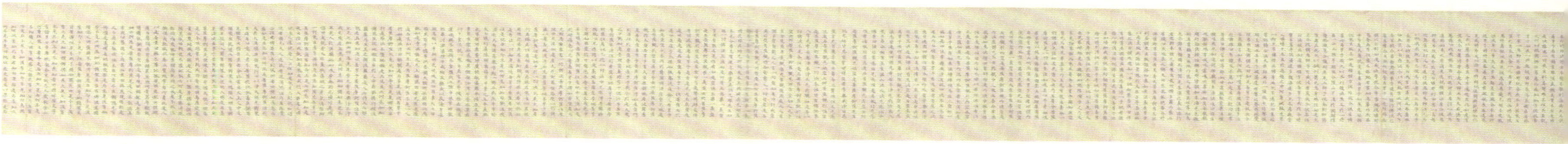

即便自知從人道中來二者自念我今所生
為是何處即便自知是阿鼻獄三者自念乘
何業緣而來生此即便自知乘謗方等大乘
經典不信因緣為國主所煞而來生此念是
事已即於大乘方等經典生信敬心尋時命
終生甘露鼓如來世界於彼壽命具足十劫
善男子以是義故我於往昔乃與是人十劫
壽命云何名煞善男子有人掘地刈草斫樹
斬截死屍罵詈鞭杖以是業緣墮地獄不迦
葉菩薩白佛言世尊如我解佛所說義者應
墮地獄何以故如佛昔為聲聞說法汝諸比
丘於餘燋木莫生惡心何以故一切衆生因
惡心故墮于地獄尒時佛讚迦葉菩薩善哉
善哉如汝所說應善受持善男子若因惡心
墮地獄者菩薩尒時實无惡心何以故菩薩

墮地獄者菩薩尒時實无惡心何以故菩薩
摩訶薩於一切衆生乃至虫蟻悉生憐愍利
益心故所以者何善知因緣諸方便故以方
便力欲令衆生種諸善根善男子以是義故
我於尒時以善方便雖奪其命而非惡心善
男子婆羅門法若煞蟻子滿之十車无有罪
煞蚉䖟蚤蝨猫子師子虎狼熊羆諸惡虫獸
及餘能為衆生害者煞滿十車鬼神羅刹拘
睺荼迦羅富單那顛狂乾枯諸鬼神等能為
衆生作嬈害者有奪其命悉无罪報若煞惡
人則有罪報煞已不悔則墮餓鬼若能懺悔
三日斷食其罪消滅无有遺餘若煞和上害
其父母女人及牛无數千年在地獄中善男
子佛及菩薩知煞有三謂中、下上下者蟻子
乃至一切畜生唯除菩薩示現生者善男子

菩薩摩訶薩以願因緣生受畜生是名下煞
以下煞因緣墮於地獄餓鬼畜生具受下苦
何以故是諸畜生有微善根是故煞者具受
罪報是名下煞中煞者從凡夫人至阿那含
是名為中以是業因墮於地獄畜生餓鬼具
受中苦是名中煞上煞者父母乃至阿羅漢
辟支佛畢定菩薩是名為上以是業因緣故墮
於阿鼻大地獄中具受上苦是名上煞善
男子若有能煞一闡提者則不墮此三種煞
中善男子彼諸婆羅門等一切皆是一闡提
也譬如掘地刈草斫樹斬截死屍罵詈鞭撻
无有罪報煞一闡提亦復如是无有罪報何
以故諸婆羅門乃至无有信等五法是故雖
煞不墮地獄善男子汝先所言如來何故罵
提婆達多癡人食唾汝亦不應作如是問何

提婆達多癡人食唾汝亦不應作如是問何
以故諸佛世尊凡所發言不可思議善男子
或有實語為世所愛非時非法不為利益如
是之言我終不說善男子或復有言麤獷虛
妄非時非法聞者不愛不能利益我亦不說
善男子若有語言雖復麤獷真實不虛是時
是法能為一切衆生利益聞雖不悅我要說
之何以故諸佛世尊應正遍知知方便故善
男子如我一時遊彼曠野聚落叢樹在其林
下有一鬼神即名曠野純食肉血多煞衆生
復於其聚日食一人善男子我於尒時為彼
鬼神廣說法要然彼暴惡愚癡无智不受教
法我即化身為大力鬼動其宮殿令不安所
彼鬼于時將其眷屬出其宮殿欲來距逆鬼
見我時即失心念惶怖僻地迷悶斷絕猶如死

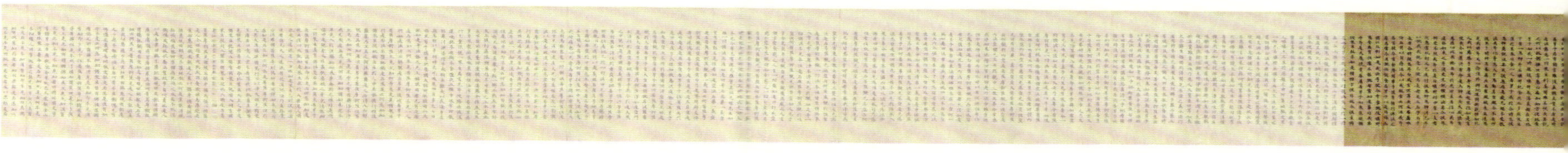

人我以慈愍手摩其身即還起坐作如是言
快哉今日還得身命是大神王具大威德有
慈愍心赦我愆咎即於我所生善信心我即
還服如來之身復更為說種種法要令彼鬼
神受不煞戒即於是日曠野村中有一長者
次應當死村人已送付彼鬼神鬼神得已即
以施我我既受已便為長者更立名字名手
長者尒時彼鬼即白我言世尊我及眷屬唯
仰血宍以自存活今以戒故當云何活我即
答言從今當勅聲聞弟子隨有脩行佛法之
處悉當令其施汝飲食善男子以是因緣為
諸比丘制如是戒汝等從今常當施彼曠野
鬼食若有住處不能施者當知是輩非我弟
子即是天魔徒黨眷屬善男子如來為欲調
伏衆生故示如是種種方便非故令彼生怖

伏衆生故亦如是種種方便非故令彼生怖
畏也善男子我亦以木打護法鬼又於一時
在一山上椎羊頭鬼令墮山下復於樹頭樸
護獼猴鬼令護財象見五師子使金剛神怖
薩遮尼乾亦以鐵刺箭毛鬼身雖作如是亦
不令彼諸鬼神等有滅沒者直欲令彼安住
正法故亦如是種種方便善男子我於尒時
實不罵辱提婆達多提婆達多亦不愚癡食
人涕唾亦不生於惡趣之中阿鼻地獄受罪
一劫亦不壞僧出佛身血亦不遠犯四重之
罪誹謗正法大乘經典非一闡提亦非聲聞
辟支佛也善男子提婆達者實非聲聞緣覺
境界唯是諸佛之所知見善男子是故汝今
不應難言如來何緣呵嘖罵辱提婆達多汝
於諸佛所有境界不應如是生於疑網迦葉

菩薩白佛言世尊譬如甘蔗數數煎煑得種
種味我亦如是從佛數聞多得法味所謂出
味離欲味寂滅味道味世尊譬如真金數數
燒打融消鍊治轉更明淨調和柔濡光色微
妙其價難量然後乃為人天寶重世尊如來
亦尒鄭重諮問則得聞見甚深之義令深行
者受持奉脩无量衆生發阿耨多羅三藐三
菩提心然後為人人諸天所宗恭敬供養尒時
佛讚迦葉菩薩善哉善哉菩薩摩訶薩為欲
利益諸衆生故諮啓如來如是深義善男子
以是義故我隨汝意說於大乘方等甚深秘
密之法所謂極愛一子地迦葉菩薩白佛
言世尊若諸菩薩脩慈悲喜得一子地者脩
捨心時復得何地佛言善哉善哉善男子汝
善知時知我欲說汝則諮問菩薩摩訶薩脩
捨心時則得住於空平等地如須菩提善男

善知時知我欲說故則諮問菩薩摩訶薩脩
捨心時則得住於空平等地如須菩提善男
子菩薩摩訶薩住於空平等地則不見有父
母兄弟姊妹兒息親族知識怨憎中人乃至
不見陰界諸入衆生壽命善男子辟如虛空
有无父母兄弟妻子乃至无有衆生壽命一
切諸法亦復如是无有父母乃至壽命菩薩
摩訶薩見一切法亦復如是其心平等如彼
虛空何以故善能脩集諸空法故迦葉菩薩
白佛言世尊云何名空善男子空者所謂內
空外空內外空有為空无為空无始空性空
无所有空第一義空空空大空菩薩摩訶薩
云何觀於內空是菩薩摩訶薩觀內法空是
內法空謂无父母怨親中人衆生壽命常樂
我淨如來法僧所有財物是內法中雖有佛

性所是佛性非内非外所以者何佛性常住
无變易故是名菩薩摩訶薩觀於内空外空
者亦復如是无有内法内外空者亦復如是
善男子唯有如来法僧佛性不在二空何以
故如是四法常樂我淨是故四法不名爲空
是名内外俱空善男子有爲空者有爲之法
悉皆是空所謂内空外空内外空常樂我淨
空衆生壽命如来法僧苐一義空是中佛性
非有爲法是故佛性有爲法空是名有爲空
善男子云何菩薩摩訶薩觀无爲空是无爲
法悉皆是空所謂无常苦不淨无我陰界入
衆生壽命相有爲有漏内法外法无爲法中
佛等四法非有爲非无爲性是善故非无爲
性常住故非有爲是名菩薩觀无爲空云何
菩薩摩訶薩觀无始空是菩薩摩訶薩見生

菩薩摩訶薩觀无始空是菩薩摩訶薩見生
死无始皆悉空寂所謂空者常樂我淨皆悉
空寂无有變易衆生壽命三寶佛性及无爲
法是名菩薩觀无始空云何菩薩觀於性空
是菩薩摩訶薩觀一切法本性皆空謂陰界
入常无常苦樂淨不淨我无我觀如是等一
切諸法不見本性是名菩薩摩訶薩觀於性
空云何菩薩摩訶薩觀无所有空如人无子
言舍宅空畢竟觀空无有親愛愚癡之人言
諸方空貧窮之人言一切空如是所計或空
或非空菩薩觀時如貧窮人一切皆空是名
菩薩摩訶薩觀无所有空云何菩薩摩訶薩
觀第一義空善男子菩薩摩訶薩觀第一義
時是眼生時无所從來及其滅時去无所至

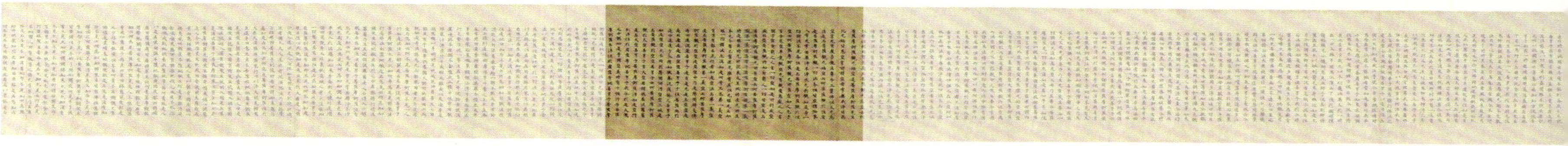

本无今有已有還无推實其性无眼无主如
眼一切諸法亦復如是何等名為第一義空
有業有報不見作者如是空法名第一義空
是名菩薩摩訶薩觀第一義空云何菩薩摩
訶薩觀於空空是空空中乃是聲聞辟支佛
等所迷沒處善男子是有是无是名空空是
是非是是是名空空善男子十住菩薩尚於
是中通達少分猶如微塵況復餘人善男子
如是空空亦不同於聲聞所得空空三昧是
名菩薩觀於空空善男子云何菩薩摩訶薩
觀於大空善男子言大空者謂般若波羅蜜
是名大空善男子菩薩摩訶薩得如是空門
則得住於虛空等地善男子我今於是大衆
之中說如是等諸空義時有十恒沙等菩薩
摩訶薩即得住於虛空等地善男子菩薩摩

摩訶薩即得住於虛空等地善男子菩薩摩
訶薩住是地已於一切法中无有滯导繫縛
拘執心无迷悶以是義故名虛空等地善男
子辟如虛空於可愛色不貪生着不愛色中
不生瞋恚菩薩摩訶薩住是地中亦復如是
於好惡色心无貪恚善男子辟如虛空廣大
无對悉能容受一切諸法菩薩摩訶薩住是
地中亦復如是廣大无對悉能容受一切諸
法以是義故復得名為虛空等地善男子菩
薩摩訶薩住是地中於一切法亦見亦知若
行若緣若性若相若因若緣若衆生心若根
若禪定若乘若善知識若持禁戒若所施如
是等法一切知見復次善男子菩薩摩訶薩
住是地中知而不見云何為知知自餓法投
淵赴火自墜高巖常翹一脚五熱炙身常卧

灰土棘刺邉椽樹葉惡草牛糞之上衣麁麻
衣冢間所棄糞掃盧揭欽婆羅衣獐鹿皮革
芻草衣裳茹菜噉菓藕根油滓牛糞根菓若
行乞食限從一家主若言无即便捨去設復
還喚終不迴顧不食鹽宍五種牛味常所飲
服糠汁沸湯持牛戒狗戒雞戒以灰塗身長
髮爲相以羊祠時先呪後煞四月事火七日
服風百千億華供養諸天諸所欲願因此成
就如是等法能爲无上解脫因者无有是處
是名爲知云何不見菩薩摩訶薩不見一人
行如是法得正解脫是名不見復次善男子
菩薩摩訶薩亦見亦知何等爲見見諸衆生
行是耶法必墮地獄是名爲見云何爲知知
諸衆生從地獄出生於人中若能脩行檀波
羅蜜乃至具足諸波羅蜜是人必得入正解

羅蜜乃至具足諸波羅蜜是人必得入正解
脫是名為知復次善男子菩薩摩訶薩復有
亦見亦知云何為見見常无常苦樂淨不淨
我无我是名為見云何為知知諸如來定不
畢竟入於涅槃知如來身金剛无壞非是煩
惱所成就身又非臭穢腐敗之身亦復能知
一切眾生悉有佛性是名為知復次善男子
菩薩摩訶薩復有知而不見云何為知知是
眾生信心成就知是眾生求於大乘是人順
流是人逆流是人正住知是眾生已到彼岸順
流者諸凡夫人逆流者從須陁洹乃至緣覺
正住者諸菩薩等到彼岸者所謂如來應正
遍知是名為知云何為見菩薩摩訶薩住於
大乘大涅槃典脩梵行心以淨天眼見諸眾
生造身口意三業不善墮於地獄畜生餓鬼

見諸衆生脩善業者命終當生天上人中是
諸衆生從闇入闇有諸衆生從闇入明有諸
衆生從明入闇有諸衆生從明入明是名為
見復次善男子菩薩摩訶薩復有亦知亦見
菩薩摩訶薩見諸衆生脩身脩戒脩心脩慧
是人今世惡業成就或因貪欲瞋恚愚癡是
業必應地獄受報是人直以脩身脩戒脩心
脩慧現世輕受不墮地獄云何是業能得現
報懺悔發露所有諸惡既悔之後更不敢作
慚愧成就故供養三寶故常自呵責故是人
以是善業因緣不墮地獄現世受報所謂頭
痛目痛腹痛背痛横羅其殃呵責罵辱鞭杖
閉繫飢餓困苦受如是等現世輕報是名為
知云何為見菩薩摩訶薩見是人不能脩集
身戒心慧造少惡業此業因緣應現受報是

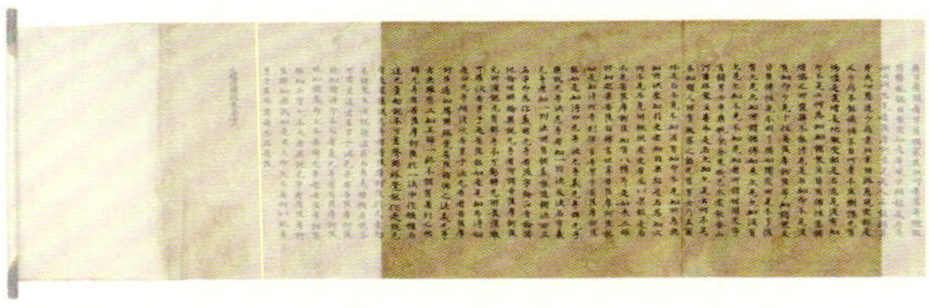

身或心慧造少惡業此業因緣應現受報是
人少惡不能懺悔不自呵責不生慚愧无有
怖懼是業增長地獄受報是名為見復有知
而不見云何為知知諸衆生皆有佛性為諸
煩惱之所覆蔽不能得見是名知而不見復
有知而少見十住菩薩摩訶薩等知諸衆生
皆有佛性見不明了猶如闇夜所見不了復
有亦見亦知所謂諸佛如來亦見亦知復有
亦見亦知不見不知見知者所謂世間文字
言語男女車乘瓶瓫舍宅城邑衣裳飲食山
河薗林衆生壽命是名亦知亦見云何不見
不知聖人所有微密之語无有男女乃至薗
林是名不見不知復有知而不見知所惠施
知所供處知於受者知因果報是名為知云
何不見不見所施供處受者及以果報是名

不見菩薩摩訶薩知有八種即是如來五眼
所知迦葉菩薩白佛言世尊菩薩摩訶薩能
如是知得何等利佛言善男子菩薩摩訶薩
能如是知得四无㝵法无㝵義无㝵辭无㝵
樂說无㝵法无㝵者知一切法及法名字義
无㝵者知一切法所有諸義能隨諸法所立
名字而爲作義辭无㝵者隨字論正音論闡
陁論世辯論樂說无㝵者所謂菩薩摩訶薩
凡所演說无有鄣㝵不可動轉无所畏懼難
可摧伏善男子是菩薩能如是見知即得如
是四无㝵復次善男子法无㝵者菩薩摩
訶薩遍知聲聞緣覺菩薩諸佛之法義无㝵
者乘雖有三知其歸一終不謂有差別之相
辭无㝵者菩薩摩訶薩於一法中作種種名
逕无量劫說不可盡聲聞緣覺能作是說无

逕无量劫說不可盡聲聞緣覺能作是說无有是處樂說无㝵者菩薩摩訶薩於无量劫為諸衆生演說諸法若名若義種種異說不可窮盡復次善男子法无㝵者菩薩摩訶薩雖知諸法而不取著義无㝵者菩薩摩訶薩雖知諸義而亦不著辭无㝵者菩薩摩訶薩雖知名字亦不取著樂說无㝵者菩薩摩訶薩雖知樂說如是最上而亦不著何以故善男子若取著者不名菩薩

大般涅槃經卷第十六

BD00954　大般涅槃經（异卷）卷一六

# BD00955 妙法蓮華經卷一

（後秦）鳩摩羅什 譯

704.9cm×26.1cm

又見佛子　住忍辱力　增上慢人　惡罵捶打
皆悉能忍　以求佛道
又見菩薩　離諸戲咲　及癡眷屬　親近智者
一心除亂　攝念山林　億千万歲　以求佛道
或見菩薩　餚膳飲食　百種湯藥　施佛及僧
名衣上服　價直千万　或无價衣　施佛及僧
千万億種　栴檀寶舍　衆妙卧具　施佛及僧
清淨園林　華菓茂盛　流泉浴池　施佛及僧
如是等施　種種微妙　歡喜无猒　求无上道
或有菩薩　說寂滅法　種種教詔　无數衆生
或見菩薩　觀諸法性　无有二相　猶如虛空
又見佛子　心无所着　以此妙慧　求无上道
文殊師利　又有菩薩　佛滅度後　供養舍利

又見佛子　造諸塔廟　无數恒沙　嚴飾國界
寶塔高妙　五千由旬　縱廣正等　二千由旬
一一塔廟　各千幢幡　珠交露幔　寶鈴和鳴
諸天龍神　人及非人　香華伎樂　常以供養
文殊師利　諸佛子等　為供舍利　嚴飾塔廟
國界自然　殊特妙好　如天樹王　其華開敷
佛放一光　我及眾會　見此國界　種種殊妙
諸佛神力　智慧希有　放一淨光　照无量國
我等見此　得未曾有　佛子文殊　願決眾疑
四眾欣仰　瞻仁及我　世尊何故　放斯光明
佛子時答　決疑令喜　何所饒益　演斯光明
佛坐道場　所得妙法　為欲說此　為當授記
示諸佛土　眾寶嚴淨　及見諸佛　此非小緣
文殊當知　四眾龍神　瞻察仁者　為說何等

文殊當知 四衆龍神 瞻察仁者 爲說何等
尒時文殊師利語弥勒菩薩摩訶薩及諸大
士善男子等如我惟忖今佛世尊欲說大法
雨大法雨吹大法螺擊大法鼓演大法義諸
善男子我於過去諸佛曾見此瑞放斯光已
即說大法是故當知今佛現光亦復如是欲
令衆生咸得聞知一切世間難信之法故現
斯瑞諸善男子如過去无量无邊不可思議
阿僧祇劫尒時有佛号日月燈明如來應供
正遍知明行足善逝世間解无上士調御丈
夫天人師佛世尊演說正法初善中善後善
其義深遠其語巧妙純一无雜具足清白梵
行之相爲求聲聞者說應四諦法度生老病
死究竟涅槃爲求辟支佛者說應十二因緣

法爲諸菩薩說應六波羅蜜令得阿耨多羅
三藐三菩提成一切種智次復有佛亦名日月
燈明次復有佛亦名日月燈明如是二万佛
皆同一字号日月燈明又同一姓姓頗羅墮弥
勒當知初佛後佛皆同一字名日月燈明
十号具足所可說法初中後善其最後佛
未出家時有八王子一名有意二名善意三名
无量意四名寶意五名增意六名除疑意七
名響意八名法意是八王子威德自在各領
四天下是諸王子聞父出家得阿耨多羅三藐
三菩提悉捨王位亦隨出家發大乘意常修
梵行皆爲法師已於千万佛所殖諸善本是
時日月燈明佛說大乘經名无量義教菩薩
法佛所護念說是經已即於大衆中結跏趺

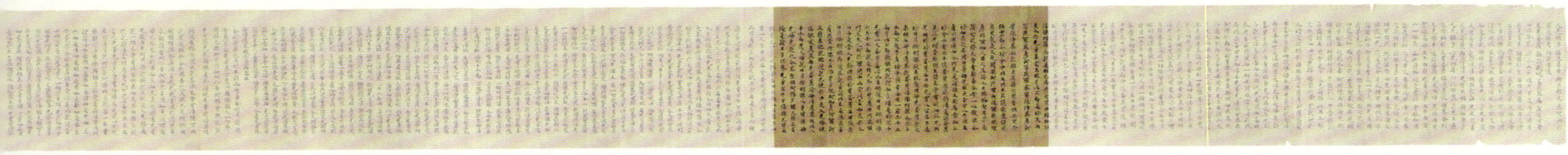

法佛所護念說是經已即於大衆中結跏趺
坐入於无量義處三昧身心不動是時天雨
曼陁羅華摩訶曼陁羅華曼殊沙華摩訶
曼殊沙華而散佛上及諸大衆普佛世界六
種震動尒時會中比丘比丘尼優婆塞優婆
夷天龍夜叉乾闥婆阿脩羅迦樓羅緊那羅
摩睺羅伽人非人及諸小王轉輪聖王等是
諸大衆得未曾有歡喜合掌一心觀佛尒
時如來放眉間白毫相光照東方万八千佛土
靡不周遍如今所見是諸佛土弥勒當知尒
時會中有二十億菩薩樂欲聽法是諸菩薩
見此光明普照佛土得未曾有欲知此光所
爲因緣時有菩薩名曰妙光有八百弟子是
時日月燈明佛從三昧起因妙光菩薩說大

乘經名妙法蓮華教菩薩法佛所護念六十
小劫不起于座時會聽者亦坐一處六十小
劫身心不動聽佛所說謂如食頃是時衆中
无有一人若身若心而生懈惓日月燈明佛
於六十小劫說是經已即於梵魔沙門婆羅
門及天人阿脩羅衆中而宣此言如來於今
日中夜當入无餘涅槃時有菩薩名曰德藏
日月燈明佛即授其記告諸比丘是德藏菩
薩次當作佛号曰淨身多陁阿伽度阿羅訶
三藐三佛陁佛授記已便於中夜入无餘涅
槃佛滅度後妙光菩薩持妙法蓮華經滿八
十小劫爲人演說日月燈明佛八子皆師妙
光妙光教化令其堅固阿耨多羅三藐三菩
提是諸王子供養无量百千万億佛已皆成

提是諸王子供養无量百千万億佛已皆成
佛道其最後成佛者名曰然燈八百弟子中
有一人号曰求名貪著利養雖復讀誦衆經
而不通利多所忘失故号求名是人亦以種
諸善根因緣故得值无量百千万億諸佛
供養恭敬尊重讚嘆弥勒當知尒時妙光菩
薩豈異人乎我身是也求名菩薩汝身是也
今見此瑞與本无異是故惟忖今日如來當說
大乘經名妙法蓮華教菩薩法佛所護念尒
時文殊師利於大衆中欲重宣此義而說偈言
我念過去世　无量无數劫　有佛人中尊　号日月燈明
世尊演說法　度无量衆生　无數億菩薩　令入佛智慧
佛未出家時　所生八王子　見大聖出家　亦隨修梵行
時佛說大乘　經名无量義　於諸大衆中　而為廣分別

佛說此經已　即於法座上　跏趺坐三昧　名无量義處
天雨曼陀華　天鼓自然鳴　諸天龍鬼神　供養人中尊
一切諸佛土　即時大震動　佛放眉間光　現諸希有事
此光照東方　万八千佛土　示一切衆生　生死業報處
有見諸佛土　以衆寶莊嚴　琉璃頗梨色　斯由佛光照
及見諸天人　龍神夜叉衆　乾闥緊那羅　各供養其佛
又見諸如來　自然成佛道　身色如金山　端嚴甚微妙
如淨琉璃中　內現真金像　世尊在大衆　敷演深法義
一一諸佛土　聲聞衆无數　因佛光所照　悉見彼大衆
或有諸比丘　在於山林中　精進持淨戒　猶如護明珠
又見諸菩薩　行施忍辱等　其數如恒沙　斯由佛光照
又見諸菩薩　深入諸禪定　身心寂不動　以求无上道
又見諸菩薩　知法寂滅相　各於其國土　說法求佛道
尒時四部衆　見日月燈佛　現大神通力　其心皆歡喜

尒時四部衆　見日月燈佛　現大神通力　其心皆歡喜
各各自相問　是事何因緣　天人所奉尊　適從三昧起
讚妙光菩薩　汝為世間眼　一切所歸信　能奉持法藏
如我所說法　唯汝能證知　世尊既讚歎　令妙光歡喜
說是法華經　滿六十小劫　不起於法座　所說上妙法
是妙光法師　悉皆能受持　佛說是法華　令衆歡喜已
尋即於是日　告於天人衆　諸法實相義　已為汝等說
我今於中夜　當入於涅槃　汝一心精進　當離於放逸
諸佛甚難值　億劫時一遇　世尊諸子等　聞佛入涅槃
各各懷悲惱　佛滅一何速　聖主法之王　安慰无量衆
我若滅度時　汝等勿憂怖　是德藏菩薩　於无漏實相
心已得通達　其次當作佛　号曰為淨身　亦度无量衆
佛此夜滅度　如薪盡火滅　分布諸舍利　而起无量塔
比丘比丘尼　其數如恒沙　倍復加精進　以求无上道

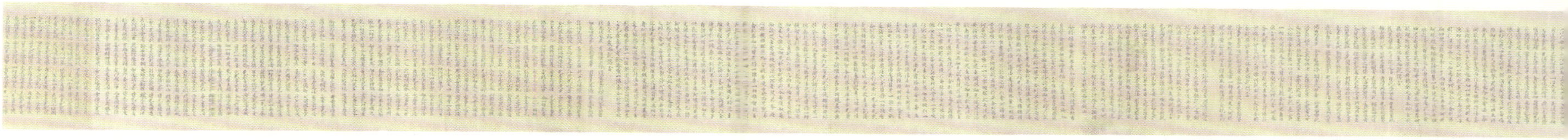

是妙光法師　奉持佛法藏　八十小劫中　廣宣法華經
是諸八王子　妙光所開化　堅固无上道　當見无數佛
供養諸佛已　隨順行大道　相繼得成佛　轉次而授記
最後天中天　号曰然燈佛　諸仙之導師　度脫无量衆
是妙光法師　時有一弟子　心常懷懈怠　貪著於名利
求名利无猒　多遊族姓家　棄捨所習誦　廢忘不通利
以是因緣故　号之為求名　亦行衆善業　得見无數佛
供養於諸佛　隨順行大道　具六波羅蜜　今見釋師子
其後當作佛　号名曰彌勒　廣度諸衆生　其數无有量
彼佛滅度後　懈怠者汝是　妙光法師者　今則我身是
我見燈明佛　本光瑞如此　以是知今佛　欲說法華經
今相如本瑞　是諸佛方便　今佛放光明　助發實相義
諸人今當知　合掌一心待　佛當雨法雨　充足求道者
諸求三乘人　若有疑悔者　佛當為除斷　令盡无有餘

諸求三乘人 若有疑悔者 佛當為除斷 令盡無有餘

妙法蓮華經方便品第二

尒時世尊從三昧安詳而起告舍利弗諸佛
智慧甚深无量其智慧門難解難入一切聲
聞辟支佛所不能知所以者何佛曾親近百
千万億无數諸佛盡行諸佛无量道法勇猛
精進名稱普聞成就甚深未曾有法隨宜所
說意趣難解舍利弗吾從成佛已來種種因
緣種種譬喻廣演言教无數方便引道衆生
令離諸著所以者何如來方便知見波羅蜜
皆已具足舍利弗如來知見廣大深遠无量
无礙力无所畏禪定解脫三昧深入无際成
就一切未曾有法舍利弗如來能種種分別
巧說諸法言辭柔軟悅可衆心舍利弗取要

言之无量无邊未曾有法佛悉成就止舍利
弗不須復說所以者何佛所成就第一希有
難解之法唯佛與佛乃能究盡諸法實相所
謂諸法如是相如是性如是體如是力如是
作如是因如是緣如是果如是報如是本末
究竟等尒時世尊欲重宣此義而說偈言
世雄不可量　諸天及世人　一切衆生類　无能知佛者
佛力无所畏　解脫諸三昧　及佛諸餘法　无能測量者
本從无數佛　具足行諸道　甚深微妙法　難見難可了
於无量億劫　行此諸道已　道場得成果　我已悉知見
如是大果報　種種性相義　我及十方佛　乃能知是事
是法不可示　言辭相寂滅　諸餘衆生類　无有能得解
除諸菩薩衆　信力堅固者　諸佛弟子衆　曾供養諸佛
一切漏已盡　住是最後身　如是諸人等　其力所不堪
假使滿世間　皆如舍利弗　盡思共度量　不能測佛智

一切漏已盡　住是最後身　如是諸人等　其力所不堪
假使滿世間　皆如舍利弗　盡思共度量　不能測佛智
正使滿十方　皆如舍利弗　及餘諸弟子　亦滿十方剎
盡思共度量　亦復不能知　辟支佛利智　无漏最後身
亦滿十方界　其數如竹林　斯等共一心　於億无量劫
欲思佛實智　莫能知少分　新發意菩薩　供養无數佛
了達諸義趣　又能善說法　如稻麻竹葦　充滿十方剎
一心以妙智　於恒河沙劫　咸皆共思量　不能知佛智
不退諸菩薩　其數如恒沙　一心共思求　亦復不能知
又告舍利弗　无漏不思議　甚深微妙法　我今已具得
唯我知是相　十方佛亦然　舍利弗當知　諸佛語无異
於佛所說法　當生大信力　世尊法久後　要當說真實
告諸聲聞眾　及求緣覺乘　我令脫苦縛　逮得涅槃者
佛以方便力　亦以三乘教　眾生處處著　引之令得出

尒時大衆中有諸聲聞漏盡阿羅漢阿若憍
陳如等千二百人及發聲聞辟支佛心比丘比
丘尼優婆塞優婆夷各作是念今者世尊
何故慇懃稱歎方便而作是言佛所得法甚
深難解有所言說意趣難知一切聲聞辟支
佛所不能及佛說一解脫義我等亦得此法
到於涅槃而今不知是義所趣尒時舍利弗
知四衆心疑自亦未了而白佛言世尊何因
何緣慇懃稱歎諸佛第一方便甚深微妙難
解之法我自昔來未曾從佛聞如是說今者
四衆咸皆有疑唯願世尊敷演斯事世尊何
故慇懃稱歎甚深微妙難解之法尒時舍利
弗欲重宣此義而說偈言
慧日大聖尊　久乃說是法　自說得如是　力无畏三昧
禪定解脫等　不可思議法　道場所得法　无能發問者

慧日大聖尊　久乃說是法　自說得如是　力无畏三昧
禪定解脫等　不可思議法　道場所得法　无能發問者
我意難可測　亦无能問者　无問而自說　稱歎所行道
智慧甚微妙　諸佛之所得　无漏諸羅漢　及求涅槃者
今皆墮疑網　佛何故說是　其求緣覺者　比丘比丘尼
諸天龍鬼神　及乾闥婆等　相視懷猶豫　瞻仰兩足尊
是事為云何　願佛為解說　於諸聲聞衆　佛說我第一
我今自於智　疑惑不能了　為是究竟法　為是所行道
佛口所生子　合掌瞻仰待　願出微妙音　時為如實說
諸天龍神等　其數如恒沙　求佛諸菩薩　大數有八万
又諸万億國　轉輪聖王至　合掌以敬心　欲聞具足道
尒時佛告舍利弗　止止不須復說　若說是事
一切世間諸天及人皆當驚疑　舍利弗重白
佛言　世尊　唯願說之　唯願說之　所以者　何是

會无數百千万億阿僧祇衆生曾見諸佛諸
根猛利智慧明了聞佛所說則能敬信尒時
舍利弗欲重宣此義而說偈言
法王无上尊　唯說願勿慮　是會无量衆　有能敬信者
佛復止舍利弗若說是事一切世間天人阿脩
羅皆當驚疑增上慢比丘將墜於大坑尒時
世尊重說偈言
止止不須說　我法妙難思　諸增上慢者　聞必不敬信
尒時舍利弗重白佛言世尊唯願說之唯願
說之今此會中如我等比百千万億世世已曾
從佛受化如此人等必能敬信長夜安隱多
所饒益尒時舍利弗欲重宣此義而說偈言
无上兩足尊　願說第一法　我爲佛長子　唯垂分別說
是會无量衆　能敬信此法　佛已曾世世　教化如是等
皆一心合掌　欲聽受佛語　我等千二百　及餘求佛者

是會无量衆　能敬信此法　佛已曾世世　教化如是等
皆一心合掌　欲聽受佛語　我等千二百　及餘求佛者
願為此衆故　唯垂分別說　是等聞此法　則生大歡喜
尒時世尊告舍利弗汝已慇懃三請豈得不
說汝今諦聽善思念之吾當為汝分別解說
說此語時會中有比丘比丘尼優婆塞優婆
夷五千人等即從座起禮佛而退所以者何
此輩罪根深重及增上慢未得謂得未證謂
證有如此失是以不住世尊默然而不制止
尒時佛告舍利弗我今此衆无復枝葉純有
貞實舍利弗如是增上慢人退亦佳矣汝今
善聽當為汝說舍利弗言唯然世尊願樂欲
聞佛告舍利弗如是妙法諸佛如來時乃說
之如優曇鉢華時一現耳舍利弗汝等當信

佛之所說言不虛妄舍利弗諸佛隨宜說法
意趣難解所以者何我以无數方便種種因
緣譬喻言辭演說諸法是法非思量分別之
所能解唯有諸佛乃能知之所以者何諸佛
世尊唯以一大事因緣故出現於世舍利弗云
何名諸佛世尊唯以一大事因緣故出現於
世諸佛世尊欲令衆生開佛知見使得清淨
故出現於世欲示衆生佛之知見故出現於
世欲令衆生悟佛知見故出現於世欲令衆生
入佛知見道故出現於世舍利弗是為諸佛
以一大事因緣故出現於世佛告舍利弗諸
佛如來但教化菩薩諸有所作常為一事唯
以佛之知見示悟衆生舍利弗如來但以一
佛乘故為衆生說法无有餘乘若二若三

佛乘故為衆生說法无有餘乘若二若三
舍利弗一切十方諸佛法亦如是舍利弗過
去諸佛以无量无數方便種種因緣譬喻言
辞而為衆生演說諸法是法皆為一佛乘故
是諸衆生從諸佛聞法究竟皆得一切種智
舍利弗未來諸佛當出於世亦以无量无數
方便種種因緣譬喻言辞而為衆生演說諸
法是法皆為一佛乘故是諸衆生從佛聞法
究竟皆得一切種智舍利弗現在十方无量
百千万億佛土中諸佛世尊多所饒益安樂
衆生是諸佛亦以无量无數方便種種因緣
譬喻言辞而為衆生演說諸法是法皆為一
佛乘故是諸衆生從佛聞法究竟皆得一切
種智舍利弗是諸佛但教化菩薩欲以佛之

知見示衆生故欲以佛之知見悟衆生故欲令
衆生入佛之知見故舍利弗我今亦復如是
知諸衆生有種種欲深心所著隨其本性
以種種因緣譬喻言辭方便力故而為說法
舍利弗如此皆為得一佛乘一切種智故舍
利弗十方世界中尚无二乘何況有三舍利
弗諸佛出於五濁惡世所謂劫濁煩惱濁衆
生濁見濁命濁如是舍利弗劫濁亂時衆生
垢重慳貪嫉妬成就諸不善根故諸佛以方
便力於一佛乘分別說三舍利弗若我弟子
自謂阿羅漢辟支佛者不聞不知諸佛如來
但教化菩薩事此非佛弟子非阿羅漢非辟
支佛又舍利弗是諸比丘比丘尼自謂已得
阿羅漢是最後身究竟涅槃便不復志求

阿羅漢是最後身究竟涅槃便不復志求
阿耨多羅三藐三菩提當知此輩皆是增上慢
人所以者何若有比丘實得阿羅漢若不信
此法无有是處除佛滅度後現前无佛所以
者何佛滅度後如是等經受持讀誦解義者
是人難得若遇餘佛於此法中便得決了舍
利弗汝等當一心信解受持佛語諸佛如來
言无虛妄无有餘乘唯一佛乘尒時世尊欲
重宣此義而說偈言
比丘比丘尼　有懷增上慢　優婆塞我慢　優婆夷不信
如是四衆等　其數有五千　不自見其過　於戒有缺漏
護惜其瑕疵　是小智已出　衆中之糟糠　佛威德故去
斯人尠福德　不堪受是法　此衆无枝葉　唯有諸貞實
舍利弗善聽　諸佛所得法　无量方便力　而為衆生說

眾生心所念　種種所行道　若干諸欲性　先世善惡業
佛悉知是已　以諸緣譬喻　言辭方便力　令一切歡喜
或說修多羅　伽陀及本事　本生未曾有　亦說於因緣
譬喻并祇夜　優婆提舍經　鈍根樂小法　貪著於生死
於諸无量佛　不行深妙道　眾苦所惱亂　為是說涅槃
我設是方便　令得入佛慧　未曾說汝等　當得成佛道
所以未曾說　說時未至故　今正是其時　決定說大乘
我此九部法　隨順眾生說　入大乘為本　以故說是經
有佛子心淨　柔軟亦利根　无量諸佛所　而行深妙道
為此諸佛子　說是大乘經　我記如是人　來世成佛道
以深心念佛　脩持淨戒故　此等聞得佛　大喜充遍身
佛知彼心行　故為說大乘　聲聞若菩薩　聞我所說法
乃至於一偈　皆成佛无疑　十方佛土中　唯有一乘法
无二亦无三　除佛方便說　但以假名字　引道於眾生

无二亦无三　除佛方便說　但以假名字　引導於衆生
說佛智慧故　諸佛出於世　唯此一事實　餘二則非真
終不以小乘　濟度於衆生　佛自住大乘　如其所得法
定慧力莊嚴　以此度衆生　自證无上道　大乘平等法
若以小乘化　乃至於一人　我則墮慳貪　此事為不可
若人信歸佛　如來不欺誑　亦无貪嫉意　斷諸法中惡
故佛於十方　而獨无所畏　我以相嚴身　光明照世間
无量衆所尊　為說實相印　舍利弗當知　我本立誓願
欲令一切衆　如我等无異　如我昔所願　今者已滿足
化一切衆生　皆令入佛道　若我遇衆生　盡教以佛道
无智者錯亂　迷惑不受教　我知此衆生　未曾修善本
堅著於五欲　癡愛故生惱　以諸欲因緣　墜墮三惡道
輪迴六趣中　備受諸苦毒　受胎之微形　世世常增長
薄德少福人　衆苦所逼迫　入邪見稠林　若有若无等

依止此諸見　具足六十二　深著虛妄法　堅受不可捨
我慢自矜高　諂曲心不實　於千万億劫　不聞佛名字
亦不聞正法　如是人難度　是故舍利弗　我為設方便
說諸盡苦道　示之以涅槃　我雖說涅槃　是亦非真滅
諸法從本來　常自寂滅相　佛子行道已　來世得作佛
我有方便力　開示三乘法　一切諸世尊　皆說一乘道
今此諸大衆　皆應除疑惑　諸佛語无異　唯一无二乘
過去无數劫　无量滅度佛　百千万億衆　其數不可量
如是諸世尊　種種緣譬喻　无數方便力　演說諸法相
是諸世尊等　皆說一乘法　化无量衆生　令入於佛道
又諸大聖主　知一切世間　天人群生類　深心之所念
更以異方便　助顯第一義　若有衆生類　值諸過去佛
若聞法布施　或持戒忍辱　精進禪智等　種種修福德
如是諸人等　皆已成佛道　諸佛滅度已　若人善軟心

如是諸人等 皆已成佛道 諸佛滅度已 若人善軟心
如是諸衆生 皆已成佛道 諸佛滅度已 供養舍利者
起万億種塔 金銀及頗梨 車𤦲與馬瑙 玫瑰琉璃珠
清淨廣嚴飾 莊挍於諸塔 或有起石廟 栴檀及沈水
木櫁并餘材 塼瓦泥土等 若於曠野中 積土成佛廟
乃至童子戲 聚沙為佛塔 如是諸人等 皆已成佛道
若人為佛故 建立諸形像 刻雕成衆相 皆已成佛道
或以七寶成 鍮石赤白銅 白鑞及鉛錫 鐵木及與泥
或以膠漆布 嚴飾作佛像 如是諸人等 皆已成佛道
綵畫作佛像 百福莊嚴相 自作若使人 皆已成佛道
乃至童子戲 若草木及筆 或以指爪甲 而畫作佛像
如是諸人等 漸漸積功德 具足大悲心 皆已成佛道
但化諸菩薩 度脫无量衆 若人於塔廟 寶像及畫像
以華香幡蓋 心敬而供養 若使人作樂 擊鼓吹角貝

簫笛琴箜篌　琵琶鐃銅鈸　如是衆妙音　盡持以供養
或以歡喜心　歌唄頌佛德　乃至一小音　皆以成佛道
若人散乱心　乃至以一華　供養於畫像　漸見无數佛
或有人礼拜　或復但合掌　乃至舉一手　或復小低頭
以此供養像　漸見无量佛　自成无上道　廣度无數衆
入无餘涅槃　如薪盡火滅　若人散乱心　入於塔廟中
一稱南无佛　皆已成佛道　於諸過去佛　在世或滅度
若有聞是法　皆已成佛道　未來諸世尊　其數无有量
是諸如來等　亦方便說法　一切諸如來　以无量方便
度脫諸衆生　入佛无漏智　若有聞法者　无一不成佛
諸佛本誓願　我所行佛道　普欲令衆生　亦同得此道
未來世諸佛　雖說百千億　无數諸法門　其實爲一乘
諸佛兩足尊　知法常无性　佛種從緣起　是故說一乘
是法住法位　世間相常住　於道場知已　導師方便說
天人所供養　現在十方佛　其數如恒沙　出現於世間
安隱衆生故　亦說如是法

天人所供養　現在十方佛　其數如恒沙　出現於世間
安隱衆生故　亦說如是法　知第一寂滅　以方便力故
雖示種種道　其實爲佛乘　知衆生諸行　深心之所念
過去所習業　欲性精進力　及諸根利鈍　以種種因緣
譬喻亦言辭　隨應方便說　今我亦如是　安隱衆生故
以種種法門　宣示於佛道　我以智慧力　知衆生性欲
方便說諸法　皆令得歡喜　舍利弗當知　我以佛眼觀
見六道衆生　貧窮无福慧　入生死險道　相續苦不斷
深著於五欲　如犛牛愛尾　以貪愛自蔽　盲瞑无所見
不求大勢佛　及與斷苦法　深入諸邪見　以苦欲捨苦
爲是衆生故　而起大悲心　我始坐道場　觀樹亦經行
於三七日中　思惟如是事　我所得智慧　微妙最第一
衆生諸根鈍　著樂癡所盲　如斯之等類　云何而可度
尒時諸梵王　及諸天帝釋　護世四天王　及大自在天
并餘諸天衆　眷屬百千万　恭敬合掌禮　請我轉法輪

我即自思惟　若但讚佛乘　眾生沒在苦　不能信是法
破法不信故　墜於三惡道　我寧不說法　疾入於涅槃
尋念過去佛　所行方便力　我今所得道　亦應說三乘
作是思惟時　十方佛皆現　梵音慰喻我　善哉釋迦文
第一之導師　得是无上法　隨諸一切佛　而用方便力
我等亦皆得　最妙第一法　為諸眾生類　分別說三乘
少智樂小法　不自信作佛　是故以方便　分別說三果
雖復說三乘　但為教菩薩　舍利弗當知　我聞聖師子
深淨微妙音　稱南无諸佛　復作如是念　我出濁惡世
如諸佛所說　我亦隨順行　思惟是事已　即趣波羅奈
諸法寂滅相　不可以言宣　以方便力故　為五比丘說
是名轉法輪　便有涅槃者　及以阿羅漢　法僧差別名
從久遠劫來　讚是涅槃法　生死苦永盡　我常如是說
舍利弗當知　我見佛子等　志求佛道者　无量千萬億

舍利弗當知　我見佛子等　志求佛道者　无量千万億
咸以恭敬心　皆來至佛所　曾從諸佛說　方便所說法
我即作是念　如來出於世　為說佛慧故　今正是其時
舍利弗當知　鈍根小智人　著相憍慢者　不能信是法
今我喜无畏　於諸菩薩中　正直捨方便　但說无上道
菩薩聞是法　疑網皆已除　千二百羅漢　悉亦當作佛
如三世諸佛　說法之儀式　我今亦如是　說无分別法
諸佛興出世　懸遠值遇難　正使出於世　說是法復難
无量无數劫　聞是法亦難　能聽是法者　斯人亦復難
譬如優曇華　一切皆愛樂　天人所希有　時時乃一出
聞法歡喜讚　乃至發一言　則為已供養　一切三世佛
是人甚希有　過於優曇華　汝等勿有疑　我為諸法王
普告諸大衆　但以一乘道　教化諸菩薩　无聲聞弟子
汝等舍利弗　聲聞及菩薩　當知是妙法　諸佛之祕要

以五濁惡世　但樂著諸欲　如是等衆生　終不求佛道
當來世惡人　聞佛說一乘　迷惑不信受　破法墮惡道
有慚愧清淨　志求佛道者　當爲如是等　廣讚一乘道
舍利弗當知　諸佛法如是　以万億方便　隨宜而說法
其不習學者　不能曉了此　汝等既已知　諸佛世之師
隨宜方便事　无復諸疑惑　心生大歡喜　自知當作佛

妙法蓮華經卷第一

**圖書在版編目（CIP）數據**

中國國家圖書館藏敦煌文獻. 第六三册 / 中國國家圖書館編. —北京：國家圖書館出版社，2024.12

ISBN 978-7-5013-7985-9

Ⅰ. ①中… Ⅱ. ①中… Ⅲ. ①敦煌學—文獻 Ⅳ. ①K870.6

中國國家版本館 CIP 數據核字（2024）第 036531 號

| | |
|---|---|
| 書　　名 | 中國國家圖書館藏敦煌文獻・第六三册 |
| 著　　者 | 中國國家圖書館　編 |
| 項目統籌 | 魏　崇　殷夢霞 |
| 責任編輯 | 程魯潔　潘　竹　黄　鑫　苗文葉 |
| 責任校對 | 王　哲 |
| 出版發行 | 國家圖書館出版社（北京市西城區文津街 7 號　100034）<br>（原書目文獻出版社　北京圖書館出版社）<br>010-66114536　63802249　nlcpress@nlc.cn（郵購） |
| 網　　址 | http://www.nlcpress.com |
| 排版印裝 | 天津裕同印刷有限公司 |
| 版次印次 | 2024 年 12 月第 1 版　2024 年 12 月第 1 次印刷 |
| 開　　本 | 787×1092　1/8 |
| 印　　張 | 40 |
| 書　　號 | ISBN 978-7-5013-7985-9 |
| 定　　價 | 2800.00 圓 |

本書係「敦煌文獻系統性保護整理出版工程」項目成果

二〇二一—二〇三五年國家古籍工作規劃重點出版項目

「十四五」國家重點出版物出版規劃項目

國家古籍整理出版專項經費資助項目

# 中國國家圖書館藏敦煌文獻

中國國家圖書館 編

第六二册

BD00921～BD00938

國家圖書館出版社

# DUNHUANG MANUSCRIPTS IN THE NATIONAL LIBRARY OF CHINA

062

BD00921 ~ BD00938

*compiled by the*

National Library of China

National Library of China Publishing House

# 凡例

一　本書刊布中國國家圖書館藏敦煌文獻，以館藏編號爲序編排。

二　館藏編號采用「BD+流水號」格式，如 BD00001, BD16579 等。背面在編號後加 v 表示。一個編號包含多件文獻者，編號後分别綴以字母 A, B, C 等。一件文獻含有多個内容者，以數字 -1, -2, -3 等標明順序。

三　圖版有縮印或放大處另加説明，尺寸超出本書幅面的以摺葉形式呈現。

四　卷軸裝、梵夾裝、經摺裝等裝幀形制的敦煌文獻，各附外觀圖像。

五　每件文獻依次呈現外觀、正面、背面等。背面僅刊布有文字、圖像或其他要素的圖版，而略去素紙部分，背面圖版同樣以從右到左順序編排。凡有外題者，遵從以上原則。

六　除個别特殊情况外，爲保證閲讀連貫、流暢，圖版儘量通欄呈現。

七　各葉上方附該件文獻全圖，以高亮形式顯示本葉大圖在全卷中的位置。部分長卷文獻全圖衹能分多段呈現時，在上段末以  符標示下段接續。卷尾内容不足一葉時，文獻全圖使用該圖卷尾部分，亦以  符標示。背面圖版文字與正面文字方向相反時，文獻全圖按原貌顯示，正文翻轉呈現，以便閲讀研究，用  符標示。

八　文獻題名大體沿用中國國家圖書館此前所編多部敦煌文獻目録的考證，部分吸收學界最新研究成果略作調整和完善。文獻題名綜合參考原卷首題、尾題、外題確定，如原卷題名與該文獻正式名稱不同，則采用正式名稱；無題名者，或比定題名，或擬定新名。非漢文文獻在題名前標注語種。有分卷不同等其他情况者，括注於文獻名稱後。

九　本書著録使用通行繁體字，涉及原文中的人名、地名等，必要時保留原字形。

# About this publication

1. The documents are presented in shelfmark order.
2. The shelfmarks are in the form BD plus a running number, eg. BD00001, BD16579, &c. If a given shelfmark contains multiple documents, these are distinguished by the letters A, B, C, &c. If a document has multiple contents, they are distinguished by the numbering 1, 2, 3, &c. The verso side of an item is indicated by the letter v.
3. If it has been necessary to reduce or enlarge the size of an illustration, the dimensions are indicated. If the size of an illustration exceeds the size of the book, a folding sheet is used.
4. If the document is a scroll, a folded sutra, or has a stitched binding, a picture of the whole object is provided to show its external appearance.
5. The cover, front, and back of each document are reproduced in sequence. The back of a document is only reproduced if it contains text, illustrations, or other markings, and it is oriented from right to left. If it is blank it is not reproduced.
6. Except in a few special cases, the lines of text are reproduced unbroken to make them coherent and easier to read.
7. An illustration of the complete document is reproduced at the top of each page, and the section where the main illustration appears is highlighted in order to indicate its position. If it has only been possible to reproduce a long scroll in sections, the direction symbol has been used to indicate where one illustration ends and the next one begins. If the end of the scroll occupies less than one page, the direction symbol is used to indicate its position in the illustration of the complete document. If the text on the back of the document has a different orientation from the text on the front, it is reproduced as it is, but is also rotated (indicated with the rotation symbol ) so that it can be read easily.
8. The titles of the documents generally conform with those already established by the Library, but in some cases have been amended by drawing on the most recent scholarly research. The titles are derived firstly from the beginning of the text, then from the end of the text, and lastly from the cover. If the title of a document differs from its authoritative form, the authoritative form is used; and if a document has no title, one is either supplied by comparison with similar documents, or a new one is devised. If the document is not in Chinese, its language is indicated before the title. If the number of juan is different from that of the authoritative version, or if there are other irregularities, this is noted.
9. The documents in the book are in traditional Chinese characters. Where the title contains personal or place names, the original characters used for these names are retained.

(Translated by David Helliwell)

# 第六二册目録

BD00921 妙法蓮華經（八卷本）卷六

（後秦）鳩摩羅什 譯

BD00921v 藏文十方佛贊（擬）

583.4cm × 26.5cm

妙法蓮華經分別功德品苐十七　六
尒時大會聞佛說壽命劫數長遠如是无量
无邊阿僧祇衆生得大饒益於時世尊告弥
勒菩薩摩訶薩阿逸多我說是如来壽命長
遠時六百八十万億那由他恒河沙衆生得
无生法忍復千倍菩薩摩訶薩得聞持陁羅
尼門復有一世界微塵數菩薩摩訶薩得樂
說无礙辯才復有一世界微塵數菩薩摩訶
薩得百千万億无量旋陁羅尼復有三千大
千世界微塵數菩薩摩訶薩能轉不退法輪
復有二千中國土微塵數菩薩摩訶薩能轉
清淨法輪復有小千國土微塵數菩薩摩訶

薩八生當得阿耨多羅三藐三菩提復有四
四天下微塵數菩薩摩訶薩四生當得阿耨
多羅三藐三菩提復有三四天下微塵數菩
薩摩訶薩三生當得阿耨多羅三藐三菩提
復有二四天下微塵數菩薩摩訶薩三生當
得阿耨多羅三藐三菩提復有一四天下微塵
數菩薩摩訶薩一生當得阿耨多羅三藐三
菩提復有八世界微塵數衆生皆發阿耨多
羅三藐三菩提心佛說是諸菩薩摩訶薩
得大法利時於虛空中雨曼陁羅華摩訶曼
陁羅華以散无量百千万億寶樹下師子座
上諸佛并散七寶塔中師子座上釋迦牟尼
佛及久滅度多寶如來亦散一切諸大菩薩
及四部衆又雨細末栴檀沉水香等於虛空

及四部衆又雨細末栴檀沉水香等於虚空
中天鼓自鳴妙聲深遠又雨千種天衣垂諸
纓絡真珠瓔珞摩尼珠瓔珞如意珠瓔珞遍
於九方衆寶香爐燒无價香自然周至供養
大會一一佛上有諸菩薩執持幡蓋次第而
上至于梵天是諸菩薩以妙音聲歌无量頌
讚嘆諸佛
尒時弥勒菩薩從座而起偏袒右肩合掌向
佛而說偈言
佛說希有法　昔所未曾聞　世尊有大力　壽命不可量
无數諸佛子　聞世尊分别　說得法利者　歡喜充遍身
或住不退地　或得陁羅尼　或无礙樂說　万億旋總持
或有大千界　微塵數菩薩　各各皆能轉　不退之法輪
復有中千界　微塵數菩薩　各各皆能轉　清淨之法輪

復有小千界　微塵數菩薩　餘各八生在　當得成佛道
復有四三二　如此四天下　微塵諸菩薩　隨數生成佛
或一四天下　微塵數菩薩　餘有一生在　當成一切智
如是等衆生　聞佛壽長遠　得无量无漏　清淨之果報
復有八世界　微塵數衆生　聞佛說壽命　皆發无上心
世尊說无量　不可思議法　多有所饒益　如虛空无邊
雨天曼陀羅　摩訶曼陀羅　釋梵如恒沙　无數佛土来
雨栴檀沉香　繽紛而亂墜　如鳥飛空下　供散於諸佛
天鼓虛空中　自然出妙聲　天衣千万種　旋轉而来下
衆寶妙香爐　燒无價之香　自然悉周遍　供養諸世尊
其大菩薩衆　執七寶幡蓋　高妙万億種　次第至梵天
一一諸佛前　寶幢懸勝幡　亦以千万偈　歌詠諸如来
如是種種事　昔所未曾有　聞佛壽无量　一切皆歡喜
佛名聞十方　廣饒益衆生　一切具善根　以助无上心
尒時佛告弥勒菩薩摩訶薩阿逸多其有衆

佛名聞十方　廣饒益衆生　一切具善根　以助无上心
尒時佛告弥勒菩薩摩訶薩　阿逸多　其有衆
生聞佛壽命長遠如是　乃至能生一念信解
所得功德无有限量　若有善男子善女人為
阿耨多羅三藐三菩提故　於八十万億那由
他劫行五波羅蜜　檀波羅蜜　尸羅波羅蜜　羼
提波羅蜜　毗梨耶波羅蜜　禪波羅蜜　除般若
波羅蜜　以是功德比前功德　百分千分百千
万億分不及其一　乃至筭數譬喻所不能知
若善男子善女人　有如是功德　於阿耨多羅
三藐三菩提退者　无有是處　尒時世尊欲重
宣此義而說偈言
若人求佛慧　於八十万億　那由他劫數　行五波羅蜜
於是諸劫中　布施供養佛　及緣覺弟子　并諸菩薩衆

珍異之飲食　上服與臥具　栴檀立精舍　以園林莊嚴
如是等布施　種種皆微妙　盡此諸劫數　以迴向佛道
若復持禁戒　清淨无缺漏　求於无上道　諸佛之所嘆
若復行忍辱　住於調柔地　設衆惡來加　其心不傾動
諸有得法者　懷於增上慢　為此所輕惱　如是亦能忍
若復勤精進　志念常堅固　於无量億劫　一心不懈息
又於无數劫　住於空閑處　若坐若經行　除睡常攝心
以是因緣故　能生諸禪定　八十億万劫　安住心不亂
持此一心福　願求无上道　我得一切智　盡諸禪定際
是人於百千　万億劫數中　行此諸功德　如上之所說
有善男女等　聞我說壽命　乃至一念信　其福過於彼
若人悉无有　一切諸疑悔　深心須臾信　其福為如此
其有諸菩薩　无量劫行道　聞我說壽命　是則能信受
如是諸人等　頂受此經典　願我於未來　長壽度衆生

如是諸人等　須受此經典　願我於未來　長壽度衆生
如今日世尊　諸釋中之王　道場師子吼　說法无所畏
我等未來世　一切所尊敬　坐於道場時　說壽亦如是
若有深心者　清淨而質直　多聞能總持　隨義解佛語
如是之人等　於此无有疑
又阿逸多　若有聞佛壽命長遠　解其言趣　是
人所得功德　无有限量　能起如來无上之慧　何
况廣聞是經　若教人聞　若自持　若教人持　若
自書　若教人書　若以華香瓔珞　幢幡繒蓋
香油蘇燈　供養經卷　是人功德　无量无邊　能
生一切種智　阿逸多　若善男子善女人　聞我
說壽命長遠　深心信解　則為見佛常在耆闍
崛山　共大菩薩　諸聲聞衆　圍繞說法　又見此
娑婆世界　其地琉璃　坦然平正　閻浮檀金以

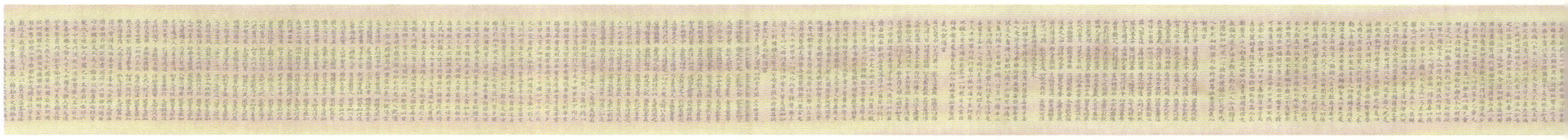

界八道寶樹行列諸臺樓觀皆悉寶成其菩
薩眾咸處其中若有能如是觀者當知是為
深信解相又復如來滅後若聞是經而不毀
呰起隨喜心當知已為深信解相何況讀誦
受持之者斯人則為頂戴如來阿逸多是善
男子善女人不須為我復起塔寺及作僧坊
以四事供養眾僧所以者何是善男子善女
人受持讀誦是經典者為已起塔造立僧坊
供養眾僧則為以佛舍利起七寶塔高廣漸
小至于梵天懸諸幡蓋及眾寶鈴華香瓔珞
末香塗香燒香眾鼓伎樂簫笛箜篌種種
舞戲以妙音聲歌唄讚頌則為於无量千万
億劫作是供養已阿逸多若我滅後聞是經典
有能受持若自書若教人書則為起立僧坊
以赤栴檀作諸殿堂三十有二高八多羅樹

有能受持若自書若教人書則為起立僧坊
以赤栴檀作諸殿堂三十有二高八多羅樹
高廣嚴好百千比丘於其中止園林浴池經
行禪窟衣服飲食牀蓐湯藥一切樂具充滿
其中如是僧坊堂閣若干百千万億其數无
量以此現前供養於我及比丘僧是故我說
如來滅後若有受持讀誦為他人說若自書
若教人書供養經卷不須復起塔寺及造僧
坊供養衆僧況復有人能持是經兼行布施
持戒忍辱精進一心智慧其德最勝无量无
邊譬如虛空東西南北四維上下无量无邊
是人功德亦復如是无量无邊疾至一切種
智若人讀誦受持是經為他人說若自書若
教人書復能起塔及造僧坊供養讚歎聲聞

衆僧亦以百千万億讚嘆之法讚嘆菩薩功
德又為他人種種因緣隨義解說此法華經
復能清淨持戒與柔和者而共同止忍辱无
瞋志念堅固常貴坐禪得諸深定精進勇
猛攝諸善法利根智慧善答問難阿逸多若
我滅後諸善男子善女人受持讀誦是經典
者復有如是諸善功德當知是人已趣道場
近阿耨多羅三藐三菩提坐道樹下阿逸多
是善男子善女人若坐若立若行處此中便
應起塔一切天人皆應供養如佛之塔尒時
世尊欲重宣此義而說偈言
若我滅度後　能奉持此經　斯人福无量　如上之所說
是則為具足　一切諸供養　以舍利起塔　七寶而莊嚴
表剎甚高廣　漸小至梵天　寶鈴千万億　風動出妙音
又於无量劫　而供養此塔　華香諸瓔珞　天衣衆伎樂

表剎甚高廣　漸小至梵天　寶鈴千万億　風動出妙音
又於无量劫　而供養此塔　華香諸瓔珞　天衣衆伎樂
然香油蘇燈　周帀常照明　惡世法末時　能持是經者
則為已如上　具足諸供養　若能持此經　則如佛現在
以牛頭栴檀　起僧坊供養　堂有三十二　高八多羅樹
上饌妙衣服　床卧皆具足　百千衆住處　園林諸流池
經行及禪窟　種種皆嚴好　若有信解心　受持讀誦書
若復教人書　及供養經卷　散華香末香　以須曼瞻蔔
阿提目多伽　熏油常然之　如是供養者　得无量功德
如虛空无邊　其福亦如是　況復持此經　兼布施持戒
忍辱樂禪定　不瞋不惡口　恭敬於塔廟　謙下諸比丘
遠離自高心　常思惟智慧　有問難不瞋　隨順為解說
若能行是行　功德不可量　若見此法師　成就如是德
應以天華散　天衣覆其身

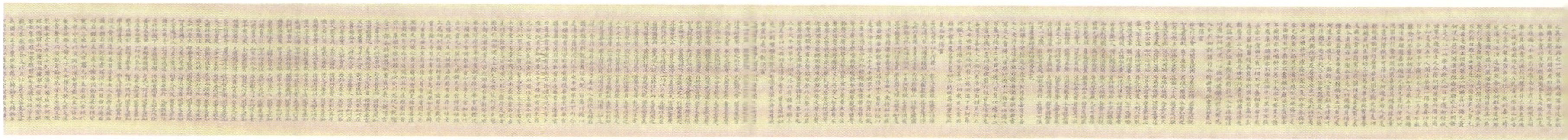

頭面接足礼　生心如佛想　又應作是念　不久詣道場
得无漏无為　廣利諸人天　其所住止處　經行若坐卧
乃至說一偈　是中應起塔　莊嚴令妙好　種種以供養
佛子住此地　則是佛受用　常在於其中　經行及坐卧

妙法蓮華經隨喜功德品第十八　六

尒時弥勒菩薩摩訶薩白佛言世尊若有善
男子善女人聞是法華經隨喜者得幾所福
而說偈言
世尊滅度後　其有聞是經　若能隨喜者　為得幾所福
尒時佛告弥勒菩薩摩訶薩阿逸多如來滅
後若比丘比丘尼優婆塞優婆夷及餘智者
若長若幼聞是經隨喜已從法會出至於餘處
若在僧坊若空閑地若城邑巷陌聚落田里
如其所聞為父母宗親善友知識隨力演說

如其所聞為父母宗親善友知識隨力演說
是諸人等聞已隨喜復行轉教餘人聞已亦
隨喜轉教如是展轉至第五十阿逸多其第
五十善男子善女人隨喜功德我今說之汝
當善聽若四百万億阿僧祇世界六趣四生
衆生卵生胎生濕生化生若有形无形有想
无想非有想非无想无足二足四足多足如
是等在衆生數者有人求福隨其所欲娛樂
之具皆給與之一一衆生與滿閻浮提金銀
琉璃車𤦲馬瑙珊瑚虎珀諸妙珍寶及象馬
車乘七寶所成宮殿樓閣等是大施主如是
布施滿八十年已而作是念我已施衆生娛
樂之具隨意所欲然此衆生皆已衰老年過
八十髮白面皺將死不久我當以佛法而訓導

之耳集此衆生宣布法化示教利喜一時
皆得須陁洹道斯陁含道阿那含道阿羅
漢道盡諸有漏於深禪定皆得自在具八解
脫於汝意云何是大施主所得功德寧為多
不彌勒白佛言世尊是人功德甚多无量无
邊若是施主但施衆生一切樂具功德无量
何況令得阿羅漢果佛告彌勒我今分明語
汝是人以一切樂具施於四百万億阿僧祇
世界六趣衆生又令得阿羅漢果所得功德
不如是第五十人聞法華經一偈隨喜功德
百分千分百千万億分不及其一乃至筭數
譬喻所不能知阿逸多如是第五十人展轉
聞法華經隨喜功德尚无量无邊阿僧祇何
況最初於會中聞而隨喜者其福復勝无量
无邊阿僧祇不可得比

況最初於會中聞而隨喜者其福復勝无量
无邊阿僧祇不可得比又阿逸多若人為是
經故往詣僧坊若坐若立須臾聽受緣是功
德轉身所生得好上妙象馬車乘珎寶輦輿
及乘天宮若復有人於講法處坐更有人來
勸令坐聽若分座令坐是人功德轉身得帝
釋坐處若梵王坐處若轉輪聖王所坐之處
阿逸多若復有人語餘人言有經名法華可
共往聽即受其教乃至須臾間聞是人功德
轉身得與陁羅尼菩薩共生一處利根智慧
百千万世終不瘖瘂口氣不臭舌常無病口
亦无病齒不垢黑不黃不踈亦不缺落不差
不曲脣不下垂亦不褰縮不麁澁不瘡緊亦
不缺壞亦不喎斜不厚不大亦不黎黑无諸

可惡鼻不匾㔸亦不曲戾面色不黑亦不狹
長亦不窊曲元有一切不可喜相脣舌牙齒
悉皆嚴好鼻脩高直面貌圓滿眉高而長
額廣平正人相具足世世所生見佛聞法信受
教誨阿逸多汝且觀是勸於一人令往聽法
功德如此何況一心聽說讀誦而於大衆爲
人分別如說脩行尒時世尊欲重宣此義而
說偈言
若人於法會　得聞是經典　乃至於一偈　隨喜爲他說
如是展轉教　至于苐五十　最後人獲福　今當分別之
如有大施主　供給元量衆　具滿八十歲　隨意之所欲
見彼衰老相　髮白而面皺　齒踈形枯竭　念其死不久
我今應當教　令得於道果　即爲方便說　涅槃真實法
世皆不牢固　如水沫泡焰　汝等咸應當　疾生猒離心

我今應當教　令得於道果　即為方便說　涅槃真實法
世皆不牢固　如水沫泡焰　汝等咸應當　疾生猒離心
諸人聞是法　皆得阿羅漢　具足六神通　三明八解脫
㝡後第五十　聞一偈隨喜　是人福勝彼　不可為譬喻
如是展轉聞　其福尚无量　何況於法會　初聞隨喜者
若有勸一人　將引聽法華　言此經深妙　千万劫難遇
即受教往聽　乃至須臾聞　斯人之福報　念當分別說
世世无口患　齒不踈黃黑　脣不厚褰缺　无有可惡相
舌不乾黑短　鼻高脩且直　額廣而平正　面目悉端嚴
為人所喜見　口氣无臭穢　優鉢華之香　常從其口出
若故詣僧坊　欲聽法華經　須臾聞歡喜　今當說其福
後生天人中　得妙象馬車　珎寶之輦輿　及乘天宮殿
若於講法處　勸人坐聽經　是福因緣得　釋梵轉輪座
何況一心聽　解說其義趣　如說而脩行　其福不可限

妙法蓮華經法師功德品第十九

尒時佛告常精進菩薩摩訶薩若善男子善女人受持是法華經若讀若誦若解說若書寫是人當得八百眼功德千二百耳功德八百鼻功德千二百舌功德八百身功德千二百意功德以是功德莊嚴六根皆令清淨是善男子善女人父母所生清淨肉眼見於三千大千世界內外所有山林河海下至阿鼻地獄上至有頂亦見其中一切衆生及業因緣果報生處悉見悉知尒時世尊欲重宣此義而說偈言

若於大衆中　以无所畏心　說是法華經　汝聽其功德
是人得八百　功德殊勝眼　以是莊嚴故　其目甚清淨
父母所生眼　悉見三千界　內外彌樓山　須彌及鐵圍

父母所生眼　悉見三千界　內外弥樓山　須弥及鐵圍
并諸餘山林　大海江河水　下至阿鼻獄　上至有頂處
其中諸衆生　一切皆悉見　雖未得天眼　肉眼力如是
復次常精進，若善男子善女人受持此經，若
讀若誦若解說若書寫，得千二百耳功德，以
是清淨耳，聞三千大千世界，下至阿鼻地獄，
上至有頂，其中內外種種語言音聲，象聲馬
聲牛聲車聲啼哭聲愁歎聲螺聲鼓聲鍾聲
鈴聲咲聲語聲男聲女聲童子聲童女聲法
聲非法聲苦聲樂聲凡夫聲聖人聲喜聲不
喜聲天聲龍聲夜叉聲乾闥婆聲阿脩羅聲
迦樓羅聲緊那羅聲摩睺羅伽聲火聲水聲
風聲地獄聲畜生聲餓鬼聲比丘聲比丘尼
聲聲聞聲辟支佛聲菩薩聲佛聲以要言之

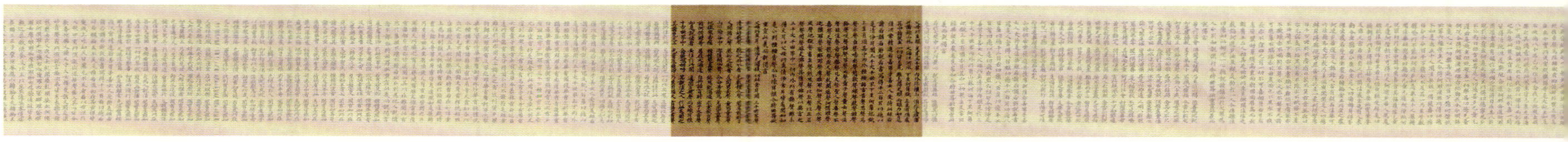

三千大千世界中一切内外所有諸聲雖未
得天耳以父母所生清淨常耳皆悉聞知如
是分別種種音聲而不壞耳根尒時世尊欲
重宣此義而說偈言
父母所生耳　清淨无濁穢　以此常耳聞　三千世界聲
象馬車牛聲　鍾鈴螺鼓聲　琴瑟箜篌聲　簫笛之音聲
清淨好歌聲　聽之而不著　无數種人聲　聞悉能解了
又聞諸天聲　微妙之歌音　及聞男女聲　童男童女聲
山川險谷中　迦陵頻伽聲　命命等諸鳥　悉聞其音聲
地獄衆苦痛　種種楚毒聲　餓鬼飢渴逼　求索飲食聲
諸阿脩羅等　居在大海邊　自共語言時　出于大音聲
如是說法者　安住於此間　遙聞是衆聲　而不壞耳根
十方世界中　禽獸鳴相呼　其說法之人　於此悉聞之
其諸梵天上　光音及遍淨　乃至有頂天　言語之音聲

十方世界中　禽獸鳴相呼　其說法之人　於此悉聞之
其諸梵天上　光音及遍淨　乃至有頂天　言語之音聲
法師住於此　悉皆得聞之　一切比丘眾　及諸比丘尼
若讀誦經典　若為他人說　法師住於此　悉皆得聞之
復有諸菩薩　讀誦於經法　若為他人說　撰集解其義
如是諸音聲　悉皆得聞之　諸佛大聖尊　教化眾生者
於諸大眾中　演說微妙法　持此法華者　悉皆得聞之
三千大千界　內外諸音聲　下至阿鼻獄　上至有頂天
皆聞其音聲　而不壞耳根　其耳聰利故　悉能分別知
持是法華者　雖未得天耳　但用所生耳　功德已如是
復次常精進　若善男子善女人受持是經若
讀若誦若解說若書寫成就八百鼻功德以
是清淨鼻根聞於三千大千世界上下內外
種種諸香須曼那華香闍提華香末利華香

瞻蔔華香波羅羅華香赤蓮華香青蓮華香
白蓮華香華樹香菓樹香栴檀香沈水香多
摩羅跋香多伽羅香及千万種和香若末若
丸若塗香持是經者於此間住悉能分別又
復別知衆生之香象香馬香牛羊等香男香
女香童子香童女香及草木叢林香若近若
遠所有諸香悉皆得聞分別不錯持是經者
雖住於此亦聞天上諸天之香波利質多羅
拘鞞陀羅樹香及曼陀羅華香摩訶曼陀羅
華香曼殊沙華香摩訶曼殊沙華香栴檀沈
水種種末香諸雜華香如是等天香和合所
出之香无不聞知又聞諸天身香釋提桓因
在勝殿上五欲娛樂嬉戲時香若在妙法堂
上爲忉利諸天說法時香若於諸園遊戲時

上為忉利諸天說法時香若於諸園遊戲時
香及餘天等男女身香皆悉遥聞如是展轉
乃至梵世上至有頂諸天身香亦皆聞之并
聞諸天所燒之香及聲聞香辟支佛香菩薩
香諸佛身香亦皆遥聞知其所在雖聞此香
然於鼻根不壞不錯若欲分別為他人說憶
念不謬尒時世尊欲重宣此義而說偈言
是人鼻清淨 於此世界中 若香若臭物 種種悉聞知
須曼那闍提 多摩羅栴檀 沉水及桂香 種種華菓香
及知衆生香 男子女人香 說法者遠住 聞香知所在
大勢轉輪王 小轉輪及子 羣臣諸宮人 聞香知所在
身所著珎寶 及地中寶藏 轉輪王寶女 聞香知所在
諸人嚴身具 衣服及瓔珞 種種所塗香 聞則知其身
諸天若行坐 遊戲及神變 持是法華者 聞香悉能知

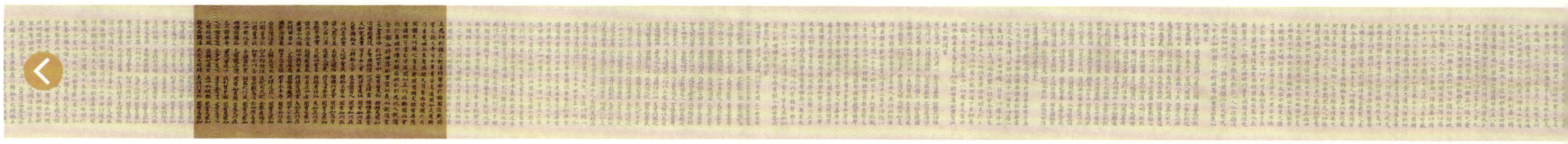

諸樹華菓實　及蘇油香氣　持經者住此　悉知其所在
諸山深嶮處　栴檀樹華敷　衆生在中者　聞香皆能知
鐵圍山大海　地中諸衆生　持經者聞香　悉知其所在
阿脩羅男女　及其諸眷屬　鬪諍遊戲時　聞香皆能知
曠野險隘處　師子象虎狼　野牛水牛等　聞香知所在
若有懷妊者　未辯其男女　无根及非人　聞香悉能知
以聞香力故　知其初懷妊　成就不成就　安樂產福子
以聞香力故　知男女所念　染欲癡恚心　亦知脩善者
地中衆伏藏　金銀諸珎寶　銅器之所盛　聞香悉能知
種種諸瓔珞　无能識其價　聞香知貴賤　出處及所在
天上諸華等　曼陀曼殊沙　波利質多樹　聞香悉能知
天上諸宮殿　上中下差別　衆寶華莊嚴　聞香悉能知
天園林勝殿　諸觀妙法堂　在中而娛樂　聞香悉能知
諸天若聽法　或受五欲時　來往行坐臥　聞香悉能知

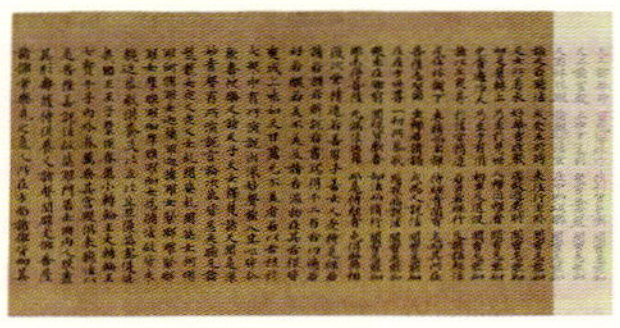

諸天若聽法　或受五欲時　來往行坐卧　聞香悉能知
天女所著衣　好華香莊嚴　周旋遊戲時　聞香悉能知
如是展轉上　乃至於梵世　入禪出禪者　聞香悉能知
光音遍淨天　乃至于有頂　初生及退沒　聞香悉能知
諸比丘衆等　於法常精進　若坐若經行　及讀誦經法
或在林樹下　專精而坐禪　持經者聞香　悉知其所在
菩薩志堅固　坐禪若讀誦　或為人說法　聞香悉能知
在在方世尊　一切所恭敬　愍衆而說法　聞香悉能知
衆生在佛前　聞經皆歡喜　如法而脩行　聞香悉能知
雖未得菩薩　无漏法生鼻　而是持經者　先得此鼻相
復次常精進若善男子善女人受持是經若
讀若誦若解說若書寫得千二百舌功德若
好若醜若美不美及諸苦澁物在其舌根皆
變成上味如天甘露无不美者若以舌根於

大衆中有所演說出深妙聲能入其心皆令
歡喜快樂又諸天子天女釋梵諸天聞是深
妙音聲有所演說言論次第皆悉來聽及諸
龍龍女夜叉夜叉女乾闥婆乾闥婆女阿脩
羅阿脩羅女迦樓羅迦樓羅女緊那羅緊那
羅女摩睺羅伽摩睺羅伽女為聽法故皆來
親近恭敬供養及比丘比丘尼優婆塞優婆
夷國王王子羣臣眷屬小轉輪王大轉輪王
七寶千子內外眷屬乘其宮殿俱來聽法以
是菩薩善說法故婆羅門居士國內人民盡
其形壽隨侍供養又諸聲聞辟支佛菩薩
諸佛常樂見之是人所在方面諸佛皆向其

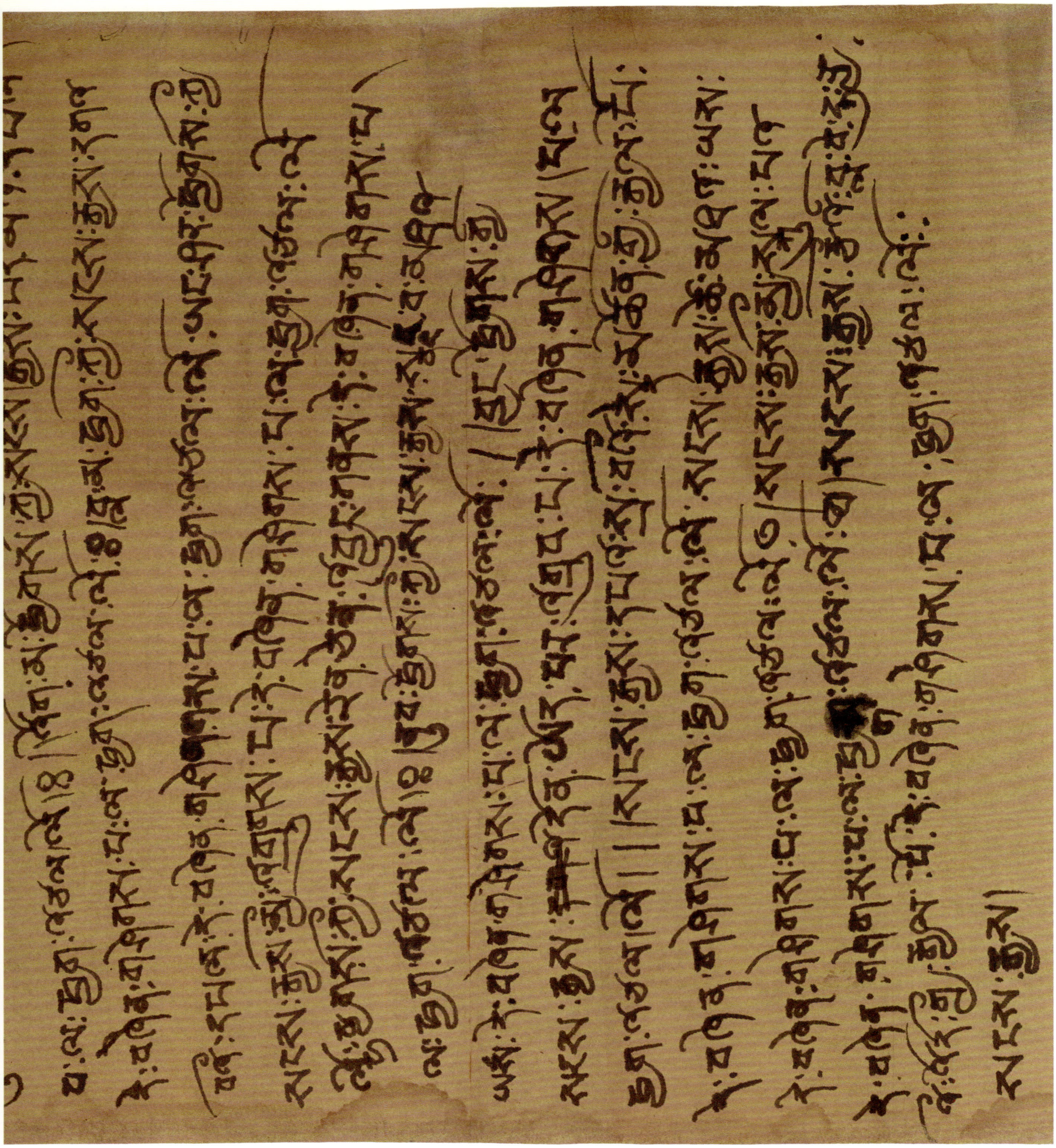

BD00921v　藏文十方佛贊（擬）

༄།།ཕྱོགས་བཅུའི་སངས་རྒྱས་ཐམས་ཅད་ལ་ཕྱག་འཚལ་ལོ་ཤར་ཕྱོགས་ཀྱི་སངས།
རྒྱས་རིན་ཆེན་འབྱུང་གནས་དེ་བཞིན་གཤེགས་པ་ལ་ཕྱག་འཚལ་ལོ། །
ལྷོ་ཕྱོགས་ཀྱི་སངས་རྒྱས་མྱ་ངན་མྱེད་པའི་དཔལ་དེ་བཞིན་གཤེགས།
པ་ལ་ཕྱག་འཚལ་ལོ་ནུབ་ཕྱོགས་ཀྱི་སངས་རྒྱས་རིན་ཆེན་འོད་འཕྲོ་དེ་བཞིན་
གཤེགས་པ་ལ་ཕྱག་འཚལ་ལོ་བྱང་ཕྱོགས་ཀྱི་སངས་རྒྱལ་བའི་དབང་པོ་
དེ་བཞིན་གཤེགས་པ་ལ་ཕྱག་འཚལ་ལོ་བྱང་ཤར་མཚམས་ཀྱི་སངས་རྒྱས།
ཏེ་ཏེ་འཛིན་ཀྱི་རྒྱལ་པོ་རྣམ་པའི་དཔལ་ལ་དེ་བཞིན་གཤེགས་པ་ལ་ཕྱག་འཚལ་ལོ།
ཤར་ལྷོ་མཚམས་ཀྱི་སངས་རྒྱས་པད་མོ་རབ་པའི་དཔལ་ལ་དེ་བཞིན་གཤེགས།
པ་ལ་ཕྱག་འཚལ་ལོ། ལྷོ་ནུབ་མཚམས་ཀྱི་སངས་རྒྱས་ཁྲི་མ་ལོ་རྒྱུ་ལ
འོད་ཟེར་སྣང་བ་རྣམ་པའི་དཔལ་དེ་བཞིན་གཤེགས་པ་ལ་ཕྱག་འཚལ་ལོ།
ནུབ་བྱང་མཚམས་ཀྱི་སངས་རྒྱས་གདུགས་རྣམ་པ་དེ་བཞིན་གཤེགས།
པ་ལ་ཕྱག་འཚལ་ལོ། ། འོག་མ་ཕྱོགས་ཀྱི་སངས་རྒྱས་པད་མོའི་དཔལ།
[illegible]ཕྱག་འཚལ་ལོ། ཐང་མ་ཕྱོགས་ཀྱི་སངས་རྒྱས་རདག

BD00922

# 妙法蓮華經卷七

（後秦）鳩摩羅什 譯

101cm×25cm

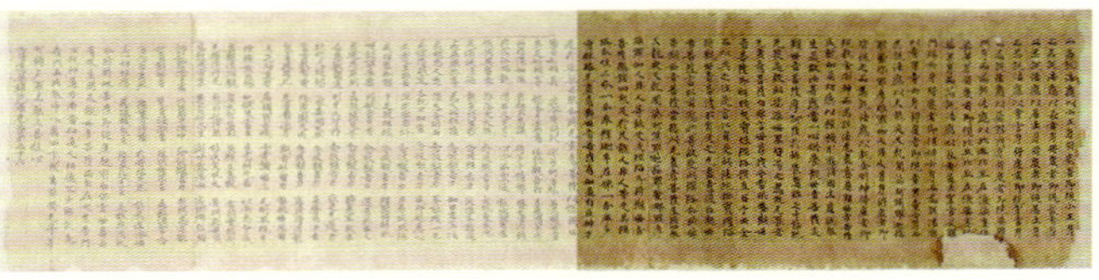

而為說法應以小王身得度者即現小王身
而為說法應以長者身得度者即現長者身
而為說法應以居士身得度者即現居士身
而為說法應以宰官身得度者即現宰官身
而為說法應以婆羅門身得度者即現婆羅
門身而為說法應以比丘比丘尼優婆塞優
婆夷身得度者即現比丘比丘尼優婆塞優
婆夷身而為說法應以長者居士宰官婆羅
門婦女身得度者即現婦女身而為說法應
以童男童女身得度者即現童男童女身而
為說法應以天龍夜叉乾闥婆阿脩羅迦樓
羅緊那羅摩睺羅伽人非人等身得度者即
皆現之而為說法應以執金剛神得度者即
現執金剛神而為說法无盡意是觀世音菩薩

成就如是功德以種種形遊諸國土度脫衆
生是故汝等應當一心供養觀世音菩薩是
觀世音菩薩摩訶薩於怖畏急難之中能施
无畏是故此娑婆世界皆号之為施无畏者
无盡意菩薩白佛言世尊我今當供養觀世
音菩薩即解頸衆寶珠瓔珞價直百千兩金
而以與之作是言仁者受此法施珎寶瓔珞
時觀世音菩薩不肯受之无盡意復白觀世
音菩薩言仁者愍我等故受此瓔珞尒時佛
告觀世音菩薩當愍此无盡意菩薩及諸四衆
天龍夜叉乾闥婆阿脩羅迦樓羅緊那羅摩
睺羅伽人非人等故受是瓔珞即時觀世音
菩薩愍諸四衆及於天龍人非人等受其瓔
珞分作二分一分奉釋迦牟尼佛一分奉多
寶佛塔无盡意觀世音菩薩有如是自在神力

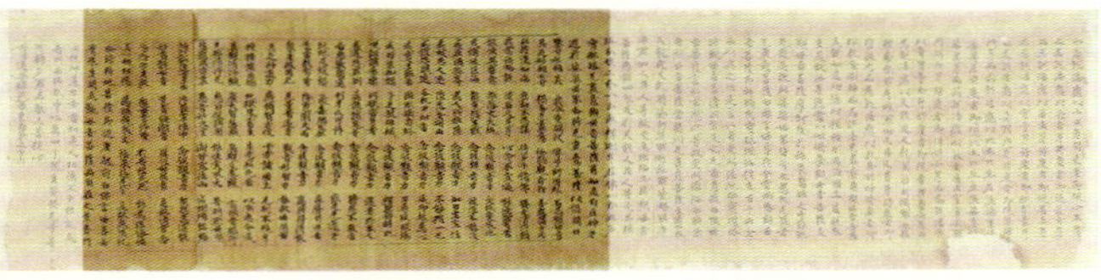

珞分作二分一分奉釋迦牟尼佛一分奉多
寶佛塔无盡意觀世音菩薩有如是自在神力
遊於娑婆世界尒時无盡意菩薩以偈問曰
世尊妙相具　我今重問彼　佛子何因緣　名為觀世音
具足妙相尊　偈荅无盡意　汝聽觀音行　善應諸方所
弘誓深如海　歷劫不思議　侍多千億佛　發大清淨願
我為汝略說　聞名及見身　心念不空過　能滅諸有苦
假使興害意　推落大火坑　念彼觀音力　火坑變成池
或漂流巨海　龍魚諸鬼難　念彼觀音力　波浪不能沒
或在須彌峯　為人所推墮　念彼觀音力　如日虛空住
或被惡人逐　墮落金剛山　念彼觀音力　不能損一毛
或值怨賊遶　各執刀加害　念彼觀音力　咸即起慈心
或遭王難苦　臨刑欲壽終　念彼觀音力　刀尋段段壞
或囚禁枷鎖　手足被杻械　念彼觀音力　釋然得解脫
呪詛諸毒藥　所欲害身者　念彼觀音力　還著於本人
或遇惡羅剎　毒龍諸鬼等　念彼觀音力　時悉不敢害

若惡獸圍遶 利牙爪可怖 念彼觀音力 疾走无邊方
蚖蛇及蝮蝎 氣毒煙火然 念彼觀音力 尋聲自迴去
雲雷鼓掣電 降雹澍大雨 念彼觀音力 應時得消散
衆生被困厄 无量苦逼身 觀音妙智力 能救世間苦
具足神通力 廣脩智方便 十方諸國土 无刹不現身
種種諸惡趣 地獄鬼畜生 生老病死苦 以漸悉令滅
真觀清淨觀 廣大智慧觀 悲觀及慈觀 常願常瞻仰
无垢清淨光 慧日破諸闇 能伏災風火 普明照世間
悲體戒雷震 慈意妙大雲 澍甘露法雨 滅除煩惱焰
諍訟經官處 怖畏軍陣中 念彼觀音力 衆怨悉退散
妙音觀世音 梵音海潮音 勝彼世間音 是故須常念
念念勿生疑 觀世音淨聖 於苦惱死厄 能為作依怙
具一切功德 慈眼視衆生 福聚海无量 是故應頂禮
尒時持地菩薩即從座起前白佛言世尊若
有衆生聞是觀世音菩薩品自在之業普門

有衆生聞是觀世音菩薩品自在之業普門
示現神通力者當知是人功德不少佛説是
普門品時衆中八萬四千衆生皆發无等等
阿耨多羅三藐三菩提心

妙法蓮華經陁羅尼品第二十六

BD00923 維摩詰經疏（擬）

73cm × 25.8cm

維當尒之時大士出身𦭍命暉隆大法徒衆〻自行得通万善斯備化人道暢居士家潤
種諸善根初住以上七住已來善根初住菩薩能分身百億世界教化衆生〻所得者
疾獸也志常安住者安心於空方便通〻者通以〻巳所〻𡬶須因中万善回於〻果宗法不
懈者妙解開心宗實勝諸情无疑懈說法无怯者勤故諸人說法与人情无怯
怯矣其勝法所得有斷宗法不斷故入生死而无所畏者此住上外化常
能入於生死教化衆生情无所畏說法与人所得〻悟成上說法与人情
懈无惓也於諸榮辱心无憂喜者无相之解達觀〻然不見有二境之别
豈有憂喜心逐懷也不輕未學敬學如〻者未學當學不得輕〻賤〻已學
當敬之如〻佛言〻輕隨煩惱者失念心中起煩惱在於生死隸阿羅生正念
者合菩薩觀空正念也於遠離樂不以為貴者聲聞見有〻遠離有法得於
涅槃以之為貴明菩薩遠離有法不以為貴不同聲聞也不着己樂
處於彼樂者大士見〻生衆在苦不得以樂自居故言不着己樂在於禪定
如地獄〻想者釋上己樂不着己樂菩薩雖在禪定見苦衆
生切心悲切愍於合靈生於苦想如以地獄所得着於己樂於生

生力心悲切慜於含靈生於苦想如似地獄所得着於已樂於生
死中如園果想者菩薩在於生死教化衆生如似春時於花首
遊觀之時想釋上慶於彼樂見來求者爲善師想者見前
人來者求於法來說法法与人之功來歸已增益功德此前人与我知善師也想
於諸所有具一切智想者於於目中所有万善求於八果卅二相七十言具一切
智想也此是別明初住自己行見毀救人起救護者此明二住菩薩外化毀救
之人言无因果墮於生死是故起救護想諸波羅蜜者六住非一故言諸为
父母想者六度有蕯覆之功故言名为父母想道品为眷屬想者道品
之善能徒外惡不于空解增長故为眷屬想也發行善想者發行七住
以上无想善根此是自行无有齊限者八住菩薩循行万善教化衆
生无有齊限以諸淨国爲因成已今欲得清淨也行无限抱身足好相者
明八住大士一念心平万行俱循集於六果八十種好條一切惡者卷三業不善
衆惡並整條一切惡身口意淨生死无數劫者生死長遠遠无數劫也毫
所有勇者當發堅固之意勇健之心也聞六无量德志而不惓

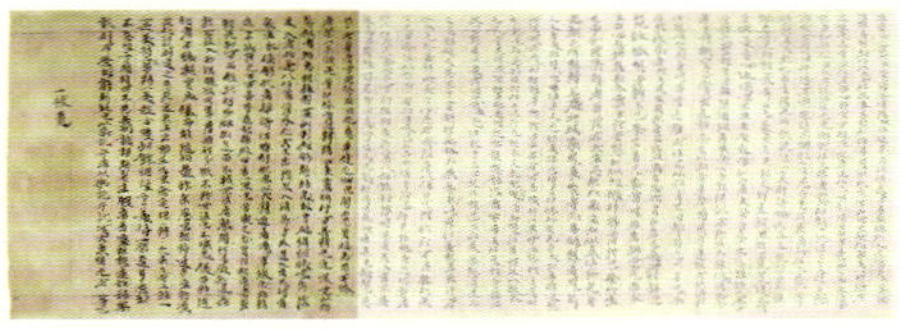

而有勇者當莊嚴國土之意勇健之心也聞厶无量德志而不惓
者聞厶果頭无量功德當起釋精心盡意循行万善情无疲惓也以智
慧劍者智惠猶猛利其如利劍能斷結截故言破煩惱賊也出陰
界入者此是八住菩薩外化大士出陰界入諸趣方外還入生死何負
衆生永使解脫者使得涅槃解脫也以大精進者魔軍壞散非精
進不滅精之心万善齊進故摧破四魔軍也常求无念實相智惠者聖
智无知万品俱照行少欲知足而不捨世法者聲聞行少欲知足之捨
於世法入於涅槃欲明菩薩雖行少欲不捨世法也不懷威儀而能隨
俗者不懷觀空威儀而能隨俗造作衆善也起神通惠者能覆
其所以以神通之惠引道衆生出離生死也念定總〻持〻之來凡有二種一
一是義持二〔是〕聞持一義持是心曉劫餘明故言義持一聞持逕耳歷劫
不忘故言聞持所不忘善別諸根斷衆生疑者善察根機達解諸藥
說則有益故能斷疑也以樂說辯者以樂說辯說演大乘情无有 甚說

說則有爲故能斷疑也以樂說弁者以樂說弁說演大乘情无有[illegible]

一校竟

BD00924 維摩詰經疏（擬）

BD00924v 雜寫

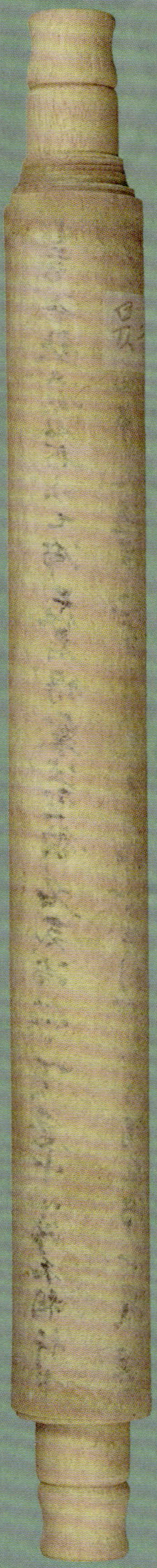

192.7cm × 25.8cm

故言湛然滿也布以七淨華者得衆生空解名義淨慚愧須吾中心淨无相行中
有三見淨道淨度疑淨從須陀洹果至阿那含無剅心是行知見淨阿羅漢果
是行斷知見淨也浴此天垢人者浴此池者便成天垢之人故言天垢也駕馬者遍駛者馬也
駛是能馳也騏驎四方星流万邦五通能馳也輪一漾雲飛翾日喻如駕馬能馳奔逸
大乘以為以為車車能代步驟之苦大乘之法能通行者至於果代於下地回中之苦是
以大乘喻若車也調御以心者既有其車須執御之者心若悼動應循禪定攝心若
沉沒應循禪法擇進喜不悼不沒名之為攝用一攝心調御大乘車也大復一解神動則
循定心沉即循惠不沉不浸便能調伏御大乘車也遊於八正路者既有駕馬之馳大
乘為車正御之目任遊於八正之路便能到於果彼岸也相具莊嚴衆者卅二相以嚴
容也八十種好莊嚴其資也慚愧之上服者衣缽能弊形醜由慚愧之心發行万善
滿足法身嚴儀非上服如何深心為華鬘之本能約駮不散深心能來万行散不
故言心深為華鬘也富有七財寶者信戒施聞惠慚愧為七財寶也教授以資息者教
授前人伏從教化功來種已增長功德故言滋息也如說而循行者如來所說循而行之
迴此微末之善向大果利也四禪為林出者林本能離不淨四禪能除欲界諠亂也從於淨

過此微末之善得上果利也四禪為林出者林本能離下濁四禪能除欲界諠亂也從於淨
命生者禪定功德由淨命所得故言從於淨命也生多聞增智慧以為自覺音者多聞能
增長智慧覺察生死並多聞之解能為警覺悟之音也甘露法為食者甘露一名
壽命長存涅槃一得與生死永離慧命長存也解脫味為漿除渴解脫之法能除
生死愛染之渴喻若漿也淨心以滌欲信淨之心情无疑濁也戒品為塗香者香
能去穢戒定慧品能除煩惱臭穢以為法身之香也上標明二智從摧滅煩惱
賊以不別明方便智之用也摧滅煩惱賊者舉實智明方便智世賊劫奪人財
財寶侵人軀命煩惱能奪劫功德財傷人慧命喻若賊也以實智之解
弥於煩惱喻若賊也勇健无能喻者實智之解摧於方便勇健之中更
无過也降伏四種魔勝幡建道場者四魔永移梁喜斯證上果勝幡立
於道樹也

入不二法門品　入之言解，雖空之理无有南境之別證者可以心軌名之為法能通神解名
之為門此一品偏明實智為方善之本便能行於非道通達佛道令館維摩詰謂眾菩薩
者何故上來文殊維摩自共論義殊令所以命眾菩者薩此經空理深自非眾情

者何故上來文殊維摩自共論義如今所以命衆菩薩者此經空理深自非衆情
去乎无由可解是故命諸菩薩也生滅為二者生據其始滅據其終若本有生可有
其滅本來无生今亦无滅也我我所為二者若有我可有我所我既是空所復安
寄也受不受為二者耽相之心名受達相之解名不受若本有受可還受為
不受性空蕩然本來是一无有二別也垢淨為二者業煩惱為垢緣假之解為淨
解垢諸性空与淨諸性空无別是為入不二法門是動是念為二者識陰為動受相
行為念性空之法本自无動若有動可有念動既是无念復安寄一相无相為
二者勝相外人計有定性之相聖人為說无相尋復計有定實无相若有一相可
去一相以得无相一相既空亦相无也菩薩心聲聞心為二者菩薩心廣敷聞狹解性
空之法无有闊狹之殊是為入不二法門也十善十惡為二者解十惡諸空即无十善
故言入不二法門也罪福為二者罪福无別有漏无漏為二者苦集是有漏滅道
是无漏解有漏性空与无漏體一是為入不二法門也有為无為為二者三諦
是有為滅諦是无為解三諦性空无不見滅是有若能實心真空是空為入
不二法門也世間出世間為二者无相行以上是出世間煖頂忍是世間解世性
間空即无出世間若能達觀殊然是為入不二法門也生死涅槃為二者若解生死
性空即涅槃諸空是為入不二法門也盡者有為之法從緣而生可從緣而滅名盡

諸空即涅槃〻諸空是爲入不二法門也盡者有爲[illegible]
無爲恬怕性空常尒名爲無盡〻無盡解盡性空亦無盡是爲入不二法門也我無我爲
二者外人計有自在神主體人爲識無我等護計有定實無我解我性空亦無我〻可
得是爲入不二法門明無明爲二者解方法緣假諸空爲明取著假名爲無明性空亦
無有明可得是爲入不二法門也色者質导爲色識本攀緣爲識但色是質导心色爲二解
色性空亦無有識〻者是有可識識爲空識解即空非是識識性空色亦同尒若能
如此實心真境無有甫別是爲入不二法門也四種異空種異四種者四大空種者空大咽
喉空外人計有四大因空有識本中今但道四大因空不善其識四大与咽喉空異故
名爲二若解四大性空亦無咽喉之空是爲入不二法門也眼〻色爲二者此六根對六塵爲
二解六根性空亦無六塵若能如此二境雙亡是爲不二法門也布施迴向一切智爲二回中五
度般若迴向上種智爲二解迴向性空亦無種智可得若能如是二境齊一是爲入不
二法門是空對有名空〻是根本無相無作三空爲二三空可作二空是根本
無相無作是其被緣合作一本空中見有男女等相行心之中造作善惡往來此
之心是使對有名空對形〻名無形以是得智形心罪使若解一空門無性即三空
無性是爲入不二法門上法衆三寶爲二三何得爲二上是果頭行者稱是因中行者
人處是一以之爲二若尒稱寶得其果頭人寶爲一正應有二寶不淨有三如其回

人處是一以之為二若尒補實得共果頭人實為一正應有二實不得有三如其回
中補證不滿是得非證實因中不滿是一法亦應有二若如此者[illegible]是四實解有所以法
莫問滿不滿皆是執則義同不得為二人證二實人名是因若物處別揚啟勸人
以行法因不滿是得作證實不勸法以行人是以法中滿不滿有異不得更作實名
若解人實性空亦无法證二別是為入不二法門身滅為二者外人見有八尺之身計有定
實存世見身滅便謂有定之實之滅若解身性空亦无有滅是為入不二法門三業為二意
是根本身口是二枝條末以為一故為二也若解身口性空意亦即空是為入不二法門也福
行罪行不動行為二此三行何得為二三罪行為一福行不動行為一從三禪人至天名
福行四禪以上此善勝名不動行勝如有殊善處是同故束為一名之為二若解罪行性空福
行即空无二之別是為入不二法門也從我起為二我者神我所造善惡皆名為起解我
性空起亦安寄若能如是實心真空是為入不二法門也有所得相為二若尒与前
從我起云何為異前我是能起善惡是所起今我是能得善惡果是所得以是義故得
明者善也
知有異若解所得是空能得之尒是為入不二法門闇与明為二闇者癡也若解闇體性
空即明性空是為入不二法門樂涅槃不樂涅槃為二涅槃是可樂之法世間是可猒
之處猒樂有殊故為二也若解世間性空亦无涅槃可得是為入不二法門實不實為
二者一念以上名實三相以上名不實若解不實性空即實性空是為入不二法門上來至此菩薩

二者一念以上名實二相以上名不實者解不實性空即實性空是為入不二法門上來至此菩薩
以言遣法文殊師利以言遣言維摩詰以言遣无言是故嘿然者如此有上觀衆生品中舍
利弗嘿然天女呵之今維摩嘿何故不被呵舍利弗存有爲境之異維摩詰不見有
二境之別以无言遣言會旨故不致呵也　香積品
能此品下三段明義第一遣化菩薩上方取飯第二此方共食第三為他方菩薩說穢土化宜說
法已訖坐席將有諸人須食身子生念此諸菩薩當於何食維摩即以神力遣化菩薩
上方取飯敬聞自有是食之方菩薩更无得食之處六背於人者要行萬難下欲得食上
而穢法多彼菩薩曰成就幾法者上聞維摩說法然更一世饒益衆生多於彼土百千劫行菩薩
謂唯釋迦所說勝妙即欲奉教循行見穢土多難恐妨生淨土故問成就幾法行无創
尤生於淨土維摩言成就八法得生淨土何者為八欲上穢下得失相形甚難為二自他為異也
菩薩行品　菩薩品行者下如來為他方菩薩說穢土化宜菩薩行法以下文為名故言為
菩薩行品維摩詰語文殊師利可共見佛說法即同諸人悟道須往見佛利益時生以是
義故告文殊也大意見佛有六事利益第一見佛啟請阿難香飯住世久近論佛事无妨
第二啟請如來為他方大士說菩薩之行第三觀佛相見應知真觀而生解第四見佛
啟斷取妙喜世界與此土衆生作入道之緣第五見佛啟佳世尊俯封此典貴明法供養
第六見佛啟請世尊付囑此典流通後代万世不絕便使聽法衆生藉斯以生善有此利

第六見佛啟使世尊付囑此典流通後代万世不絕便使聽法衆生藉斯望善有此利
蓋故須見也　今就此品中復有六段明義第一從於此文至非意所無非度一所惻明也
事使養第二阿難白佛以下至未曾有也明阿難問喜歡次正第三從佛告阿難或有
光明而作佛事以下至是名入一切諸佛法門如來為說佛事无方第四從菩薩入此門以下至維摩
所現神通之力歎聞辟支所不能作此言對阿難乃自毀切他方菩薩第五從尒時衆香
世界菩薩來者以下至隨其所應現佛國異者此是他方大士覺佛讚來切悔過自
情第六從唯然世尊願賜少法以下訖品請法還家菩薩入此門者入之言解解此佛
事无方行者若見一切淨妙佛土不以為喜者淨妙在於衆生業行所感非是如來道
德高勝能進此土何得為喜故言不貪不高者若見如來道德高勝感得淨
土可生貪高之心今所知妙土不在佛感是故不生貪高心也若見一切佛土不淨者
以為憂者穢土之來衆生行感非是如來罪故得此何得為憂也不憂不沒
者若有憂可有沒既无其憂寧沒安寧也是故名為三藐三佛陀名為多阿
陁伽度名為佛陀者此略舉三号三藐者此正遍知於有无理中斷諸明練若看法
不違達不名正遍知正以有无理上无法不了故言正遍知多阿陀伽度者名如來
會如理而來故言如來也佛陀者名佛佛名覺者若一法不覺者不名為佛以自覺覺人名之為
佛也若我廣說三句義者如以劫壽不能盡受如來三大阿僧祇行行方成豈既歎

句也若我廣說三句義者如以劫壽不能盡受如來三大阿僧祇行々方承宣說歎
聞一劫之中盡能受也唯然世尊者唯之言介敬諾辭也願賜少法者此是弟六請法還
百
家有无為〻為是少法此法〻文何以而生由上維摩然其此世一身行道多於淨土而千劫行
也彼方大士謂釋迦所說勝彼說也啟殊士請法淨土流通故由上〻生於此語也當念如來者
釋迦世尊讚彼念恒沙彼方菩薩欲於如來高名遠播欲生諸善業同念也上言有者從此以下出
未為說盡无盡解脫諸門者有為之法從緣而生還從緣而滅名為盡也无為恬悟性空
常介故名无盡也解脫者无餘涅槃名為解脫又復一解无為之法有縛斯除故言解脫諸者有
无之理可為心軌故名為法能通神解名為解行也汝等當學〻有為弟一章門无為是弟二章門
此張二章門下使人因之生行如菩薩者自下為說有為法能有為之中初明住下菩薩自行外化
弟二明初住以上至六住以還自行外化弟三明七住以上十住已來自行外化初不盡有為不住无
為至而不怨忌是住下世心自行從教化眾生至於四攝法是住下外化從種諸善根至慈悲諸
著明初住菩薩七住已還自行也入生死明其外化從發行善根出陰界入是七地以上自行荷負
眾生以下至是名不盡有為明其外化也如菩薩者若欲作菩薩者有為之中不得作盡滅之行若
作盡滅之行不得資成空慧空觀不明同於凡夫常在生死无上之果何由可獲以是義故有
為之中不得作盡滅之行正以不作盡滅之行便能資成空觀空觀外明所有中万善相方得
立便能速向佛果是故菩薩不得盡滅有為之中万行也不住无為者菩薩若著无為者

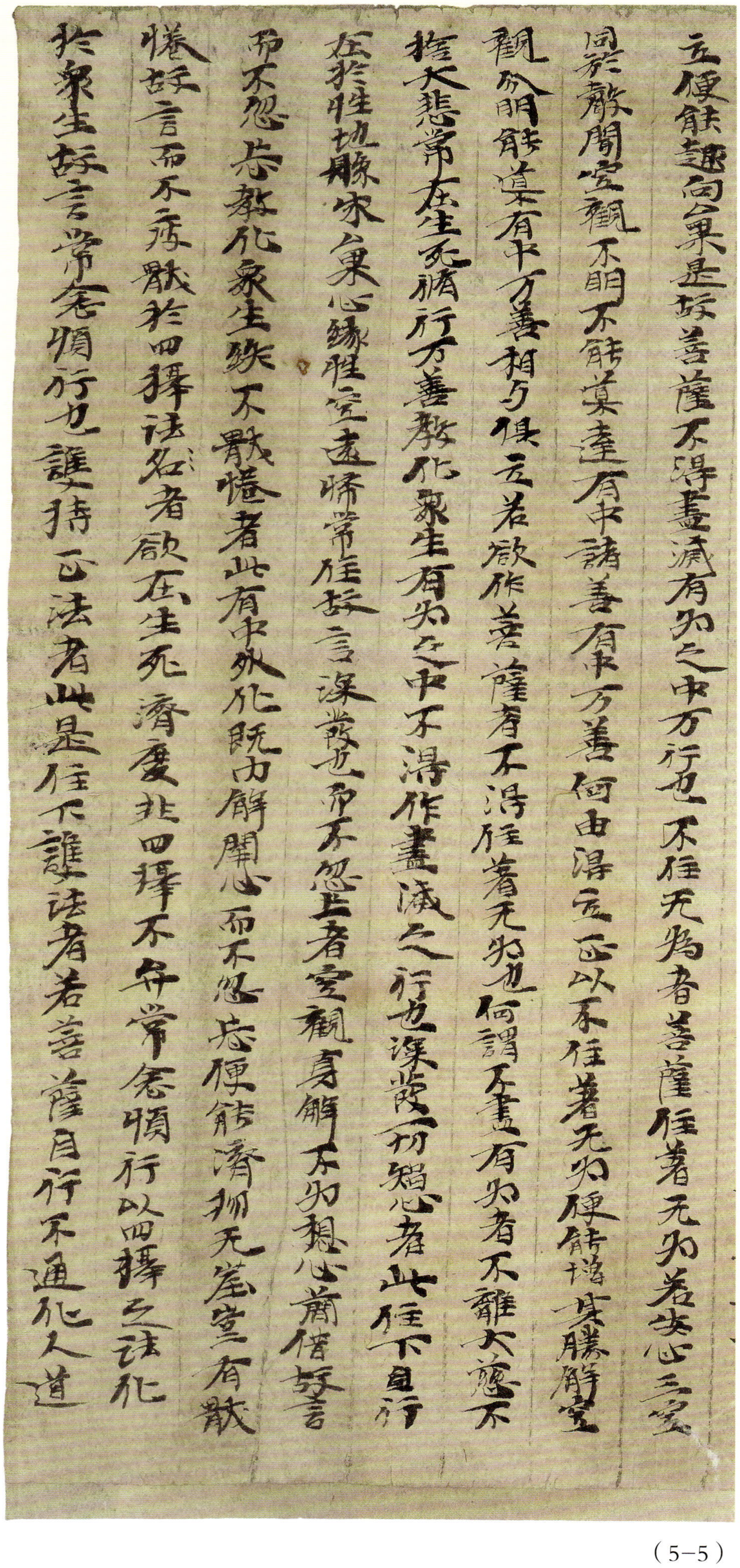

方便能趣向衆果是故菩薩不得盡滅有为之中万行也不住无為者菩薩住著无为若安心三空
同於聲聞空觀不明不能莫達有中諸善有中万善何由得立正以不住著无为便能增其勝解空
觀分明能莫有中万善相乃得立若欲作菩薩者不得住著无为也何謂不盡有为者不離大慈不
捨大悲常在生死脩行万善教化衆生有为之中不得作盡滅之行也深發一切智心者此住下自行
在於性地勝求衆果心緣性空遠歸常住故言深發也而不忽忘上者空觀身解不为想心爾借故言
而不忽忘教化衆生終不厭惓者此有中外化既内解開心而不忽忘便能濟拔无崖空有厭
惓故言而不疲厭於四攝法名者欲在生死濟度非四攝不弃常念順行以四攝之法化
於衆生故言常念順行也護持正法者此是住下護法者若菩薩自行不通化人道

BD00924v　雜寫

BD00925

# 妙法蓮華經卷七

（後秦）鳩摩羅什 譯

353cm × 25.5cm

眼是二子有大神力福德智慧久脩菩薩所
行之道所謂檀波羅蜜尸波羅蜜羼提波羅
蜜毗梨耶波羅蜜禪波羅蜜般若波羅蜜
方便波羅蜜慈悲喜捨乃至卅七品助道法皆
悉明了通達又得菩薩淨三昧日星宿三昧
淨光三昧淨色三昧淨照明三昧長莊嚴三
昧大威德藏三昧於此三昧亦悉通達尒時
彼佛欲引導妙莊嚴王及愍念衆生故說是
法華經時淨藏淨眼二子到其母所合十指
爪掌白言願母往詣雲雷音宿王華智佛所
我等亦當侍從親覲供養禮拜所以者何此
佛於一切天人衆中說法華經宜應聽受母
告子言汝父信受外道深著婆羅門法汝等

應往白父與共俱去淨藏淨眼合十指爪掌
白母我等是法王子而生此邪見家母告子
言汝等當憂念汝父為現神變若得見者心
必清淨或聽我等往至佛所於是二子念其
父故踊在虛空高七多羅樹現種種神變於
虛空中行住坐臥身上出水身下出火身下
出水身上出火或現大身滿虛空中而復現
小小復現大於空中滅忽然在地入地如水
履水如地現如是等種種神變令其父王心
淨信解
時父見子神力如是心大歡喜得未曾有合
掌向子言汝等師為是誰誰之弟子二子白
言大王彼雲雷音宿王華智佛今在七寶菩
提樹下法座上坐於一切世間天人眾中廣

言大王彼雲雷音宿王華知佛今在七寶菩
提樹下法座上坐於一切世間天人衆中廣
說法華經是我等師我是弟子父語子言我
今亦欲見汝等師可共俱往於是二子從
空中下到其母所合掌白母父王今已信解
堪任發阿耨多羅三藐三菩提心我等為
父已作佛事願母見聽於彼佛所出家脩
道尒時二子欲重宣其意以偈白母
願母放我等　出家作沙門　諸佛甚難值　我等隨佛學
如優曇波羅　值佛復難是　脫諸難亦難　願聽我出家
母即告言聽汝出家所以者何佛難值故於
是二子白父母言善哉父母願時往詣雲雷
音宿王華智佛所親近供養所以者何佛難
得值如優曇波羅華又如一眼之龜值浮木
孔而我等宿福深厚生值佛法是故父母當

聽我等令得出家所以者何諸佛難值時亦
難遇彼時妙莊嚴王後宮八万四千人皆悉
堪任受持是法華經淨眼菩薩於法華三昧
久已通達淨藏菩薩已於无量百千万億劫
通達離諸惡趣三昧欲令一切衆生離諸惡
趣故其王夫人得諸佛習三昧能知諸佛秘
密之藏二子如是以方便力善化其父令心
信解好樂佛法於是妙莊嚴王與羣臣眷屬
俱淨德夫人與後宮采女眷屬俱其王二子
與四万二千人俱一時共詣佛所到已頭面礼
足繞佛三帀却住一面尒時彼佛為王說法
示教利喜王大歡悅尒時妙莊嚴王及其夫
人解頸真珠瓔珞價直百千以散佛上於虛
空中化成四柱寶臺臺中有大寶床敷百
千万天衣其上有佛結跏趺坐放大光明尒時

空中化成四柱寶臺臺中有大寶床敷百
千万天衣其上有佛結跏趺坐放大光明尒時
妙莊嚴王作是念佛身希有端嚴殊特成就
苐一微妙之色時雲雷音宿王華智佛告四
衆言汝等見是妙莊嚴王於我前合掌立
不此王於我法中作比丘精勤脩習助佛道
法當得作佛号娑羅樹王國名大光劫名大
高王其娑羅樹王佛有无量菩薩衆及无量
聲聞其國平正功德如是其王即時以國付
弟與夫人二子并諸眷屬於佛法中出家脩
道王出家已於八万四千歲常勤精進脩行
妙法華經過是已後得一切淨功德莊嚴三
昧即昇虛空高七多羅樹而白佛言世尊此
我二子已作佛事以神通變化轉我邪心令
得安住於佛法中得見世尊此二子者是我

善知識為欲發起宿世善根饒益我故来生
我家尒時雲雷音宿王華智佛告妙莊嚴王
言如是如是如汝所言若善男子善女人種
善根故世世得善知識其善知識能作佛事
示教利喜令入阿耨多羅三藐三菩提大王當
知善知識者是大因緣所謂化導令得見佛
發阿耨多羅三藐三菩提心大王汝見此二
子不此二子已曾供養六十五百千万億那
由他恒河沙諸佛親近恭敬於諸佛所受
持法華經愍念邪見衆生令住正見妙莊嚴
王即從虛空中下而白佛言世尊如来甚希
有以功德智慧故頂上肉髻光明顯照其眼
長廣而紺青色眉間毫相白如珂月齒白齊
密常有光明脣色赤好如頻婆菓尒時妙莊
嚴王讚歎佛如是等无量百千万億功德已

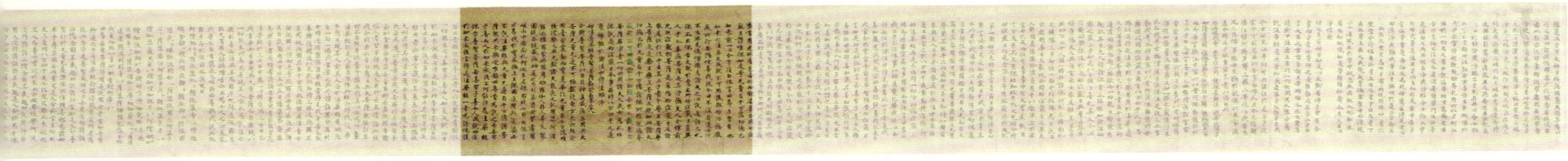

蜜常有光明脣色赤好如頻婆菓爾時妙莊
嚴王讚嘆佛如是等无量百千万億功德已
如来前一心合掌復白佛言世尊未曾有也
如来之法具足成就不可思議微妙功德教
戒所行安隱快善我從今日不復自隨心行
不生耶見憍慢瞋恚諸惡之心說是語已礼
佛而出佛告大衆於意云何妙莊嚴王豈異
人乎今華德菩薩是其淨德夫人今佛前
光照莊嚴相菩薩是哀愍妙莊嚴王及諸
眷屬故於彼中生其二子者今藥王菩薩藥
上菩薩是是藥王藥上菩薩成就如此諸大
功德已於无量百千万億諸佛所殖衆德本
成就不可思議諸善功德若有人識是二
菩薩名字者一切世間諸天人民亦應礼拜
佛說是妙莊嚴王本事品時八万四千人遠

塵離垢於諸法中得法眼淨
妙法蓮華經普賢菩薩勸發品第二十八
爾時普賢菩薩以自在神通威德名聞與大
菩薩无量无邊不可稱數從東方來所經諸
國普皆震動雨寶蓮華作无量百千万億種
種伎樂又與无數諸天龍夜叉乾闥婆阿脩
羅迦樓羅緊那羅摩睺羅伽人非人等大衆
圍繞各現威德神通之力到娑婆世界耆闍
崛山中頭面礼釋迦牟尼佛右繞七帀白佛言
世尊我於寶威德上王佛國遥聞此娑婆世
界說法華經與无量无邊百千万億諸菩
薩衆共來聽受唯願世尊當為說之若善男
子善女人於如來滅後云何能得是法華經
佛告普賢菩薩若善男子善女人成就四法
於如來滅後當得是法華經一者為諸佛護

BD00925　妙法蓮華經卷七

佛告普賢菩薩若善男子善女人成就四法
於如來滅後當得是法華經一者為諸佛護
念二者殖眾德本三者入正定聚四者發救
一切眾生之心善男子善女人如是成就四法
於如來滅後必得是經尒時普賢菩薩白佛
言世尊於後五百歲濁惡世中其有受持是
經典者我當守護除其衰患令得安隱使
无伺求得其便者若魔若魔子若魔女若魔
民若為魔所著者若夜叉若羅剎若鳩槃荼
若毗舍闍若吉蔗若富單那若韋陁羅等諸
惱人者皆不得便是人若行若立讀誦此經
我尒時乘六牙白象王與大菩薩眾俱詣其
所而自現身供養守護安慰其心亦為供養
法華經故是人若坐思惟此經尒時我復乘
白象王現其人前其人若於法華經有所忘

失一句一偈我當教之與共讀誦還令通利
尒時受持讀誦法華經者得見我身甚大歡
喜轉復精進以見我故即得三昧及陀羅尼
名為旋陀羅尼百千万億旋陀羅尼法音方
便陀羅尼得如是等陀羅尼世尊若後世後
五百歲濁惡世中比丘比丘尼優婆塞優婆
夷求索者受持者讀誦者書寫者欲脩習是
法華經於三七日中應一心精進滿三七日已
我當乘六牙白象與无量菩薩而自圍繞以
一切衆生所憙見身現其人前而為說法示
教利喜亦復與其陀羅尼呪得是陀羅尼
故无有非人能破壞者亦不為女人之所惑亂
我身亦自常護是人唯願世尊聽我說此陀
羅尼即於佛前而說呪曰
阿檀地（途賣反）檀陀婆地二 檀陀婆帝三 檀陀

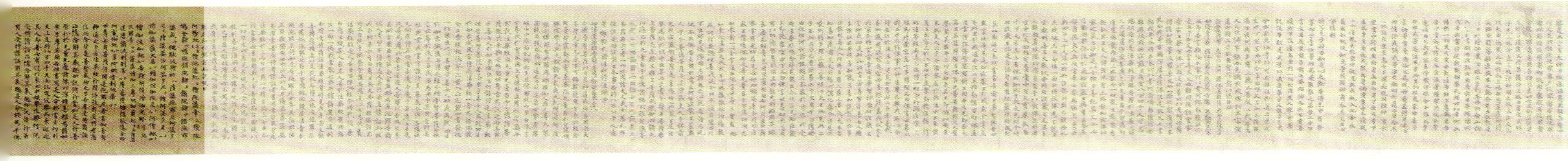

羅尼即於佛前而說呪曰
阿檀地途賣反檀陁婆地二檀陁婆帝三檀陁
鳩舍隸四檀陁脩陁隸五脩陁隸六脩陁羅
婆底七佛馱波羶禰八薩婆陁羅尼阿婆多
尼九薩婆婆沙阿婆多尼十脩阿婆多尼十一
僧伽婆履叉尼十二僧伽涅伽陁尼十三阿僧祇十四
僧伽波伽地十五帝隸阿惰僧伽兜略盧遮反
波羅帝十六薩婆僧伽三摩地伽蘭地十七薩婆
達磨脩波利刹帝十八薩婆薩埵樓馱憍舍略
阿㝹伽地十九辛阿毗吉利地帝二十
世尊若有菩薩得聞是陁羅尼者當知普賢
神通之力若法華經行閻浮提有受持者應
作此念皆是普賢威神之力若有受持讀誦
正憶念解其義趣如說脩行當知是人行普
賢行於无量无邊諸佛所深種善根爲諸如

來手摩其頭若但書寫是人命終當生忉利
天上是時八万四千天女作眾伎樂而来迎之
其人即著七寶冠於采女中娛樂快樂何況
受持讀誦正憶念解其義趣如說脩行若
有人受持讀誦解其義趣是人命終為千佛
授手令不恐怖不墮惡趣即往兜率天上弥
勒菩薩所弥勒菩薩有三十二相大菩薩眾
所共圍繞有百千万億天女眷屬而於中生有
如是等功德利益是故智者應當一心自書
若使人書受持讀誦正憶念如說脩行世尊
我今以神通力守護是經於如来滅後閻浮
提內廣令流布使不斷絕尒時釋迦牟尼佛
讚言善哉善哉普賢汝能護助是經令多
所眾生安樂利益汝已成就不可思議功德深
大慈悲從久遠来發阿耨多羅三藐三菩提

所衆生安樂利益汝已成就不可思議功德深
大慈悲從久遠来發阿耨多羅三藐三菩提
意而能作是神通之願守護是經我當以神
通力守護能受持普賢菩薩名者普賢若
有受持讀誦正憶念脩習書寫是法華經者
當知是人則見釋迦牟尼佛如從佛口聞此經
典當知是人供養釋迦牟尼佛當知是人佛
讚善哉當知是人為釋迦牟尼佛手摩其
頭當知是人為釋迦牟尼佛衣之所覆如是
之人不復貪著世樂不好外道經書手筆亦
復不憙親近其人及諸惡者若屠兒若畜猪
羊雞狗若獵師若衒賣女色是人心意質直
有正憶念有福德力是人不為三毒所惱亦
不為嫉妬我慢邪慢增上慢所惱是人少欲
知足能脩普賢之行普賢若如来滅後後五

歲若有人見受持讀誦法華經者應作是
念此人不久當詣道場破諸魔衆得阿耨多
羅三藐三菩提轉法輪擊法鼓吹法螺雨法
雨當坐天人大衆中師子法座上普賢若於
後世受持讀誦是經典者是人不復貪著衣
服卧具飲食資生之物所願不虛亦於現世
得其福報若有人輕毀之言汝狂人耳空作
是行終无所獲如是罪報當世世无眼若有供
養讚嘆之者當於今世得現果報若復見受
持是經者出其過惡若實若不實此人現
世得白癩病若輕咲之者當世世牙齒踈缺
醜脣平鼻手脚繚戾眼目角睞身體臭穢惡
瘡膿血水腹短氣諸惡重病是故普賢若見
受持是經典者當起遠迎當如敬佛說是普
賢勸發品時恒河沙等无量无邊菩薩得百

賢勸發品時恒河沙等无量无邊菩薩得百
千億旋陁羅尼三千大千世界微塵等諸菩
薩具普賢道佛說是經時普賢等諸菩薩
舍利弗等諸聲聞及諸天龍人非人等一切大
會皆大歡喜受持佛語作礼而去

妙法蓮華經卷第七

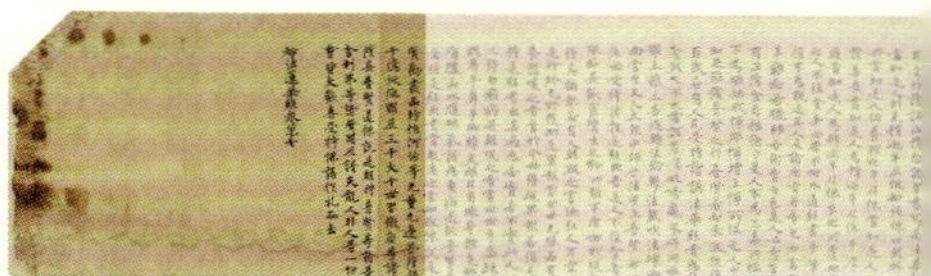

BD00926 維摩詰經疏（擬）

357.1cm × 25.5cm

□□空慧……有名般若將勝故與真稱若无五度來資空平觀
解不明慧助二……何極心三空无餘涅槃亦最高勝何由可進故須資
也若无空慧來導有中五度方善功德相与不至因於他生死長遠何由可離故須
導也此中有四章門初无方便慧縛第一章門若无有中五度資於空慧是无
方便空觀不明慧即被縛也第二有方便慧解者五度之行資於空慧空觀
非是有方便 是慧解也无慧方便縛者此第三章門若无真習導於有行
五度功德相与不立是名无慧即是方便被縛有慧方便解者此第四章門也
若有真慧導於有行五度功德相与德立故言方便慧解也何謂无方便慧縛者
菩薩初章門釋菩薩以愛見心莊嚴佛土成就衆生此是无方便於空无相无作法
中以自調伏慧即被縛是名无方便結上愛見心也慧縛者結上亦自調伏也七住以
來皆名被縛所有方便所有其慧但不能觀空涉有二境齊善緣有以是義故名之
為縛八住以上皆名為解所以得解者大士得无生大法樂忍觀空涉有二境俱照
法法入流水中念念分成故言盡名也解何謂有方便慧解者此釋第二章門謂不
以愛見心莊嚴佛土成就衆生此是有方便也於空无想无作法中以自調伏而不
疲大士是慧解是……

以愛見心莊嚴佛土成就衆生此是有方便也於空无相无作法中以自調伏而不
疲厭此是慧解是名方便結上不以愛見心也慧解結上而不疲厭何謂无
慧方便縛解者此是弟三章門謂住貪欲瞋恚耶見等諸煩惱此是无慧
若有慧遠斷耶見諸煩惱殖衆德本等方便傳者結上殖衆德本也何謂有慧
方便解者謂離諸貪欲瞋恚耶見等諸煩惱此有慧也離者滅也能滅諸耶見
煩惱等故知有慧也而殖衆德本迴向三菩提此有方便也是有慧者結上
不以愛見心方便解者結迴向三菩提心也慧如是觀諸法相結也又復觀身
无常是名爲慧者結上慰喻之中實智説身无常説厭離於身説身有苦而
不説樂於涅槃是名慰喻中實智也雖身有疾而常在生死者結上慰喻之
中方便智也以已之疾愍彼疾結此之文也又復觀身身不離病病不離身身空故一
身可離病空故无病可離結上調伏中實智義今此病皆由前世妄想
倒諸煩惱生正結此之文也非新者不在後而來故言非新非故者身被得故
言非故也設身有疾而不永滅是名方便者結調伏中方便智以无所受而受
諸受結此之文也
文殊師利應如是調伏其心者從此以下第五不而住之行
心不不調伏故須調伏不得正住其中也然復不住不調伏心心未調時同於凡夫不得
不調也故言然復不住不調伏中也所以者何者所以不得住於調伏不得住不調

不調也故言亦復不住不調伏中也所以者何者所以不得住於調伏不得住不調
伏者何若住不調伏心是愚人法着若一切不調伏心者縱逸五情起諸耶見同
其凡夫愚人之法也若住調伏心同聲聞法今明不住調伏不調伏心衆行也中
道之解離此二法者離此調伏二法是菩薩行是菩薩中道之解也在於生死不为
污行者上道不同凡夫不同聲聞今日復住而住在於生死中即是凡夫在於[illegible]槃
即是聲聞解有所以若大士不解而住然不能得而住正以解不而住此[illegible]故
能而住也非凡夫行以下出住生死之人非隨聞行者出住涅槃之者凡在生死便作
汙惡之行今在於生死不為汙行者不同凡夫也隨聞住在涅槃味於无餘永滅
今住於涅槃而不永滅者不同聲聞也雖過魔行者自此以下偏舉不須雙釋
但能度外所為皆是菩薩之行雖過魔行者善薩過於魔行清界累表示
現在生死降伏衆魔故言過魔行也行六波羅蜜者初住菩薩觀人前三乘
空無波羅蜜及能而能緣有知衆生心心數法也行於六通而不盡漏者善薩
雖行六通不同聲聞取於漏盡也行四无量者雖現行四无量心期於果不同凡夫
生梵天生死果報也自餘諸句可解也　不思議品　不思議品者八
住大士聖相妙解不思而應塵沙並現能不思議而照真俗斯朗以不思
議名品故名不思議品此品所以而來者上明慰喻調伏二智雙用之能從此以下

議名品故名不思議品此品所以來者上明慰喻讚仍二智雙用之能德此以下
說此二智別作之力自此以下更交迭隱顯明義此品但說方便智觀衆生品明其
實智仏道品復論方便入不二法門更讚實智香積一品重明方便菩薩行品實智
所爲見阿閦仏品方便之用是故此品由於上文生也就此品中三段明義始於此文至五百天子
得法眼淨呵其念坐之心第二從維摩詰問文殊以下盡至窮劫不盡明借坐燈王現
不思議之事也第三明聲聞覩不思議事妙失利處深迦葉悲歎舍利弗見此座室
无牀坐作是念者何以不於上前生念下忍爲何故正在此中而方奉命問疾未說理
不應坐不得生念今問疾已竟諸人有待之形須牀坐資身聽清法聽故此中念坐
也斯諸菩薩大弟子者何故在念食但言斯諸菩薩不冀弟子有何所以此中雖
舉今解有所以但聲聞是出家人法自有乞食法菩薩是在家之衆更無得食之
地是故偏念菩薩此中聽法莫問道俗有待之形皆須牀坐故言斯諸菩薩大弟子
衆當於何坐也夫求法者不貪軀命何況牀坐者夫真求法者不見陰界諸入能成於
躬無不見有假名行者能聽於法不見三界安身之處無三寶受學之所不見四諦
觀行之境上身無智不昔身命何況牀坐牀坐資身增長生死聽法養神超
過方求今日何故念牀坐也非有色受想行識五陰也非有界入者界者六界入者
十八性空真法不見陰界諸入來成於聚非有欲色无色之界者欲者欲界色者色界无

十二入性空真法不見陰界諸入集成於身非有欲色无色之相者欲者
色者无色界不見三界出身之處不著六法聚也者无其三寶受學之所也无見苦諦者
无苦諦也无斷集諦者无集諦也无造盡證脩道之相者无滅道二諦也是名戲論若是
名法有戲論也若如其上言是真求法自下若違其此語是名戲論唯舍利弗法名家
滅者性空之法无五陰生滅訢動故名法名寂滅若行生滅是求生滅也非求法也是
求五陰生滅非求性空真法牒上无陰也法名无染者性空之法不為十二入所染也
故言法名无染乃至涅槃者何況有為之法亦无為之法也是則染著非求法也
是即染著十二入法非是真求性空之法牒上十二入也法无行處者性空之法无十八界
行處緣其境界是行處非求法者是行十八界行緣之處非是真求性空法也法无取
捨者性空之法无色界可取无欲界可捨故言法无取捨牒上无三界也法名无相者性空
之法无苦諦之相是則求相非求法者是則求苦諦之相非求性空真法也牒上无苦
諦法不可住性空之法无滅諦可住故言法不可住是則住法是即住滅諦之法非是
性空真求性空之法也牒上无滅諦也法不可見聞覺知者性空之法无其道諦可見聞
覺知牒上无道諦也法名无為者性空之法无集諦有為故言法名无為也若行有
為者若行集諦有非求真性空真法也牒上无集諦也　維摩詰問文殊師利仁者遊
於无量千万億阿僧祇國何等佛土有好上妙功德成就師子之座者維摩詰是其主人无

於无量千万億阿僧祇国何等世有好上功德成就師子之坐者維摩結是其主人无
坐二處當自覔何故問客坐之所由欲明先問所在後取乃實取坐既實不有不思議
之事主廣細相容莫得為是處故須問文殊此第二文正復一解所以問客者欲廣章文殊德
高故先問也　維摩結現神力遣去還坐来者下香積取飯遣化菩薩此中何故遣不於
人然有所以但香積國中有九百万菩薩於釋迦有縁故須遣化人取飯化菩薩曰願得世尊
所食之餘在娑婆世界施作佛事然使樂小法者得弘道大彼方菩薩以此二事具白世尊
娑婆世界今在何許云何名樂小法者得弘大道彼以為說九百万之相与遣從来
入此土聞此說法離刹處澡增其妙解是故須遣化人取飯也登王之士无有大作
釋迦有縁故但現神力不須遣化人又復一解借坐事輕彼時還主不須遣之取
飯事重彼飯香積美饌土所无得飯食盡四資神解連无可還是故須遣
化人往取也其室廣博善包容三万二千師子明坐不小无所妨导者明室尚不大
巨細相容者柔所无故言未曾有也是時大迦葉聞說菩薩不可思議解脫法門者
此是第三迦葉非歎諸悟道謂舍利弗辟如在有人者是維摩結也旨者是聲
聞縁覺也現衆色像者為說不思議之法也非彼所見者二乘之人不能得解不思
議之法也一切聲聞合旨人聞上不思議解脫法門者合上見諸色像也不能解了者合上

議之法也一切聲聞合旨人聞上不思議解脫法門者合上見諸色像也不能解了者合上
非彼所見也聲振三千大千者聲聞觀上不思議理妙已絕尒失利事重是故悲泣聲振
大千也若有菩薩信解不思議之法者若有菩薩莫尊深解但能信解而已一切衆
魔无也如何者不能那何時維摩結語大迦葉仁者十方便世界中作魔王者多
是住不可思議菩薩者此文何以而來由上迦葉尊者菩薩信解不可思議法者
一切衆魔无如之何此言是攬魔有二種一是實魔二是權魔若是實魔不能那
得何若是權魔勸伏（方術）信解菩薩那得言一切衆魔如之何以是義故須
生此文也菩薩有威德力故行逼迫衆如是者生下龍象喻凡夫下劣无有力勢
者生下驢喻也龍象蹴蹹非驢所堪者權魔所作非實魔所知也

觀衆生品

觀衆生品者所以而來由上迦葉悲嘆諸人悟道深不見思議（理）爲事妙皆發
菩提心者既爲菩薩後悉入生死行化生死多難欲行化无能觀於衆生作何等相觀
於衆生如弟二彌弟三首空中鳥跡皆是无空可得所化是故此品曰之而生文須解由
上菩薩見人國肝珠人妻子割之首足何以能尒觀前衆生皆如幻相盖故所行如斯之事
是故此品曰生之也就此品中有兩段明義始於此乎至從无住本立一切法明生死可畏之法
弟二從時維摩詰室有一天女以下出行无畏法人天女是也就前段中有三段明義弟一於始

第二從時維摩詰室有天女以下出行无畏法人天女是也就前段中有二段明義第一於如
此文殊師利言若菩薩作是觀者明空第二行寂滅慈以下至所作福祐无所悕
望明四等之法第三從生死有畏以下至從无住本立一切法明生死无畏之法也
文殊師利言菩薩作是觀者云何行慈々本見眾生以樂施之上來觀万法盡空无有
若眾生不可施之以樂若如此者便絕於慈道无上之果何由可得若爾作是空觀
已自念當為眾生說斯法者說真實之法也使前人得空觀之解是即真實慈也
行寂滅者從慈之中四段明義從寂滅慈至无邊以來明其境界々羅漢慈等々之慈
出其々慈之人々既々慈无有所得是以從自然慈以下出救得果既明其果々不孤獲故
須有々是以々大悲以下出救々四也々寂滅慈者性空之法絕於緣動故言寂滅々者
行此寂滅之法說與前人故言々也无所生故者无生死之法也々不熱慈无煩惱故者
性空之法无煩惱熱以此之法說與前人故言々不熱慈也々等之慈等三世故者
性空之法等无三世故言等三世也　何謂為悲菩薩所作功德皆與眾生者
菩薩救无相一切敘在於三塗救拔眾生免苦得樂皆由菩薩大悲之力也何謂為
喜者菩薩見眾生循万善助情慶悅眾生見菩薩慶悅增其勝解即是喜
之齊會也何謂為捨者菩薩所作万善福祐迴向之果於生死中无有悕望也

之窮盡也何謂為捨有為菩薩所作万善福祐亦以衆於生死中无有惓倦也
文殊師利又問生死有畏菩薩當何所依者生死險難隣近三塗可畏之法菩薩
當何所依而得免難也維摩詰言生死有畏中為得衆功德之果勝樂修能在
於生死猶行万善所以如此所為事重難得辯於小答也故依衆功德力依者必有
所往之行若无所往之行以果勝常樂何由可得答曰欲依衆功德力者當令衆生度
煩惱何况生死之縛欲度衆生除其煩惱所度之事也當行正念者出於脫之法答曰
當行不生不滅也又問何法不生何法不滅也答曰不善不生者不善違理當令
不生善法順理當令不滅又問善不善誰為本者善法性空從緣而生可從緣
而增長不善性空可從緣而生可從緣而滅也善不善誰為本答曰徹在身為
本又問身誰為本答曰欲貪行陰為本又問欲貪行陰誰為本答曰虛
妄為本又問虛妄分別誰為本答曰想陰為本又問顛倒想陰誰為本答曰无住諸
陰為本何机識无住始惡得境之初无有前住者故名无住也時維摩詰室
有一天女天女來時為明室不空此室常現八未曾有何故言空也來為明室不空
是好何以此中安何以不花上而安下品而置上明生死无畏之法然處有人是以下
出天女行生死无畏法之机次其上文說於此證天女者宅神也維摩是住大

出天女八生死无畏法人引以其上文說於此經天女有宅神也維摩是八住大
士感天女以宅神是好何故現身明舍主得病宅神不安將欲請福求恩
見諸天人聞其所說便現其身敬法情懷散花供養表畏生者生死得其便若
不畏生死不得其便若存花好惡於花者體若不存好惡花不著落耳之
後有八天女一問身子六問下維摩詰會有八也花至菩薩落至弟子不落者
若尔以往何機勝生之時新發意菩薩及大弟子皆不於勝此中花所以但著
大弟子亦不著新發意發新意者雖因始同發心讚嘆菩薩要期曠濟一切
欲度衆生以是不畏生死花亦表畏生死者菩薩矣問大小發心殊途
花不著聲聞意偏在巳身不於衆物畏於生死故花著也聽法之時心悕
處齊俱欲聞法但爲生處出過摩訶聲聞德勞大士新發意者未得神通
以是之故二俱不於界也若曰此花不如法者不如戒律之法是以去之也切謂
此花因不如法者切言莫謂此花因不如戒律之法也所以著何者所以不
得謂此花因不如義律之法者何是花无心无所分別而著自生分別想耳
若何當此目以分別想一心而得除遣若於出家者存花有好有惡之殊有
所分別因不如法也若能等花性空同諸法者便能无所分別是即不分別也
舍利弗著亡明務花供養從此以下第一問出室之近上來共論義辯弁勝之由

舍利弗有止明將花供養從此以下第一問答室之迹上來共備義解弗勝人也
與維摩詰共住來久乃問之迹也解脫無言說者性空空中無忘心思慮語等
言說若有所言說與上解脫天尊所以者何有所以文字言說即是解脫體相
者何解脫者不在內者不在性空空中不在外者不在生死中不在生々死々中
開者不在道兩中右字者亦不在內不在脣舌齒中不在外者不在前
境中不在中間者不在音聲也解脫從緣人生二緣性空空中無解脫文字
亦從三緣而生三緣性空無文字可得故言文字亦空也是故舍利弗看是上來
萬法空故莫離文字外求解脫也所以者何所以不得文字外求解脫者何一切諸
法皆空即解脫相也舍利弗言不復離婬怒癡為解脫也若道一切諸法即解脫
相者婬怒癡諸法諸數中若爾以注不復離婬怒癡為解脫相亦婬怒癡即
是解脫也若不離婬怒癡得解脫者一切外道亦不離婬怒癡亦應得解脫也
如其外道離婬怒癡解脫者我今亦得離文字外求解脫也本先說離婬怒癡
然後得解脫今道不離違於此語若順此所說離婬怒癡得解脫者我今亦
應得離文字外求解脫也此為增上慢人看此為增上人存有得心懷執說
離婬怒癡為解脫相也若無增上慢存有得相人看此說婬怒癡體性空即與

離婬怒癡為解脫相也若无增上慢存有得相人者亡說婬怒癡體性空即為
解脫相空空處不殊故言即解脫相也善哉者是第二段上來論義并當法相
不失其機故言善哉也汝何所得以何為證辯能如是者四錯是可得涅槃是
可證汝於此二法為何得也我无得无證故辯如是者性空之中无法可得无法
可證辯能如是也所以者何者所以我无得无證者何若存有得證便是增上我此
增上慢故无得无證也問曰汝於三乘為何至求者我上問汝於二法中為何所得乃
道无證上促使汝无得无證今於三乘復於何求若无所求便与外道无別若
有所求是即有得何故語我无得无證也三乘自在前衆生論我體也无三不三
何處有三乘法可求而得如人入瞻蔔林者有人者喻天女也瞻蔔林者喻
維摩詰室也唯嗅瞻蔔不嗅餘香者无餘香可嗅瞻蔔香者聞大乘法也不
嗅餘香者无小乘法可聞也入此室者合上瞻蔔林也但聞功德之香者合上唯
嗅瞻蔔也不樂聲聞功德之香者合上不嗅餘香也釋梵四天王諸天龍神等輩來
入此室得聞講說正法發心然後乃出說吾心此天而不樂大法此以迴流遠是故
接次上文生於此語也汝何以不轉女身者上來論義神根爽利辭辯過人計
汝不趣能轉女身何故不轉受此穢形也此第六段明義也天曰我從十二年來

汝不翅能轉女身何故不轉受此穢形也此第六段明義也天曰我從十二年來
求女人相了不能得者我此室來有十二年女相性空無所轉之可也又一解十有二年
者小乘教也此將欲作辨向法華女人空故可轉為男三乘不定可轉為一乘也無在
無不在者女相在時無空不在者無空也

佛道品

佛道者正應導行於非道通達佛道也形同欲流造作眾惡名行於非道通達佛道
有以無塵深能化以正路故言行於非道通達佛道佛道品何以命來上明天女在於生
死脩行萬善為因能通行者名果道此佛道是果因果相為故次上觀置於此品就
中有五段明義第一從於此文至文殊師利能如是行於非道是為通達佛道明師
行化之功第二從何等為如來種至何稱謂也明弟子脩行之語第三現無為以下作譬
喻上聞第四迦葉悲歎第五說偈酬普現色身問也菩薩云何通達佛道者非道
處無道要因行非然後通是至於非中使無道之處正道得通於是維摩詰問文
殊師利何等為如來種者維摩此中何故問文殊成以前說七識處者欲界人天為
一初禪至三禪為四空處識處不用處捴前四為七有頂處中人計主在地獄有業
苦煎逼識不樂住故不安識名四禪得無相定於生之時有色心受生已別有一
人非色非心行者來依此色心處逕四萬劫後時欲化還有一色心來代非色非心奪介
一動即便命終是識不樂住也非相之中得滅盡定無有心識故不樂住七識者

受我惡家增我善有反我之身為三分在三世故言九也六十二見者根本有二有之以无

邊常斷見凡夫五陰上計斷邊計常五陰有十體人五陰亦計為十總為廿分在三世為

六十涅槃上亦計斷邊常二故有六十二也何故涅槃上不計為十涅槃不為衆分所

成故不多計何故不計三涅槃不在三世故不計三也雖不屬三世不過斷常是斷

非斷便是常故計二也曰何謂也不善處皆善得樂款理相冥然无上之果以五逆

十惡為同此語何謂也荅曰若見无為入正謂者相相无以上空觀真解名為无餘涅

槃名為正位自下返解与下作喻本亦高原陸地不生蓮華者与見无為喻

見為之人斷於煩惱永出三界證於涅槃无有煩惱不為重皆所逼不能發菩提

之心喻如高原陸地不生蓮華也卑濕淤泥乃生此華者五逆十惡衆生為重皆所

逼便能發菩提之心也喻於泥乃生蓮華也如是見无為終不生於佛法者合高原

陸地不生蓮華也煩惱泥中能有衆生起佛法耳者合上卑濕淤泥乃生華也又

如殖種於空終不得生者与入正位作喻阿羅漢斷三界惑盡朝夕入於涅槃不

能得發菩提心喻如空中種殖不生糞壤之地乃[?]花者与五逆十惡衆生

為喻如是入正法位不生佛法者合上殖種於空也起我見心如須彌山猶能發菩提心者

合上糞壤之地也尔時會中有菩薩名普現色身者欲明室不空上聞世間病人有父

合上塵壤之地也尒時會中有菩薩名普現色身者欲明室不空上開世間病人有父
處除妻子資養此中何故悉皆无於下維摩以偈詶普現色身弟五元也此文何以（從室）
而未遠從室中未是好何故不上步下空已此中生也上明天鬼菩薩行於非道通
之道教化衆生未知真處以何為方便能行於非道通達之道今明西二智方善為本
故能行於非道通達之道此之一偈詶其兩意故次上文說此偈也 智度菩薩母者
實智二度弟六波若度也母方在家當事實智攝內而用喻若如母能此偈中有兩
段明義從此至或品為深香明其實智為万善之本權殊煩惱服以下明方便智為
万善之本二智俱故便能行於非道通達之道方便以為父者父方在家外修業方便之智
能外化群品喻若於父在外為業一切衆導師莫不由是生者性地以上十住已還衆多導
師莫不由二智而生也法喜以為妻者妻本守節不失其禮令心歡喜菩薩勝法在
懷心情俱悅喻若妻也慈悲心為女者女方有外適之義菩薩慈悲外群生喻若於女
也善心成實果者果之自幹能立家事善心成實能感上果喻若男之能立家
業也業畢竟空家舍者舍者本能庇霜御露性空之理能遮生死霜雰雨
惱而露喻舍也弟子衆塵勞者衆多塵勞衆生隨菩薩化轉故言弟子衆
塵上方通達之而導也道如善智識者之（道品）[illegible]

惱而露喻舍也弟子衆塵勞者衆多塵勞衆生隨菩薩化轉故言弟子衆

塵勞隨意之所轉也道品善知識人者道品之解有益私之用如善知識由是者由發

未之善得成佛果正覺也諸度法等侶者諸六度法是菩薩趣向佛果要之具

伴侶若欲得佛果彼岸非度不濟也四攝爲伎女者四攝能集大衆伎女何由能聚伎女能躭於人

於人女能歌詠四攝何由能集大衆由誦法音也以此爲音樂者以此歌詠誦法之音

爲伎女音樂也摠持爲園苑者園本能使外人不入華菓繁榮摠持之行能使

外惡不干万善增長故言爲園苑也无漏法林樹能除樹熱得於清涼无漏之解

能除煩惱熱毒得果清涼之穫一解之園中長者名之爲樹无漏之理高妙踈出三界

七覺意淨妙華者見諦无漏上有七覺淨好所有其樹之上有華華能感果今有

无漏之樹便有七覺之華華能感果七覺之意能得涅槃妙數也无餘涅槃解

脫是七覺智惠家果八解之欲池也者池本能除垢穢解脫之法能除三界結試

喻若於池定水湛然滿者解脫之果要回於定今解脫既稱定外何由不滿

BD00927 四分律比丘戒本

（後秦）佛陀耶舍 譯

（唐）懷素 集

618cm×26.4cm

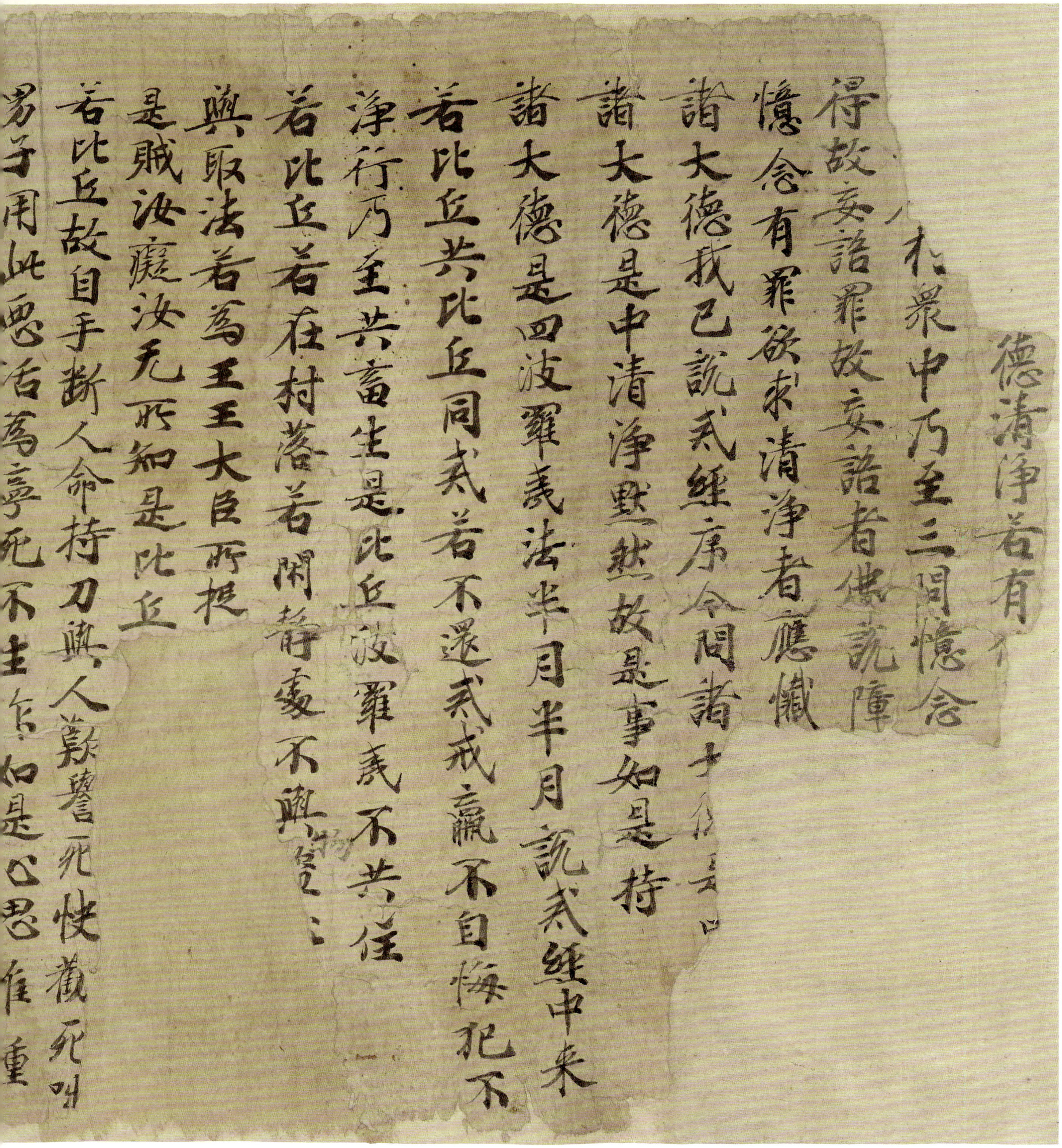

德清淨若有
於衆中乃至三問憶念
得故妄語罪故妄語者佛說障
憶念有罪欲求清淨者應懺
諸大德我已說戒經序今問諸大德是中
諸大德是中清淨默然故是事如是持
諸大德是四波羅夷法半月半月說戒經中來
若比丘共比丘同戒若不還戒戒羸不自悔犯不
淨行乃至共畜生是比丘波羅夷不共住
若比丘若在村落若閑靜處不與取
與取法若為王王大臣所捉
是賊汝癡汝無所知是比丘
若比丘故自手斷人命持刀與人歎譽死快勸死咄
男子用此惡活為寧死不生作如是心思惟重

種方便歎譽死快勸死是比丘波羅夷不共住
若比丘實無所知自稱言我得上人法我已入聖
智勝法我知是我見是彼於異時若問若不問
欲自清淨故作是說我實不知不見言知言見
虛誑妄語除增上慢是比丘波羅夷不共住
諸大德我已說四波羅夷法若比丘犯一一波羅夷
法不得與諸比丘共住如前後亦如是是比丘得
波羅夷罪不應共住今問諸大德是中清淨不三說
諸大德是中清淨默然故是事如是持
諸大德是十三僧伽婆尸沙法半月半月說戒經來
若比丘故弄陰出精除夢中僧伽婆尸沙
若比丘婬欲意與女人身相觸若捉手若捉髮
若觸一一身分者僧伽婆尸沙
若比丘婬欲意與女人麤惡婬欲語隨麤惡婬欲

若比丘婬欲意與女人麁惡婬欲語隨麁惡婬欲
語僧伽婆尸沙
若比丘婬欲意於女人前自歎身言大妹我修梵
行持戒精進修善法可持是婬欲法供養我如
是供養第一最僧伽婆尸沙
若比丘往來彼此媒嫁持男意語女持女意語男
若爲成婦事若爲私通事乃至須臾頃僧伽婆尸沙
若比丘自求作屋無主自爲己當應量作是中量
者長佛十二磔手內廣七磔手當將餘比丘指授
處所彼比丘當指示處所無難處無妨處若比丘
有難處妨處自求作屋無主自爲己不將餘比
丘指授處所若過量作者僧伽婆尸沙
若比丘欲作大房有主爲己作當將餘比丘往指
授處所彼比丘應指授處所无難處无妨處若比
比有難處妨處作大房有主爲己作不將餘比丘
指授處所僧伽婆尸沙

若比丘瞋恚所覆故非波羅夷比丘以无根波羅
夷法謗欲壞彼清淨行彼於異時若問若不問
知此事无根說我瞋恚故作是語若比丘作是語
者僧伽婆尸沙
若比丘以瞋恚故於異分事中取片非波羅夷比
丘以无根波羅夷法謗欲壞彼清淨行彼於異時
若問若不問知是異分事中取片是比丘自言我
瞋恚故作是語作是語者僧伽婆尸沙
若比丘欲壞和合僧方便受壞和合僧法堅持不
捨彼比丘應諫是比丘言大德莫壞和合僧莫方
便壞和合僧莫受壞僧法堅持不捨大德應與
僧和合與僧和合歡喜不諍同一師學如水乳合
於佛法中有增益安樂住是比丘如是諫時堅
持不捨彼比丘應三諫捨此事故乃至三諫捨者
善不捨者僧伽婆尸沙
若比丘有餘伴黨若一若二若三乃至无數彼比丘語是

善不捨者僧伽婆尸沙
若比丘伴黨有餘若一若二若三乃至无數彼比丘語是
比丘言大德莫諫此比丘此比丘是法語比丘律
語比丘此比丘所說我等喜樂此比丘所說我等忍
可彼比丘言大德莫作是說言此比丘法語比丘
律語比丘此比丘所說我等喜樂此比丘所說我
等忍可然此比丘非法語比丘非律語比丘
大德莫欲破壞和合僧汝等當喜樂欲壞和合僧
大德與僧和合歡喜不諍同一師學如水乳合於佛
法中有增益安樂住是比丘如是諫時堅持不捨
彼比丘應三諫捨此事故乃至三諫捨者善不捨
者僧伽婆尸沙
若比丘依聚落若城邑住汙他家行惡行汙他家
亦見亦聞行惡行亦見亦聞諸比丘當語是比丘
言大德汙他家行惡行汙他家亦見亦聞行惡行
亦見亦聞大德汝汙他家行惡行今可遠此聚落
去不須住此是比丘語彼比丘作如是語言大德諸

比丘有愛有恚有怖有癡有如是同罪比丘有
駈者有不駈者諸比丘報言大德莫作是語有
愛有恚有怖有癡有如是同罪比丘有駈者有
不駈者而諸比丘不愛不恚不怖不癡大德汙他
家行惡行汙他家亦見亦聞行惡行亦見亦聞是
比丘如是諫時堅持不捨彼比丘應再三諫捨此
事故乃至三諫捨者善不捨者僧伽婆尸沙
若比丘惡性不受人語於戒法中諸比丘如法諫已
自身不受諫語言諸大德莫向我說若好若惡
我亦不向諸大德說若好若惡諸大德且止莫諫
我彼比丘諫是比丘言大德莫自身不受諫語大
德自身當受諫語大德如法諫諸比丘諸比丘
亦如法諫大德如是佛弟子衆得增益展轉相
諫展轉相教展轉懺悔是比丘如是諫時堅持
不捨彼比丘應三諫捨此事故乃至三諫捨者
不捨者僧伽婆尸沙

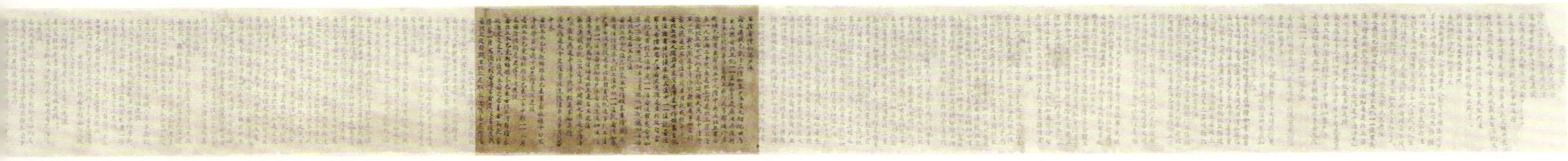

不捨者僧伽婆尸沙
諸大德我已說十三僧伽婆尸沙法九初犯四乃
至三諫若比丘犯一一法知而覆藏應強與波利
婆沙行波利婆沙竟增上與六夜摩那埵行摩
那埵已餘有出罪應二十人僧中出是比丘罪若
少一人不滿二十衆出是比丘罪不得
除諸比丘亦可呵此是時今問諸大德是中清淨
不三說 諸大德是中清淨默然故是事如是持
諸大德是二不定法半月半月說戒經中來
若比丘共女人獨在屏處覆處障處可作婬處坐說
非法語有住信優婆私三法中一一法說若波
羅夷若僧伽婆尸沙若波逸提是坐比丘自言
我犯是罪於三法中應一一治若波羅夷若僧伽
婆尸沙若波逸提如住信優婆私所說應如法治
是比丘是名不定法
若比丘共女人在露現處不可作婬處坐作麁惡

說有住信優婆夷於二法中隨一一法說若僧伽婆
尸沙若波逸提是坐比丘自言我犯是事於二法
中應一一法治若僧伽婆尸沙若波逸提如住信
優婆夷所說應如法治是比丘是名不定法
諸大德我已說二不定法今問諸大德是中清淨
不三說 諸大德是中清淨默然故是事如是持
諸大德是三十尼薩耆波逸提法半月半月說戒經
中來
若比丘衣已竟迦絺那衣已出畜長衣經十日不
淨施得畜若過十日尼薩耆波逸提
若比丘衣已竟迦絺那衣已出三衣中離一一衣異
處宿除僧羯磨尼薩耆波逸提
若比丘衣已竟迦絺那衣已出若比丘得非時衣
欲須便受受已疾疾成衣若足者善若不足者
得畜一月為滿足故若過畜者尼薩耆波逸提
若比丘從非親里比丘尼取衣除貿易尼薩耆

若比丘從非親里比丘尼取衣除貿易尼薩耆
波逸提　若比丘令非親里比丘尼浣故
衣若染若打尼薩耆波逸提
若比丘從非親里居士居士婦乞衣除餘時尼
薩耆波逸提餘時者若比丘奪衣失衣燒衣漂
衣是謂餘時
若比丘失衣奪衣燒衣漂衣若非親里居士居士
婦自恣請多與衣是比丘當知足受衣若過者尼
薩耆波逸提
若比丘居士居士婦為比丘辦衣價買如是衣與
某甲比丘是比丘先不受自恣請到居士家如是說
善哉居士為我買如是如是衣與我為好故若
得衣者尼薩耆波逸提
若比丘二居士居士婦與比丘辦衣價持如是衣價
買如是衣與某甲比丘是比丘先不受居士自恣請
到二居士家作如是言善哉居士辦如是如是衣價

與我作如是如是衣為好故若得衣者尼薩耆波逸提

若比丘若王若大臣若婆羅門若居士居士婦遣

使為比丘送衣價持如是衣價與某甲比丘彼使

人至比丘所語比丘言大德今為汝故送是衣價受

取是比丘應語彼使如是言我不應受此衣價我

若須衣合時清淨當受彼使語比丘言大德有

執事人不須衣比丘應語言有若僧伽藍民若

優婆塞此是比丘執事人常為諸比丘執事時彼

使往至執事人所與衣價已還至比丘所作如是言大

德所示某甲執事人我已與衣價大德知時往彼

當得衣須衣比丘當往執事人所若二反三反為

作憶念應語言我須衣若二反三反為作憶念

若得衣者善若不得衣應四反五反六反在前默然

立若四反五反六反在前默然住得衣者善若

不得衣過是求得衣者尼薩耆波逸提若不得

衣從所得衣價處若自往若遣使往語言汝先遣

衣從所得衣價處若自往若遣使往語言汝先遣
使持衣價與某甲比丘是比丘竟不得汝還取莫
使失此是持十一
若比丘雜野蠶緜作新卧具者尼薩耆波逸提
若比丘以新純黑羺羊毛作新卧具者尼薩耆
波逸提　若比丘作新卧具應用二分純黑羊
毛三白分四分牻若比丘不用二分黑三分白四分牻
作新卧具者尼薩耆波逸提
若比丘作新卧具持至六年若減六年不捨故
更作新者除僧羯磨尼薩耆波逸提
若比丘作新坐具當取故者縱廣一磔手帖着新
者上壞色故若作新坐具不取故者縱廣一磔
手帖着新者上用壞色故尼薩耆波逸提
若比丘道路行得羊毛若无人持得自持乃至三
由旬若无人持自持過三由旬尼薩耆波逸提
若比丘使非親里比丘尼浣染擘羊毛者尼薩耆
波逸提　若比丘自手捉錢若金銀若教人捉

置地受者尼薩耆波逸提
若比丘種種賣買者尼薩耆波逸提
若比丘種種販賣者尼薩耆波逸提 二十
若比丘畜長鉢不淨施得畜十日過者尼薩耆
波逸提
若比丘畜鉢減五綴不漏更求新鉢為好故尼
薩耆波逸提彼比丘應往僧中捨展轉取最下
鉢與之令持乃至破應持此是時
若比丘自乞縷線使非親里織師織作衣者尼
薩耆波逸提
若比丘居士居士婦使織師為比丘織作衣彼比丘
先不受自恣請便往織師所語言此衣為我作與
我極好織令廣大堅緻我當少多與汝價是比丘
與價乃至一食直若得衣者尼薩耆波逸提
若比丘先與比丘衣後瞋恚若自奪若教人奪取
還我衣來不與汝若比丘還衣彼取衣者尼薩
耆波逸提

還我衣來不與汝若比丘還衣彼取衣者尼薩
耆波逸提
若比丘有病殘藥蘇油生蘇蜜石蜜齋七日得
服若過七日服者尼薩耆波逸提
若比丘春殘一月在當求雨浴衣半月應用浴若
比丘過一月前求雨浴衣過半月前用浴者尼薩耆
波逸提　若比丘十日未竟夏三月諸比丘
得急施衣比丘知是急施衣當受受已乃至衣時應
畜若過畜者尼薩耆波逸提
若比丘夏三月竟後迦提一月滿在阿蘭若有疑
恐懼處住比丘在如是處住三衣中欲留一一衣置
舍內諸比丘有因緣離衣宿乃至六夜若過者
尼薩耆波逸提
若比丘知是僧物自求入己者尼薩耆波逸提　三十
諸大德我已說三十尼薩耆波逸提法今問諸大
德是中清淨不　三說　諸大德是中清淨默然故

事如是持 諸大德九十波逸提法半月半月說戒經

中來 若比丘知而(妄)語者波逸提

若比丘種類毀呰語者波逸提

若比丘兩舌語者波逸提

若比丘與婦女同室宿者波逸提

若比丘與未受大戒人共宿過二宿至三宿(者)波

逸提 若比丘與未受戒人共誦者波逸提

若比丘知他有麁惡罪向未受大戒人說除僧羯

磨波逸提 若比丘向未受大戒人說過人法

言我見是我知是實者波逸提

若比丘與女人說法過五六語除有智男子波逸提

若比丘自手掘地若教人掘者波逸提 一十

若比丘壞鬼神村者波逸提

若比丘妄作異語惱他者波逸提

若比丘嫌罵者波逸提

若比丘嫌罵者波逸提
若比丘取僧繩牀木牀若卧具坐蓐露地敷若
敎人敷捨去不自舉不敎人舉者波逸提
若比丘於僧房中敷僧卧具若自敷若敎人敷
若坐若卧去時不自舉不敎人舉者波逸提
若比丘知先比丘住處後來強於中間敷僧卧具止
宿念言彼若嫌迮者自當避我去作如是因緣
非餘非威儀波逸提
若比丘瞋他比丘不喜僧房中若自牽出敎他
牽出波逸提
若比丘若房若重閣上脫脚繩牀若木牀若坐
若卧波逸提
若比丘知水有虫若澆泥若草若敎人澆者波
逸提　若比丘作大房舍戶扉窗牖及餘莊飾
具指授覆苫齊二三節若過者波逸提　二十
若比丘僧不差敎誡比丘尼者波逸提

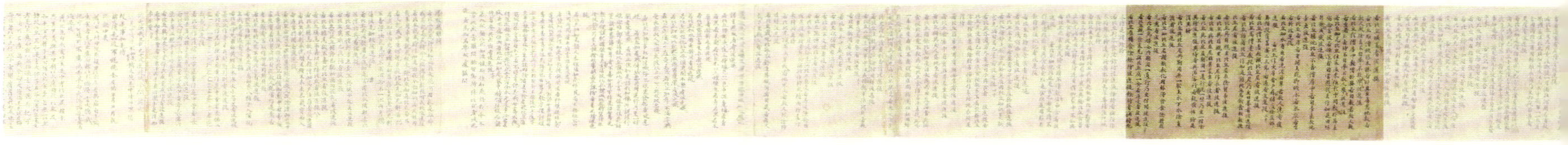

若比丘差作[illegible]教授比丘尼乃至日暮者波逸提
若比丘語諸比丘作如是語諸比丘為飲食故教授
比丘尼者波逸提
若比丘與非親里比丘尼衣除貿易波逸提
若比丘與非親里比丘尼作衣者波逸提
若比丘與比丘尼在屏處坐者波逸提
若比丘與比丘尼共期同一道行從一村乃至一村除
異時波逸提異時者與估客行若疑畏怖時是
謂異時
若比丘與比丘尼共期同乘一船上水下水除直
渡者波逸提
若比丘知比丘尼讚歎教化因緣得食食除檀越
先意者波逸提
若比丘與婦女共期同一道行乃至村間波逸提 二十
若比丘施一食處无病比丘應一食若過受者波逸提
若比丘展轉食除餘時波逸提餘時者病時施

若比丘施一食處无病比丘應一食若過受者波逸提
若比丘展轉食除餘時波逸提餘時者病時施
衣時是謂餘時
若比丘別衆食除餘時波逸提餘時者病時作
衣時施衣時道行時乘船時大衆集時沙門施
食時此是時
若比丘至白衣家請比丘與餅麨飯若比丘須者
當二三鉢受還至僧伽藍中應分與餘比丘食若
比丘无病過兩三鉢受持還至僧伽藍中不分與
比丘食者波逸提
若比丘足食竟或時受請不作餘食法而食者波
逸提　若比丘知他比丘足食已若受請不
作餘食法殷勤請與食長老取是食以是因緣非
餘時欲使他犯者波逸提
若比丘非時受食食者波逸提
若比丘殘宿而食者波逸提

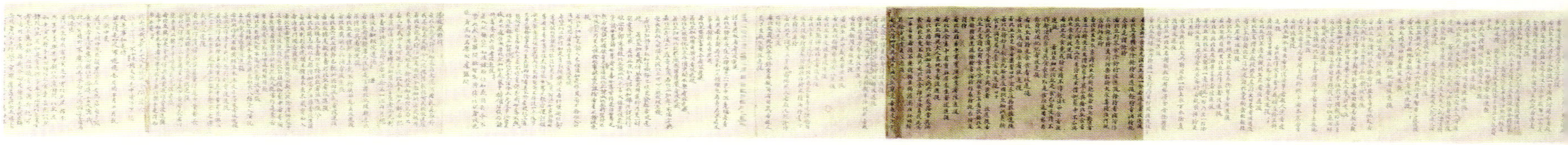

若比丘不受食若藥著口中除水及楊枝波逸提
若比丘得好美飲食乳酪魚及肉比丘如此美飲
食无病自爲已索者波逸提 四十
若比丘外道男外道女自手與食者 波逸提若
比丘先受請已前食後食詣餘家不屬授餘比丘
除餘時波逸提餘時者病時作衣時施衣時是
謂時
若比丘在家中有寶强安坐者波逸提
若比丘食家中有寶在屏處坐者波逸提
若比丘獨與女人露地坐者波逸提
若比丘語餘比丘如是語大德共至聚落當與汝
食彼比丘竟不教與是比丘食語言汝去我與汝
一處若坐若語不樂我獨坐獨語樂以此因緣
非餘方便遣去波逸提
若比丘請四月與藥无病比丘應受若過受除常

非餘方便遣去波逸提
若比丘請四月與藥无病比丘應受若過受除常
請更請分請盡形壽請波逸提
若比丘往觀軍陣除時因緣波逸提
若比丘有因緣聽至軍中二宿三宿過者波逸提
若比丘二宿三宿軍中住或時觀軍陣鬪戰若觀
遊軍象馬力勢者波逸提 五十
若比丘飲酒者波逸提
若比丘水中戲戲者波逸提
若比丘以指相擊攊者波逸提
若比丘不受諫者波逸提
若比丘恐怖他比丘者波逸提
若比丘半月洗浴无病比丘應受若過受除餘時
波逸提餘時者熱時病時作時風時雨時遠行
來時此是時
若比丘无病為(自)炙身故(在)露地然火若教人然除時
因緣波逸提

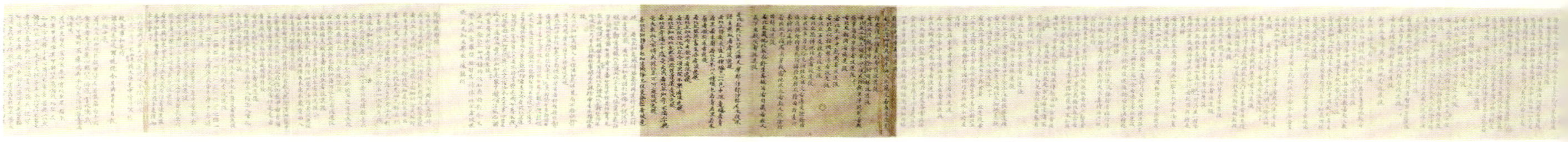

若比丘藏他比丘衣鉢坐具針筒若自藏若教人
藏下至戲咲者波逸提
若比丘與比丘比丘尼式叉摩那沙弥沙弥尼衣後不
語主還取著者波逸提
若比丘得新衣應三種壞色一一色中隨意壞若青
若黑若木蘭若比丘不以三種壞色若青若黑若木
蘭著餘新衣者波逸提
若比丘故煞畜生命者波逸提
若比丘知水有虫飲用者波逸提
若比丘故惱他比丘令須臾間不樂者波逸提
若比丘知他比丘犯麁惡罪覆藏者波逸提
若比丘年滿二十應受大戒若比丘知年不滿二十與
受大戒此人不得戒彼比丘可呵〻癡故波逸提
若比丘知諍事起知法懺悔已後更發起者波逸

受大戒此人不得戒彼比丘可呵癡故波逸提
若比丘知諍事起如法懺悔已後更發起者波逸
提　若比丘知是賊伴結要共同道行乃至一村
間者波逸提　若比丘作如是語我知佛所說法行
婬欲非鄣道法彼比丘諫此比丘言大德莫作是語
莫謗世尊謗世尊者不善世尊不作是語世尊无
數方便說犯婬欲者是鄣道法彼比丘諫此比丘時堅持不
捨彼比丘乃至三諫捨此事故若三諫捨者善不捨波逸
提
若比丘知如是語人未作法如是邪見而不捨供給所
須共同羯磨止宿言語者波逸提
若比丘知沙弥作如是言我從佛聞法若行婬欲非鄣
道法彼比丘諫此沙弥作如是言　汝莫誹謗世尊誹謗世
尊者不善世尊不作是語沙弥世尊无數方便說婬
欲是鄣道法彼比丘諫此沙弥時堅持不捨彼比丘應

至再三諫捨此事故乃至三諫而捨者善不捨者彼比丘應
語彼沙弥言汝自今已去不得言佛是我世尊不隨
得隨逐餘比丘如諸沙弥得與比丘二三宿汝今无是事汝出去
滅去不應住此若比丘知如是衆中被擯沙弥而誘
將畜養共止宿者波逸提七十
若比丘餘比丘如法諫時作如是語我今不
學此戒當難問餘智慧持律比丘者波逸
提 若為知為學故應難問

學故應難問
若比丘說戒時作如是語大德何用說是雜碎
戒為說是戒時令人惱愧懷疑輕呵戒故波逸提
若比丘說戒時作如是語我今始知此法戒經所
載半月半月說戒經來餘比丘知是比丘若二

載半月半月說戒經來餘比丘知是比丘若二
若三說戒中坐何況多彼比丘无知无解若犯
罪應如法治更重增无知罪語言長老汝无利
不善得汝說戒時不用心念不一心兩耳聽
法彼无知故波逸提准
若比丘共同羯磨已後如是言語諸比丘隨親厚以
衆僧物與者波逸提
若比丘衆僧斷事未竟不與欲而起去波逸提
若比丘與欲已後悔者波逸提
若比丘共比丘鬪諍已聽此語向彼說者波逸提
若比丘瞋恚故不喜打比丘者波逸提
若比丘瞋恚不喜以手搏比丘者波逸提八十
若比丘瞋恚故以无根僧伽婆尸沙謗者波逸提
若比丘剎利水澆頭王種王未出未藏寶而入
若過宮門閾者波逸提
若比丘若寶及寶莊飾具自捉若教人捉除僧伽藍中

及寄宿處波逸提若比丘在僧伽藍中若寄宿
處捉寶若以寶莊飾自捉教人捉當作是意若
有主識者當取作如是因緣非餘
若比丘非時入聚不囑比丘者波逸提
若比丘作繩床木床足應高如來八指除入陛孔
上截竟若過者波逸提
若比丘作兜羅綿持褚作繩床木床大小蓐成者波逸提
若比丘作骨牙角針筒刳刮者波逸提
若比丘作尼師檀當應量作是中量者長佛二
搩手廣一搩手半更增廣長各半搩手若過
裁竟波逸提
若比丘作覆瘡衣當應量作是中量者長
四搩手廣二搩手裁竟過者波逸提
若比丘作雨浴衣當應量作是中量者長佛六
搩手廣二搩手半過者裁竟波逸提
若比丘與如來等量作衣或量過作者波逸提
是中如來衣量者長佛十搩手廣六搩手是謂如

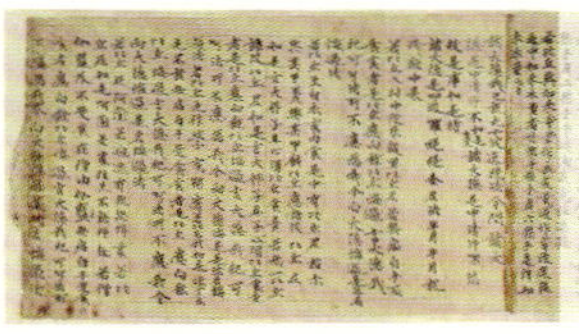

若比丘與如來等量作衣或量過作者波逸提
是中如來衣量者長佛十磔手廣六磔手是謂如
來衣量 九十
諸大德我已說九十波逸提法今問諸大
德是中清淨不 如是至三 諸大德是中清淨嘿然
故是事如是持
諸大德是四波羅提提舍尼法半月半月說
戒經中來
若比丘入村中從非親里比丘尼若無病自手取
食食者是比丘應向餘比丘悔過言大德我
犯可呵法所不應為我今向大德悔過是法名
悔過法
若比丘至白衣家內食是中有比丘尼指示
與某甲羹與某甲餅比丘應語彼比丘尼
如是言大姊子且止須比丘食竟若無一比丘

語彼比丘尼如是言大姊且止須比丘食竟
者是比丘應向餘比丘悔過言大德我犯可
呵法所不應為我今向大德悔是是法名悔
過法　若比丘先作學家羯磨若比丘於如是學家
先不請無病自手受食食者是比丘應向餘
比丘悔過言大德我犯可呵法所不應我今
向大德悔過是名悔過法
若比丘在阿蘭若迥遠有疑恐怖處若比
丘在如是阿蘭若處住先不語檀越若僧
伽藍外不受食在僧伽藍內無病自手受食白
食者應向餘比丘悔過言大德我犯可呵法所
不應為我今向大德悔過是名悔過法

BD00928

# 藥師琉璃光如來本願功德經

（唐）玄奘 譯

365.2cm × 25.2cm

于尸羅不
尸羅軌則雖得不壞然毀正見
見而棄多聞於佛所說契經
有雖多聞而增上慢由增上
是非他嫌謗正法爲魔伴黨
耶見復令无量俱胝有情墮
情應於地獄傍生鬼趣流轉
藥師瑠璃光如來名号便捨
不隨惡趣設有不能捨諸惡行
惡趣者以彼如來本願威力令其
名号從彼命終還生人趣得
意樂便能捨家趣於非家如
處无有毀犯正見多聞解甚
不謗正法不爲魔伴漸次脩行諸菩薩行速

復次曼殊室利若諸有情慳貪嫉妬自讚毀
他當墮三惡趣中无量千歲受諸劇苦受劇
苦已從彼命終還生人間作牛馬駝驢恒被
鞭撻飢渴逼惱又常負重隨路而行或得為
人生居下賤作人奴婢受他驅役恒不自在
若昔人中曾聞世尊藥師瑠璃光如來名号
由此善因今復憶念至心歸依以佛神力衆
苦解脫諸根聰利智慧多聞恒求勝法常遇
善友永斷魔羂破无明鷇竭煩惱河解脫一
切生老病死憂悲苦惱
復次曼殊室利若諸有情好憙乖離更相鬪
訟惱亂自他以身語意造作增長種種惡業
展轉常為不饒益事互相謀害告召山林樹

BD00928　藥師琉璃光如來本願功德經

訟惱亂自他以身語意造作增長種種惡業
展轉常為不饒益事互相謀害告召山林樹
塚等神殺諸眾生取其血宍祭祀藥叉羅剎
婆等書怨人名作其形像以惡咒術而咒詛
之厭媚蠱道咒起屍鬼令斷彼命及壞其身
是諸有情若得聞此藥師瑠璃光如來名号
彼諸惡事悉不能害一切展轉皆起慈心利
益安樂无損惱意及嫌恨心各各歡悅於自
所受生於喜足不相侵淩互為饒益
復次曼殊室利若有四眾苾芻苾芻尼鄔波
索迦鄔波斯迦及餘淨信善男子善女人等
有能受持八分齋戒或經一年或復三月受
持學處以此善根願生西方極樂世界无量
壽佛所聽聞正法而未定者若聞世尊藥師
瑠璃光如來名号臨命終時有八菩薩乘神

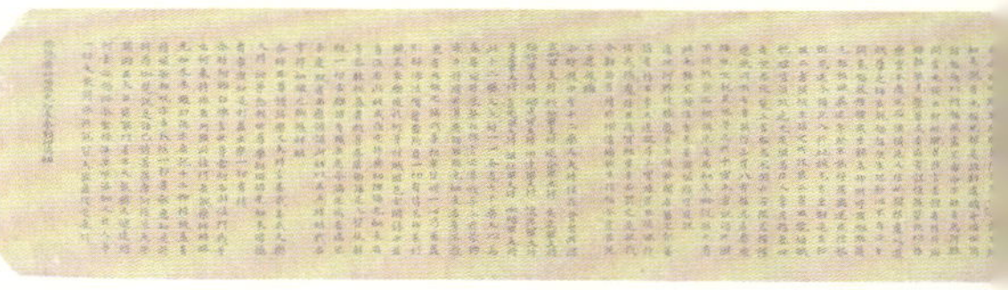

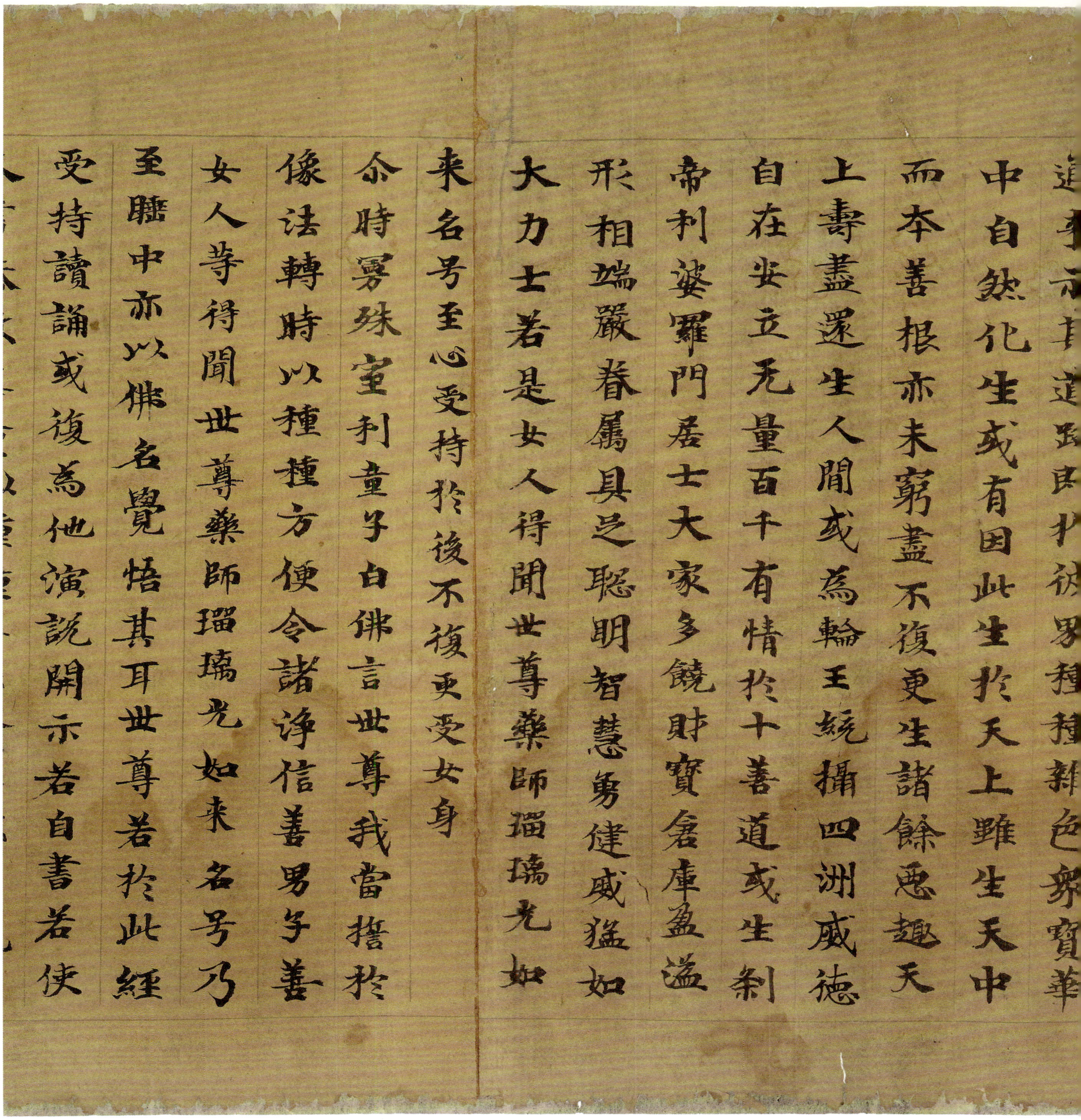

通來示其道路即於彼界種種雜色衆寶華
中自然化生或有因此生於天上雖生天中
而本善根亦未窮盡不復更生諸餘惡趣天
上壽盡還生人間或為輪王統攝四洲威德
自在安立无量百千有情於十善道或生刹
帝利婆羅門居士大家多饒財寶倉庫盈溢
形相端嚴眷屬具足聰明智慧勇健威猛如
大力士若是女人得聞世尊藥師瑠璃光如
来名号至心受持於後不復更受女身
尒時曼殊室利童子白佛言世尊我當誓於
像法轉時以種種方便令諸淨信善男子善
女人等得聞世尊藥師瑠璃光如来名号乃
至睡中亦以佛名覺悟其耳世尊若於此經
受持讀誦或復為他演說開示若自書若使

BD00928　藥師琉璃光如來本願功德經

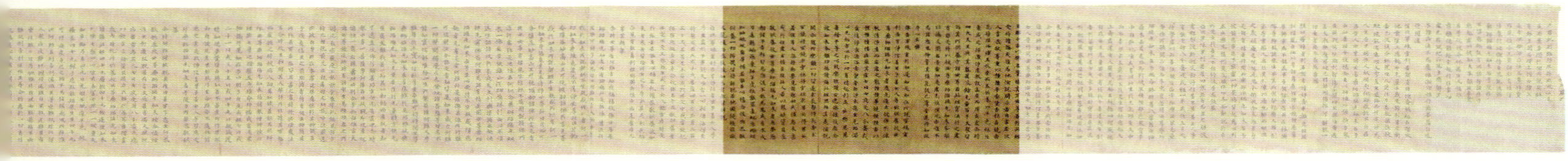

至睡中亦以佛名覺悟其耳世尊若於此經
受持讀誦或復為他演說開示若自書若使
人書恭敬尊重以種種華香塗香粖香燒香
花鬘瓔珞幡蓋伎樂而為供養以五色綵作
囊盛之掃灑淨處敷設高座而用安處尒時
四大天王與其眷屬及餘无量百千天衆皆
詣其所供養守護世尊若此經寶流行之處
有能受持以彼世尊藥師瑠璃光如來本願
功德及聞名号當知是處无復橫死亦復不
為諸惡鬼神奪其精氣設已奪者還得如故
身心安樂
佛告曼殊室利如是如是如汝所說曼殊室
利若有淨信善男子善女人等欲供養彼世
尊藥師瑠璃光如來者應先造立彼佛形像
敷清淨座而安處之散種種華燒種種香以

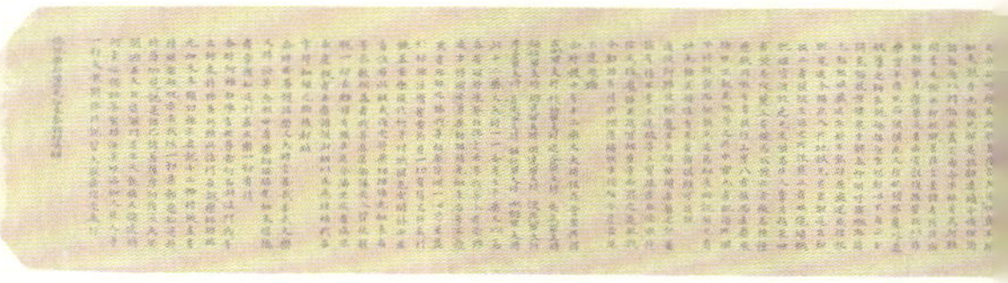

種種幢幡莊嚴其處七日七夜受八分齋戒
食清淨食澡浴香潔著新淨衣應生无垢濁
心无怒害心於一切有情起利益安樂慈悲
喜捨平等之心鼓樂歌讚右遶佛像復應念
彼如來本願功德讀誦此經思惟其義演說
開示隨所樂願一切皆遂求長壽得長壽求
冨饒得冨饒求官位得官位求男女得男女
若復有人忽得惡夢見諸惡相或怪鳥來集
或於住處百怪出現此人若以衆妙資具恭
敬供養彼世尊藥師瑠璃光如來者惡夢惡
相諸不吉祥皆悉隱沒不能為患或有水火
刀毒懸嶮惡象師子虎狼熊羆毒虵惡蠍蜈
蚣蚰蜒蚊虻等怖若能至心憶念彼佛恭敬
供養一切怖畏皆得解脫若他國侵擾盜賊

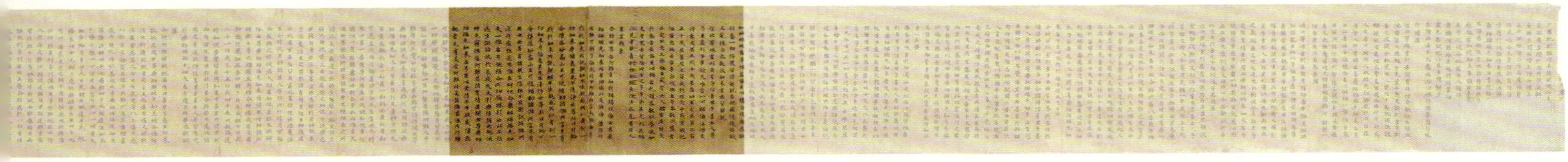

蚣蚰蜒蚊蝱等怖若能至心憶念彼佛恭敬
供養一切怖畏皆得解脫若他國侵擾盜賊
反亂憶念恭敬彼如來者亦皆解脫
復次曼殊室利若有淨信善男子善女人等
乃至盡形不事餘天唯當一心歸佛法僧受
持禁戒若五戒十戒菩薩四百戒苾芻二百
五十戒苾芻尼五百戒於所受中或有毀犯
怖墮惡趣若能專念彼佛名號恭敬供養者
必定不受三惡趣生或有女人臨當產時受
於極苦若能至心稱名礼讚恭敬供養彼如
來者衆苦皆除所生之子身分具足形色端
正見者歡喜利根聰明安隱少病无有非人
奪其精氣
尒時世尊告阿難言如我稱揚彼佛世尊藥
師瑠璃光如來所有功德此是諸佛甚深行

我於如來所說契經不生疑惑所以者何一
切如來身語意業无不清淨世尊此日月輪
令墮落妙高山王可使傾動諸佛所言无有
我於如來所說契經不生疑惑所以者何一
切如來身語意業无不清淨世尊此日月輪可
令墮落妙高山王可使傾動諸佛所言无有
異世世尊有諸衆生信根不具聞說諸佛所
深行處作是思惟云何但念藥師瑠璃光如
來一佛名号便獲尒所功德勝利由此不信
返生誹謗彼於長夜失大利樂墮諸惡趣流
轉无窮佛告阿難是諸有情若聞世尊藥師
瑠璃光如來名号至心受持不生疑惑墮惡
趣者无有是處阿難此是諸佛甚深所行難

BD00928　藥師琉璃光如來本願功德經

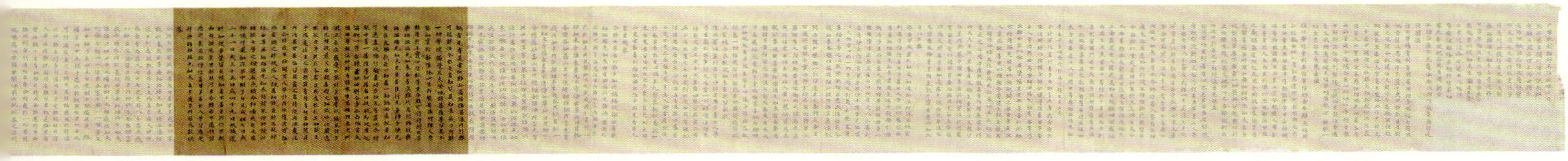

趣者无有是處阿難此是諸佛甚深所行難
可信解汝今能受當知皆是如來威力阿難
一切聲聞獨覺及未登地諸菩薩等皆悉不
能如實信解唯除一生所繫菩薩阿難人身
難得於三寶中信敬尊重亦難可得得聞世尊
藥師瑠璃光如來名号復難於是阿難彼藥
師瑠璃光如來无量菩薩行无量巧方便无
量廣大願我若一劫若一劫餘而廣說者劫
可速盡彼佛行願善巧方便无有盡也尒時
衆中有一菩薩摩訶薩名曰救脫即從座起
偏袒一肩右膝著地曲躬合掌而白佛言大
德世尊像法轉時有諸衆生為種種患之所
困厄長病羸瘦不能飲食喉脣乾燥見諸方
暗死相現前父母親屬朋友知識啼泣圍遶

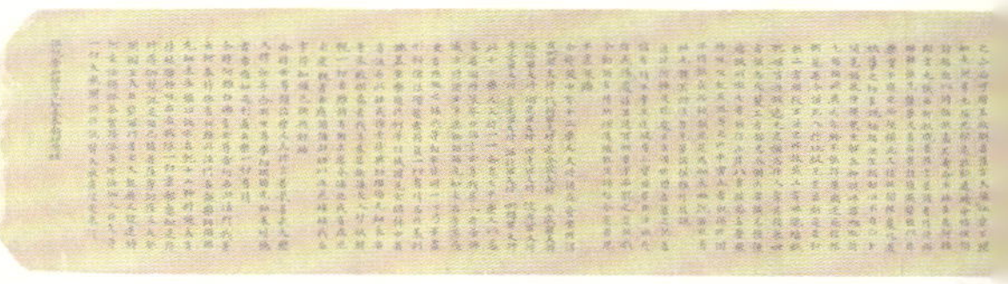

然彼自身臥在本處見琰魔使引其神識至
于琰魔法王之前然諸有情有俱生神隨其
所作若罪若福皆具書之盡持授與琰魔法
王爾時彼王推問其人筭計所作隨其罪福
而處斷之時彼病人親屬知識若能為彼歸
依世尊藥師瑠璃光如來請諸眾僧轉讀此
經然七層之燈懸五色續命神幡或有是處
神識得還如在夢中明了自見或經七日或
二十一日或三十五日或四十九日彼識還
時如從夢覺皆自憶知善不善業所得果報
由自證見業果報故乃至命難亦不造作諸
惡之業是故淨信善男子善女人等皆應受
持藥師瑠璃光如來名号隨力所能恭敬供
養

養

尒時阿難問救脫菩薩曰善男子應云何恭
敬供養彼世尊藥師瑠璃光如來續命幡燈
復云何造救脫菩薩言大德若有病人欲脫
病苦當為其人七日七夜受持八分齋戒應
以飲食及餘資具隨力所辦供養苾芻僧晝
夜六時礼拜供養彼世尊藥師瑠璃光如來
讀誦此經四十九遍然四十九燈造彼如來
形像七軀一一像前各置七燈一一燈量大
如車輪乃至四十九日光明不絕造五色綵
幡長四十九搩手應放雜類衆生至四十九
可得過度危厄之難不為諸橫惡鬼所持復
次阿難若剎帝利灌頂王等災難起時所謂
人衆疾疫難他國侵逼難自界叛逆難星宿

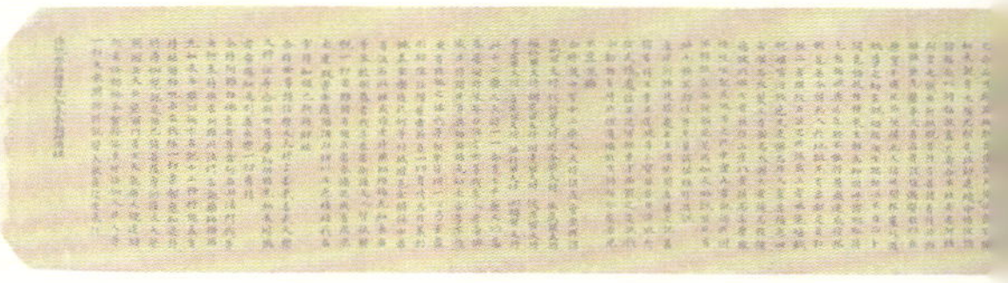

難彼剎帝利灌頂王等尒時應於一切有情
起慈悲心赦諸繫閉依前所說供養之法供
養彼世尊藥師瑠璃光如來由此善根及彼
如來本願力故令其國界即得安隱風雨順
時穀稼成熟一切有情无病歡樂於其國中
无有暴惡藥叉等神惱有情者一切惡相皆
即隱沒而剎帝利灌頂王等壽命色力无病
自在皆得增益阿難若帝后妃主儲君王子
大臣輔相中宮綵女百官黎庶為病所苦及
餘厄難亦應造立五色神幡然燈續明放諸
生命散雜色華燒衆名香病得除愈衆難解
脫
尒時阿難問救脫菩薩言善男子云何已盡

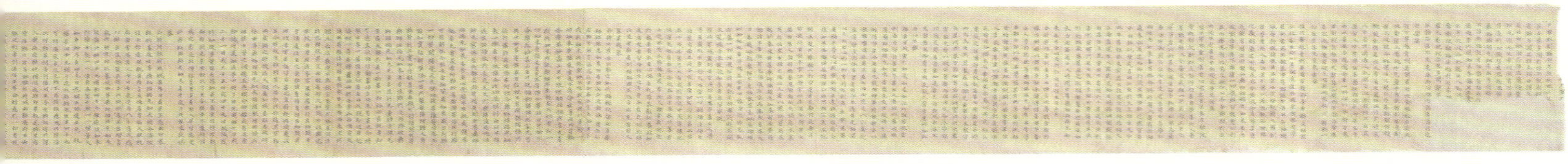

尒時阿難問救脫菩薩言善男子云何已盡
之命而可增益救脫菩薩言大德汝豈不聞
如來說有九横死邪是故勸造續命幡燈脩
諸福德以脩福故盡其壽命不經苦患阿難
問言九横云何救脫菩薩言若諸有情得病
雖輕然无醫藥及看病者設復遇醫授以非
藥實不應死而便横死又信世間邪魔外道
妖孽之師妄說禍福便生恐動心不自正卜
問覔禍殺種種衆生解奏神明呼諸魍魎請
乞福祐欲兾延年終不能得愚癡迷惑信邪
倒見遂令横死入於地獄无有出期是名初
横二者横被王法之所誅戮三者畋獵嬉戲
耽婬嗜酒放逸无度横為非人奪其精氣四
者横為火焚五者横為水溺六者横為種種

惡獸所噉七者横墮山崖八者横為毒藥厭
禱呪咀起屍鬼等之所中害九者飢渇所困
不得飲食而便横死是為如来略說横死有
此九種其餘復有无量諸横難可具說
復次阿難彼琰魔王主領世間名籍之記若
諸有情不孝五逆破辱三寶壊君臣法毀於
信戒琰魔法王随罪輕重考而罰之是故我
今勸諸有情然燈造幡放生脩福令度苦厄
不遭衆難
尒時衆中有十二藥叉大將俱在會坐所謂
宮毗羅大將　伐折羅大將　迷企羅大將　安底羅大將
頞你羅大將　珊底羅大將　因達羅大將　波夷羅大將
摩虎羅大將　真達羅大將　招杜羅大將　毗羯羅大將
此十二藥叉大將一一各有七千藥叉以為

BD00928　藥師琉璃光如來本願功德經

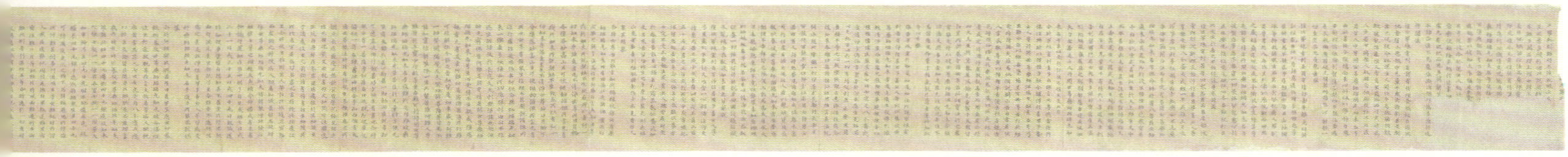

此十二藥叉大將一一各有七千藥叉以爲
眷屬同時舉聲白佛言世尊我等今者蒙佛
威力得聞世尊藥師瑠璃光如來名号不復
更有惡趣之怖我等相率皆同一心乃至盡
形歸佛法僧誓當荷負一切有情爲作義利
饒益安樂隨於何等村城國邑空閑林中若
有流布此經或復受持藥師瑠璃光如來名
号恭敬供養者我等眷屬衛護是人皆使解
脫一切苦難諸有願求悉令滿足或有病厄
求度脫者亦應讀誦此經以五色縷結我名
字得如願已然後解結
尒時世尊讚諸藥叉大將言善哉善哉大藥
叉將汝等念報世尊藥師瑠璃光如來恩德
者常應如是利益安樂一切有情

尒時阿難白佛言世尊當何名此法門我等
云何奉持佛告阿難此法門名說藥師瑠璃
光如来本願功德亦名說十二神將饒益有
情結願神呪亦名拔除一切業鄣應如是持
時薄伽梵說是語已諸菩薩摩訶薩及大聲
聞國王大臣婆羅門居士天龍藥叉健達縛
阿素洛揭路荼緊捺洛莫呼洛伽人非人等
一切大衆聞佛所說皆大歡喜信受奉行

佛說藥師瑠璃光如来本願功德經

## BD00929 四分律比丘戒本

（後秦）佛陀耶舍 譯

（唐）懷素 集

376.5cm × 26cm

者死是比丘波羅
若比丘實無所知自稱言我得上人法我已
入聖智勝法我知是我見是彼於異時若
問若不問欲自清淨故作是說我實
知不見言知言見虛誑妄語除增上慢
比丘波羅夷不共住
諸大德我已說四波羅夷法不得與諸 若比丘犯一一波羅夷法
比丘共住如前後亦如是不得與諸比丘
共住今問諸大德是中清淨不是中清淨

否（三說） 諸大德是中清淨默然故是事
事如是持 諸大德是十三僧伽
婆尸沙法半月半月說戒經中來
若比丘故弄陰出精除夢中僧伽婆
尸沙 若比丘婬欲意與女人身相觸
若捉手若捉髮若觸一一身分者僧伽
婆尸沙
比丘若[illegible]
若比丘若王若大臣若婆羅門若居士居士婦遣使
為比丘送衣價持如是衣價與某甲比丘彼使人至
比丘所語比丘言大德今為汝故送是衣價受取是比丘
應語彼使如是言我不應受此衣價我若須衣合時清

比丘所語比丘言大德今爲汝故送是衣價受取是比丘
應語彼使如是言我不應受此衣價我若須衣合時清
淨當受彼使語比丘言大德有執事人不須衣比丘應語言
有若僧伽藍民若優婆塞此是比丘執事人常爲諸比丘
執事時彼使往至執事人所與衣價已還至比丘所作如是言大
德所如是言大德所示某甲執事人我與已與衣價大德知時往彼
當得衣須比丘當往執事人所若二反三反爲作憶念應語
言我須衣若二反三反爲作憶念若得衣者善若不得衣
四反五反六反在前嘿然立若四反五反六反在前嘿然住得衣
者善若不得衣過是求得衣者尼薩耆波逸提若不得衣
從所得衣價處若自往若遣使往語言汝先遣使持衣價
與某甲比丘是比丘竟不得汝還取莫使失此是時
若比丘雜野蠶綿作新卧具尼薩耆波逸提
若比丘以新純黑羺羊毛作新卧具尼薩耆波逸提
若比丘作新卧具應用二分純黑羊毛三分白四分尨若
不用二分黑三分白四分尨作新卧具尼薩耆波逸提

若比丘作新臥具持至六年若減六年不捨故更作新者除
僧羯磨尼薩耆波逸提
若比丘作新坐具當取故者縱廣一磔手裨著新者上
壞色故若作新坐具不取故者縱廣一磔手裨著新者
上用壞色故尼薩耆波逸提
若比丘道路行得羊毛若無人持得自持乃至三由旬
若无人持自持過三由旬尼薩耆波逸提
若比丘使非親里比丘尼浣染擘羊毛者尼薩耆波逸提
若比丘自手捉錢若金銀若教人捉若置地受者尼薩
耆波逸提
若比丘種種賣買者尼薩耆波逸提
若比丘種種販賣者尼薩耆波逸提
若比丘畜長鉢不淨施得齋十日過者尼薩耆波逸提
若比丘畜鉢減五綴不漏更求新鉢為好故尼薩耆波逸
提彼比丘應往僧中捨展轉取最下鉢與之令持乃至破應
持此是時
若比丘自求縷線使非親里織師織作衣者尼薩耆波逸提

持此是時
若比丘自乞縷綫使非親里織師織作衣者尼薩耆波逸提
若比丘若居士居士婦使織師為比丘織作衣彼比丘先不受自恣
請便往織師所語言此衣為我作與我極好織令廣大堅緻
我當少多與汝價是比丘與價乃至一食直若得衣尼薩耆
波逸提
若比丘先與比丘衣後瞋恚若自奪若教人奪取還我衣来
不與汝若比丘還衣彼取衣尼薩耆波逸提
若比丘有病殘藥蘇油生蘇蜜石蜜齊七日得服若過
七日服者尼薩耆波逸提
若比丘春殘一月在當求雨浴衣半月應用浴若比丘過一月
前求雨浴衣過半月前用浴尼薩耆波逸提
若比丘十日未竟夏三月諸比丘得急施衣比丘知是急施衣當
受受衣已乃至衣時應畜過若畜者尼薩耆波逸提
若比丘夏三月竟後迦提一月滿在阿蘭若有疑恐懼處住比
丘在如是處住三衣中欲留一衣置舍內諸比丘有因緣離衣宿
乃至六夜若過者尼薩耆波逸提

若比丘知是僧物自求入己者尼薩耆波逸提
諸大德我已說三十尼薩耆波逸提法今問諸大德是中清淨不
諸大德是中清淨默然故是事如是持
諸大德是九十波逸提法半月半月說戒經中來
若比丘知而妄語者波逸提
若比丘種類毀呰語者波逸提
若比丘兩舌語者波逸提
若比丘與婦女同室宿者波逸提
若比丘與未受大戒人共宿過二宿至三宿波逸提
若比丘與未受大戒人共誦者波逸提
若比丘知他有麁惡罪向未受大戒人說除僧羯磨波逸提
若比丘向未受大戒人說過人法言我見是我知是實者
波逸提
若比丘與女人說法過五六語除有知男子波逸提
若比丘自手掘地若教人掘者波逸提 十
若比丘壞鬼神村者波逸提
若比丘妄作異語惱他者波逸提

若比丘壞鬼神村者波逸提
若比丘妄作異語惱他者波逸提
若比丘嫌罵者波逸提
若比丘取僧繩床木床若臥具坐褥露地敷若教人敷
捨去不自舉不教人舉波逸提
若比丘於僧房中敷僧臥具若自敷若教人敷若坐若臥
去時不自舉不教舉波逸提
若比丘知先比丘住處後來強於中間敷臥具止宿念言彼
若嫌迮者自當避我去作如是因緣非餘非威儀波逸提
若比丘瞋他比丘不喜僧房中若自牽出教他牽出波逸提 二十
若比丘若房若重閣上脫腳繩床若木床若坐若臥波逸提
若比丘知水有虫若自澆泥若澆草若教人澆者波逸提
若比丘作大房舍戶扉窗牖及餘莊飾具指授
覆苫齊二三節若過者波逸提 廿
若比丘僧不差教戒比丘尼者波逸提
若比丘為僧差教授比丘尼乃至日暮者波逸提
若比丘語諸比丘如是語諸比丘為飲食故教授比

丘尼者波逸提

若比丘與非親理比丘尼衣除貿易波逸提

若比丘與非親理比丘尼作衣者波逸提

若比丘與比丘尼在屏處坐者波逸提

若比丘與比丘尼共期同一道行從一村乃至一村除異時

波逸提異時者與賈客行若疑畏怖時是謂異時

若比丘與比丘尼共期同乘一船上水下水除直渡者波逸提

若比丘知比丘尼讚嘆教化因緣得食食除檀越先有

意者波逸提

若比丘與婦女共期同一道行乃至一村間波逸提 卅

若比丘施一食處無病比丘應一食若過受者波逸提

若比丘展轉食除餘時者病時施作衣時施衣時道

行時乘船時大衆集時沙門施食時此是時

若比丘至白衣家請比丘與餅麨飯若比丘欲須

者須當二三鉢受還至僧伽藍中應分與餘比丘食

若比丘無病過兩三鉢受持還僧伽藍中不分與餘

者須當二三鉢受還至僧伽藍中應分與餘比丘食
若比丘無病過兩三鉢受持還僧伽藍中不分與餘
比丘食者波逸提
若比丘足食竟或時受請不作餘食法而食者波逸
提　若比丘知他比丘足食已若受請不作餘
食法慇懃請與食長老取是食以是因緣非餘
欲使他犯者波逸提
若比丘非時受食食者波逸提
若比丘殘宿食而食者波逸提
若比丘不受食若藥着中口除水楊枝波逸提
若比丘得好美飲食乳藥魚及肉若比丘如此
美飲食无病自為己索者波逸提 卅
若比丘外道男外道女自手與食者波逸提
若比丘先受請已前食後食詣餘家不囑受

食比丘除餘時波逸提餘時者病時作衣時
施衣時是謂餘時
若比丘在食家中有寶強安坐者波逸提
若比丘食家中有寶在屏處坐者波逸提
若比丘獨與女人露地坐者波逸提
若比丘語餘比丘如是語大德共至聚落當與
汝食彼比丘竟不教與是比丘食語言汝去我
與汝一處若坐共語樂不我獨坐獨樂以此
因緣非餘方便遣去波逸提
請比丘四月與藥无病比丘應受若過受除常
請更請分請盡形受請波逸提
若比丘往觀軍陣除時因緣波逸提
若比丘有因緣聽至軍中二宿三宿過者波逸提
若比丘二宿三宿軍中住或時觀軍陣鬪戰

若比丘有因緣聽至軍二宿三宿過者波逸提
若比丘二宿三宿軍中住或時觀軍陣鬬戰
若觀遊軍象馬勢者波逸提 卒
若比丘飲酒者波逸提
若比丘以指相擊攊者波逸提 若比丘水中嬉戲者波逸提
若比丘不受諫者波逸提
若比丘恐怖他比丘者波逸提
若比丘半月浣浴无病比丘應受不得過除
餘時波逸提餘時者熱時病時作時風時雨時道
行時此是餘時
若比丘无病自為炙身故在露地然火若教人
然除時因緣波逸提
若比丘藏他比丘衣鉢坐具針筒若自藏教人
藏下至戲笑者波逸提

若比丘與比丘比丘尼式叉摩那沙彌尼衣鉢
後不語主還取着者波逸提
若比丘得新衣應三種壞色一一色中隨意
壞若青若黑若木蘭若比丘不以三種壞色
若青若黑若木蘭着餘新衣者波逸提
若比丘故斷畜生命者波逸提
若比丘知水有虫飲用者波逸提
若比丘故惱他比丘令須臾間不樂者波逸提
若比丘知他比丘犯麁罪覆藏者波逸提
年滿二十應受大戒若比丘知年不滿二十與受大
戒此人不得戒彼比丘可呵癡故波逸提
若比丘知諍事如法懺悔已後更發舉者波逸提
若比丘知賊伴結要共同道行乃至一村間者波逸提

若比丘知賊伴結要共同道行乃至一村間者波逸提
若比丘作如是語我知佛所説法行婬欲非障道法
彼比丘諫此比丘言大德莫作是語莫謗世尊謗世
者不善世尊不作是語世尊无數方便説犯婬欲
者障道法彼比丘諫此比丘時堅持不捨彼比丘乃
至三諫捨此事故若再三諫捨者善不捨者波
逸提
若比丘知如是語人未作法如是邪見而不捨供給
所須共同羯磨止宿言語者波逸提
若比丘知沙弥作如是言我從佛聞法若行婬欲
非障道法彼比丘諫此沙弥如是言汝莫誹謗世
尊謗世尊者不善世尊不作是語沙弥世尊无
數方便説犯婬欲是障道法彼比丘諫此沙弥時
堅持不捨彼比丘再三呵諫令捨此是故乃至三

諫捨者善不捨者彼比丘應語彼沙彌言
汝自今已不得言佛是我世尊不得隨逐餘
比丘如諸沙彌得與比丘二宿三宿汝今无
是事汝今出去滅去不應住此若比丘知
是衆中被擯沙彌而誘將畜養共止宿者
波逸提 七十
若比丘餘比丘如法諫時作如是語我今
學此戒當難問餘智慧持律比丘者波
逸提若為知為學故應難問
若比丘說戒時作如是語大德何用說是雜
碎戒為說戒時令人惱愧懷疑輕呵戒故波逸提
若比丘說戒時作如是語我今始知此戒經所載
半月半月說戒經中來餘比丘知是比丘若二

若[illegible]
半月半月說戒經中來餘比丘知是比丘若二
若三何況多彼比丘无知无解若犯罪應如
法治更犯重增无知罪語言長老汝无利
不善得汝說戒時不用心念不一心兩耳聽法
彼无知故波逸提
若比丘共同羯磨已後如是語諸比丘隨親
以衆僧物與者波逸提
若比丘衆僧斷事未竟不與欲而起去者波逸
若比丘與欲已後悔者波逸提
若比丘共比丘共鬪……聽此語向彼說者波逸提
若比丘瞋恚故不……比丘者波逸提
若比丘瞋恚故不……比丘者波逸提
若比丘瞋恚故以……謗者波逸提

BD00930

# 阿彌陀經義述

（唐）慧净 述

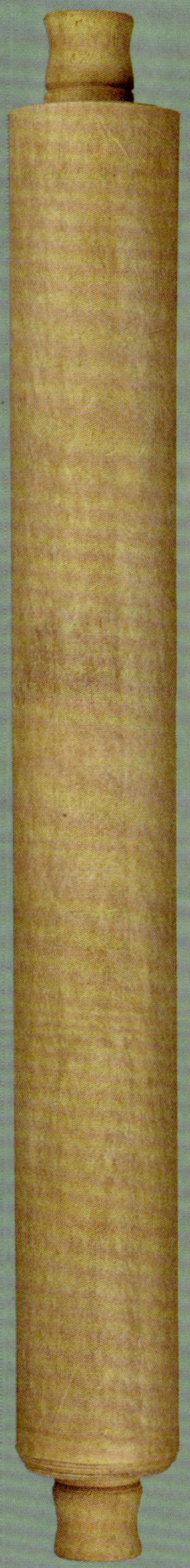

305.2cm × 29.8cm

為一切
聞成
四依果
如是□……度論云如
師資之道成經無豐約非信
切皆是□□如是又信此經
阿難從仙宣生淨土經初如是亦信經後歡喜亦皆信物
入皆為餘度進念空三羅訶汝如五根具足堪受總傳故
宣如是我聞者聞成五親□□我聞傳授日可聞此劇
親承書言謂阿難親從仙邊聞説阿彌陀仙極樂
國土若有書念念得彼生死傳聞聞之謂阿難
未為侍者已前非親承而言所聞我聞者仙説涅槃
[illegible]

時阿難普聽受之時佛主化事之時十方衆會之時故云一時

仏者此云覺則主成也說法五人一仙說二弟子說三諸天說四神仙

說五變化說今是仏說故名主成就也仏是大師之名以覺為義覺

有二種一覺察二覺悟々即智郭盡察即煩惱郭除於此二覺而有三

異々者自覺異凡夫覺他異二乘覺滿異菩三者備矣受仏名焉在者

處成也在亦云住々有八今略有二一境界住二依止住舍衛國祇樹給

孤獨園者出二住也國是境界為化在俗之徒園是依止為攝出家之衆

祇陀太子之名此云戰勝太子載誕之時王破敵軍之賊宮人聞奏因以名

之給孤獨本名須達以慈而冨賑貧而恤寡卿人美之因以号

焉之有上下未可先稱獨園々施樹別未可但言祇樹二人之同心共造精

舍為名故云祇樹給孤獨園法身寂无壞說示化有方假住此處說

阿彌陀五门循行定得往生五门者三業讚頌迴向　經云與大比丘

衆諸大菩子者何　述曰衆成也　其義為三一聲聞衆二菩衆三諸

天衆此聲聞衆有五一標類二唱數三歎德四列名五結定　與大比丘

天衆此聲聞衆有五一標類二唱數三讚德四列名五結定與大比丘
者標類也與者久名共四智六種義同水乳自身無彼目之爲與
智度論云共者一戒一見一處一時一心一道一解脫等名之爲共大者梵云摩訶
此有三義一多二勝云何大一切衆中最上故一切鄣斷故人天王等恭敬
故云何多數至一萬二千五百五十人故云何勝九十六種外道論議能破故比
丘略有三義一怖魔二乞士三破惡此三則初中後也怖魔者夫創
軌云門則建降魔之志故剃髮染衣天宮動魔怖也乞士者身
爲道器身安則道隆故乞法眼乞食以資身也破惡者欲壑之
道長凡夫道消而消已滿破惡々證果也本學地三名應受果地轉怖
魔爲殺賊乞士爲應供破惡爲不生僧者此云衆也比丘一
處和合故名衆也千二百五十人俱者唱數也皆是大阿羅漢者
梵語也羅漢有三義如上比丘果地三名應知識衆所知識者
人天大衆所共知識知者知其内德識者識其外形也長老舍利
[illegible]

等並…之謂舍利弗此云鶖子…還見…陀利弗无逸
則子吉注云来雄手集突神惠迴悟目連此云讚迦葉此云飲
光迦旃延此云扇繩俱絺羅此云在根難陀阿難此云歡喜
羅睺羅此云覆鄣憍梵波提此云牛王賓頭盧此云上頭
羅墮此云利根迦留陀夷此云黑色劫賓那此云房宿薄俱羅
此云善容阿㝹樓馱此云如意如是等大弟子結定也　經云并
諸菩薩乃至如是等諸大菩薩者何　述曰菩薩衆也有三初標類次列
名後結定菩薩名覺士義有四一應覺二正覺三覺分四覺士有
二訓一治二事八此无生離念之覺事治化衆生故名覺士摩
訶薩大覺士真常師云約位言之地前十信十解十行名菩薩自利也
十迴向名摩訶菩薩利他也證地已上七地已下名菩薩八地已上名摩訶菩薩
地（智度）論云大義有三一願大二行大三利益大文殊師利此云妙德法王子
當紹尊位阿逸多此云无能勝也乾陀訶提此云常精進身心清道
如救頭然也與如是等菩薩者結定也　經云及釋提桓因乃至諸

如救頭然也與如是等者結之也　經云及釋提桓因乃至諸
天衆俱者何　述曰下列諸天衆具足云釋提桓因〻陀〻羅經云
主提桓大釋迦經云能攝名能諸天大衆俱者等餘欲色界諸餘
天衆也　經云尒時佛告乃至現在說法者何　述曰上明證信通
序下明發起別〻序〻別有六一和様二指處三數量四依報五正果六
弘法和様則告舍利弗指處則示在西方數量則過十方億
佛土依報則極樂世界正果則有佛号阿弥陀弘化法則今現
在說法是也　經云舍利弗彼土何故名極樂者何　述曰下明忍
樂畧〻中五廣十畧二者一淨土因果二法身因果中五者一則極
樂弥陀不退〻果二明發願起行勸循其因三明六方諸佛
現相證成四明諸佛既證令循學〻五明二主世尊互相讚〻
德廣十者五章名二遂有十重一要樂依報二弥陀正果三發願
往生四往生〻行五諸佛現相六釋相所由七明願因八三生行果
[illegible]

玄五重科章初三明來等位第二明所依正是科中有三問二
答此問也　經云其國衆生无有衆苦故名極樂者何
答有二義初總標宗略答後開宗廣釋　此標宗答阿彌陁
國无有衆苦唯有樂事　一生彼土橫截五道超出三界至不
退轉當初僧祇万劫循道有二　一難行　二易行　此土循道名
日難行　西方循道名日易行　如跛人步行陸路則苦　跛人乘船水
路則樂　經云又舍利弗極樂國土七重欄楯乃至名為極
樂者何　述日下明開宗廣釋有五　一明寶欄林樹嚴　二明寶
池花光嚴　三明寶樂神通嚴　四明寶鳥法音嚴　五明寶樹
搖風嚴　此是初寶欄林樹嚴有六　一寶欄　二寶楯　三寶羅
四寶網　五寶林　六寶樹　欄將內德楯防外覆羅網制〻〻珠繩
无漏法〻林樹並西方功德法莊嚴也　經云又舍利弗極
樂國土乃至功德莊嚴者何　述日第二寶池花光嚴有八　一寶
池　二寶水　三寶階　四寶道　五寶樓　六寶花　七寶閣　八寶光嚴

池二寶水三寶階四寶道五寶樓六寶花七寶閣八寶光嚴
寸是池則八解之浴池水則八功德之香水階則三乘之寶階道
則八正之寶道樓則八定之高樓閣則三空之重閣花則七淨
之覺花光則智惠之光明能破衆生之愚闇者也
經云又舍利弗常作天樂乃至功德莊嚴者何　述曰第三
寶樂神通嚴有三一明作樂雨花二明應供諸佛三明結嚴成就
天則六時而雨四花人則衣裓而供養十方億佛旦則散此而供
養食時則從彼至此經行　經云復次舍利弗彼國常有種
々々鳥乃至變化所作者何　述曰第四衆鳥法音嚴有六標
標瑞鳥二列指其名三歌詠法音四聞念三寶五破除疑執
六顯不可思議　種種奇妙雜色之鳥者總標瑞異色之
鳥也白鶴孔雀共命之鳥者别指其名略叙七鳥之名色六
時演暢根力覺道等法者歌詠法音佛常六時觀六道衆
生為二六時演說三乘道品也彼土衆生聞是音已皆念佛法僧

者明因者利益也舍利弗白言……
至何況有實者此破其情數初條疑言所以下釋彼土尚無
三惡道之名況有三惡之義也　是諸眾鳥乃至變化所作
者此顯不思議是諸鳥者乃是彌陀化作令法音宣流莊嚴國
界利益眾生也　經云舍利弗彼佛國土微風吹動乃至如是
莊嚴者句　述曰有五寶樹搖風嚴有四一風搖樹響二如天
天樂音三聞念三歸四莊嚴成就微風吹動諸寶行樹者風
搖寶樹則法說妙音也　譬如百千樂音者如天樂音則
譬說妙音也聞者聞時念佛法僧者明聞念三歸則聞者利益也
成就如是功德者結嚴成就也　經云舍利弗於汝意云何
彌陀者句　述曰明正報有四一問二答三結四釋位此問何故名阿
彌陀　經云舍利弗彼佛光明乃至號為阿彌陀者何　述曰
答有三一光明二壽命三徒眾光明無量也　經云又舍利弗
彼佛壽命乃至故名阿彌陀者何　述曰此明主眾壽命皆無

彼佛壽命乃至故名阿彌陀者何　述曰此明主衆壽命皆无
量初通次別遣壽无量故名阿彌陀也　經云舍利弗乃成
佛已來於今十劫者何　述曰此明別壽之壽之雖十劫然世間不
可數之故名无量壽　經云又舍利彼佛无量乃至非筭數
之所能知者何　述曰明徒之衆之有二一聲聞衆二菩薩衆此
有云二衆也　經云諸菩薩亦如是者何　述曰此明菩薩衆也
經云舍利弗彼佛乃至成就如是功德莊嚴者何　述曰略結也
光明壽命菩薩聲聞人法雖殊皆非筭數所知故名无量壽
從本而名故名无之量之壽之者即阿彌陀也　經云又舍利弗極
樂國土衆生之者乃至阿僧祇劫說者何　述曰此明利位有三
一之生生彼土即阿鞞跋致此明因緣二多有補處大士此明緣勝
三阿僧祇說此明无量
經云舍利弗衆生聞者應當發願乃至生彼國者何　述曰下明
[illegible]

四釋行五說顯六法行此於道也　經云所以者何乃至果當生
者何　述曰釋經文經云舍利弗不可以少善根福德因緣得生彼
國者何　述曰此標行也特明又云勸善業生缺云不少也
經云舍利弗若有善男子善女人聞說阿彌陀仏名號乃至極樂國土者何
述曰釋行也有五一修機二名本三時文四彼仏此迎五此生之彼修機則
男子女人名本則阿彌陀仏時分明七日一彼仏與迎則彌陀聖衆無數
迎接此生之彼則心不顛倒即得往生也　經云舍利弗我見是利乃至
發願生彼國土也　述曰此願生也一生彼土二也參一不退轉識五道立
超三界生死之苦雖闇不久超度涅槃之生雖遠多方發故云見
初也　經云舍利弗如我今者乃至因緣之利者何　述曰此讚行
讚歎也然見隱者起緣五相讚成[illegible]　經云東方亦有阿閦鞞仏乃至[illegible]方仏
所護念經者　述曰第三明六方諸仏現相讚成六方即四方上下
示證仏處也　諸仏則三世三身恒沙種覺[illegible]證人也現相則舌
遍覆三千明證成相也證成則至心剋念定得往生說成實

遍滿三千以證成初也證成則至心剋念定淨往生說成實
云者則證成教如文有二初舉六方諸佛次問答解釋此初文也
六方則為六重一一方中例皆四有東方四者一證處則東方二
證人則阿閦鞞等恒沙諸佛三證相則舌遍三千四證教則當
信是經弟子說經引弟子為證諸佛證經還以佛為證故引
六方恒沙諸佛舒舌實語證念阿彌陀定淨往生極樂世界
至不退轉餘五方四門類以可知　經云舍利弗於意云何名
護念經者何　述曰次以問答解釋初問後答此問也
經云舍利弗若善男子乃至三菩提者何　述曰答也但聞
此經名阿彌陀及諸佛號執持不忘者一切佛護不退轉菩提
也　經云舍利弗汝等當信受我語及佛所說者何　述曰第
四諸佛勸證修學文有四一勸聽信受二三時發因三
生以果四結以生彼此勸聽信受我語者釋迦勸生淨土也
者以從來六方互少者以勸生生也　經曰舍利弗

音勢至之流今發心者現在發願之輩當發心者未來發
生之類欲生阿彌陀佛國者三時心所生處也得不退菩提者一
生彼處地勝緣強不退無上菩提也　經云於彼國土若
生當生者何　述曰明三生以果也已生者觀音勢至之流今
生者現今信受之輩當生者未來信生之類也　經云舍
利弗乃至生彼國土者何　述曰信心生彼也諸佛所々讚
歎々勸歸西方者々獲不退也　經云舍利弗如我今者乃至
不可思議功德者　述曰第五明二土世尊互相讚德初略
明二尊互相讚得次備明彼佛讚此々初文也明此讚彼則
釋迦如來讚彌陀及諸佛極樂淨土之果明彼讚此則彌
陀及十方諸佛讚歎釋迦穢土成道化循淨業之因也
經云而作是言乃至甚難希有之事者何　述曰次備明彼
佛讚此釋迦穢土成道甚難々事即五濁惡世教化衆

等此釋迦穢土成道於五濁難難事事即五濁惡世教化衆
生說取淨土之證不退也文有三種一標二釋三結標則甚
難希有者之事二章釋則釋五濁菩提之事三意結則還
此二義此則標也甚難則五濁惡世也希則有無上菩提之
事則為日生解說穢土備因得淨土果此難信之法也
經云於娑婆國土乃至難信之法者何　述曰釋三章
門五濁者釋甚難章門得菩提者釋希有章門為生說
者釋三事門也　經云舍利弗當知我於乃至是為甚難
者何　述曰結三章也五濁得菩提者二門結自利也為世
間說者一門結利他也　經云佛說此經已乃至歡喜信
受奉行者何　述曰明流通兩聖對揚蒙益深心歡喜
信受奉行以上釋經文第三段竟　三寶衆神通發於中有六一明寶衆
和雅不鼓自鳴明去心開菩提增進二明黃金寶地光曜
十方屬國通中方界具息三界天龍大衆復六道雖所念希受

階不雜亂故四時常共衣祴持花遊歷十方應供諸佛
時應供充周衆記利益限以食時還歸章化六時七章而
莊嚴有之嘆說周充結成極果湛湛天天花花六時自然散光
色照曜不雜亂香氣氣氳遍十方聞者自然充而襯四時寶
為法音發

# BD00931 妙法蓮華經卷六

（後秦）鳩摩羅什 譯

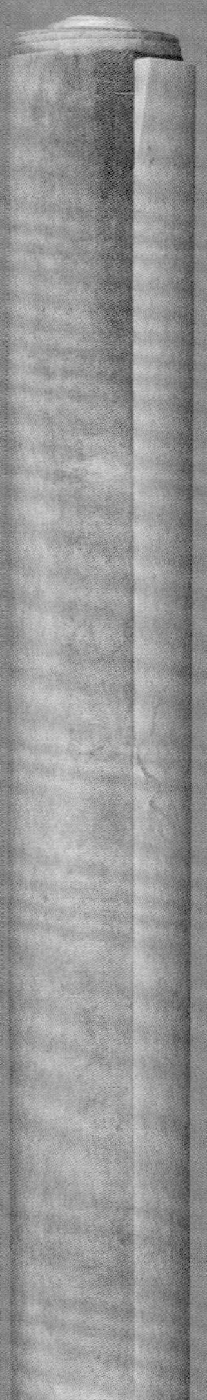

177cm × 26cm

譬及乘天宮若復有人於講法處坐
勸令坐聽若分座令坐是人功德轉身得帝
釋坐處若梵王坐處若轉輪聖王所坐之處
阿逸多若復有人語餘人言有經名法華可
共往聽即受其教乃至須臾間聞是人功德
轉身得與陁羅尼菩薩共生一處利根智慧
百千万世終不瘖瘂口氣不臭舌常
亦无病齒不垢黑不黃不踈亦不缺
不曲脣不下垂亦不褰縮不麁
不缺壞亦不喎斜不厚不大亦不黧
可惡鼻不匾𠑽亦不曲戾面色不黑亦不

長亦不窊曲无有一切不可喜相脣舌牙

悉皆嚴好鼻脩高直面貌圓滿眉高而長

額廣平正人相具足世世所生見佛聞法信

教誨阿逸多汝且觀是勸於一人令往聽

功德如此何況一心聽說讀誦而於大眾

人分別如說脩行尒時世尊欲重宣此義

而說偈言

若人於法會　得聞是經典　乃至於一偈

如是展轉教　至于第五十　最後人獲福　今當分別之

如有大施主　供給无量眾　具滿八十歲　隨意之所欲

見彼衰老相　髮白而面皺　齒踈形枯竭　念其死不久

我今應當教　令得於道果　即為方便說　涅槃真實法

世皆不牢固　如水沫泡焰　汝等咸應當　疾生猒離心

諸人聞是法　皆得阿羅漢　具足六神通　三明八解脫

最後第五十　聞一偈隨喜　是人福勝彼　不可為譬喻

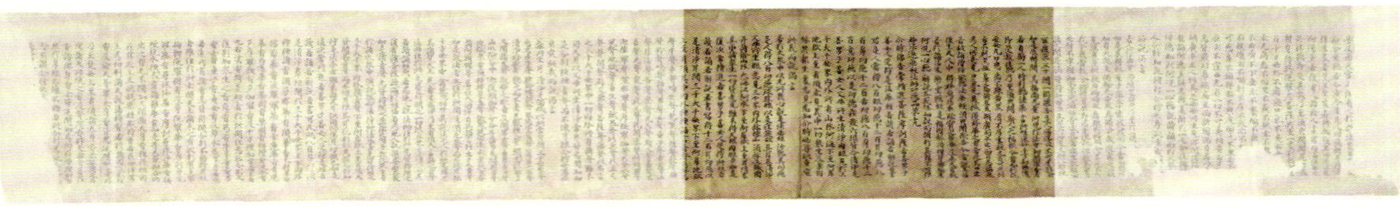

冣後第五十 聞一偈隨喜 是人福勝彼 不可為譬喻
如是展轉聞 其福尚无量 何况於法會 初聞隨喜者
若有勸一人 將引聽法華 言此經深妙 千万劫難遇
即受教往聽 乃至須臾聞 斯人之福報 今當分別說
世世无口患 齒不踈黄黑 脣不厚褰缺 无有可惡相
舌不乾黑短 鼻高脩且直 額廣而平正 面目悉端嚴
為人所憙見 口氣无臭穢 優鉢華之香 常從其口出
若故詣僧坊 欲聽法華經 須臾聞歡喜 今當說其福
後生天人中 得妙象馬車 珎寶之輦轝 及乘天宮殿
若於講法處 勸人坐聽經 是福因緣得 釋梵轉輪座
何况一心聽 解說其義趣 如說而脩行 其福不可限
妙法蓮華經法師功德品第十九
尒時佛告常精進菩薩摩訶薩 若善男子
善女人受持是法華經 若讀若誦若解說若書
寫是人當得八百眼功德千二百耳功德八

百鼻功德千二百舌功德八百身功德千二
百意功德以是功德莊嚴六根皆令清淨是
善男子善女人父母所生清淨肉眼見於三
千大千世界內外所有山林河海下至阿鼻
地獄上至有頂亦見其中一切衆生及業因
緣果報生處悉見悉知尒時世尊欲重宣
此義而說偈言
若於大衆中　以无所畏心　說是法華經　汝聽其功德
是人得八百　功德殊勝眼　以是莊嚴故　其目甚清淨
父母所生眼　悉見三千界　內外弥樓山　須弥及鐵圍
并諸餘山林　大海江河水　下至阿鼻獄　上至有頂處
其中諸衆生　一切皆悉見　雖未得天眼　肉眼力如是
復次常精進若善男子善女人受持此經若
讀若誦若解說若書寫得千二百耳功德以
是清淨耳聞三千大千世界下至阿鼻地獄

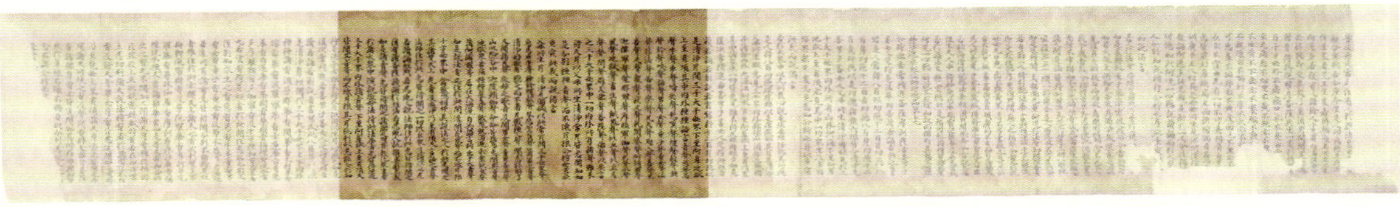

誦若解說若書寫得千二百耳功德以
是清淨耳聞三千大千世界下至阿鼻地獄
上至有頂其中內外種種語言音聲象聲馬
聲牛聲車聲啼哭聲愁歎聲螺聲鼓聲鍾
聲鈴聲咲聲語聲男聲女聲童子聲童女聲法
聲非法聲苦聲樂聲凡夫聲聖人聲喜聲不
喜聲天聲龍聲夜叉聲乾闥婆聲阿脩羅聲
迦樓羅聲緊那羅聲摩睺羅伽聲火聲水聲
風聲地獄聲畜生聲餓鬼聲比丘聲比丘尼
聲聲聞聲辟支佛聲菩薩聲佛聲以要言
之三千大千世界中一切內外所有諸聲雖未
得天耳以父母所生清淨常耳皆悉聞知如
是分別種種音聲而不壞耳根尒時世尊欲
重宣此義而說偈言
父母所生耳 清淨无濁穢 以此常耳聞 三千世界聲
象馬車牛聲 鍾鈴螺鼓聲 琴瑟箜篌聲 簫笛之音聲

清淨好歌聲　聽之而不著　無數種人聲　聞悉能解了
又聞諸天聲　微妙之歌音　及聞男女聲　童男童女聲
山川嶮谷中　迦陵頻伽聲　命命等諸鳥　悉聞其音聲
地獄衆苦痛　種種楚毒聲　餓鬼飢渴逼　求索飲食聲
諸阿脩羅等　居在大海邊　自共語言時　出于大音聲
如是說法者　安住於此間　遙聞是衆聲　而不壞耳根
十方世界中　禽獸鳴相呼　其說法之人　於此悉聞之
其諸梵天上　光音及遍淨　乃至有頂天　言語之音聲
法師住於此　悉皆得聞之　一切比丘衆　及諸比丘尼
若讀誦經典　若為他人說　法師住於此　悉皆得聞之
復有諸菩薩　讀誦於經法　若為他人說　撰集解其義
如是諸音聲　悉皆得聞之　諸佛大聖尊　教化衆生者
於諸大衆中　演說微妙法　持此法華者　悉皆得聞之
三千大千界　內外諸音聲　下至阿鼻獄　上至有頂天
皆聞其音聲　而不壞耳根　其耳聰利故　悉能分別知

三千大千界內外諸音聲下至阿鼻獄上至有頂天
皆聞其音聲而不壞耳根其耳聰利故悉能分別知
持是法華者雖未得天耳但用所生耳功德已如是
復次常精進若善男子善女人受持是經若
讀若誦若解說若書寫成就八百鼻功德以
是清淨鼻根聞於三千大千世界上下內外
種種諸香須曼那華香闍提華香末利華香
瞻蔔華香波羅羅華香赤蓮華香青蓮
華香白蓮華香華樹香菓樹香栴檀香沉水香
多摩羅跋香多伽羅香及千万種和香若末若
丸若塗香持是經者於此間住悉能分別又
復別知衆生之香象香馬香牛羊等香男
香女香童子香童女香及草木叢林香若近
若遠所有諸香悉皆得聞分別不錯持是經
者雖住於此亦聞天上諸天之香波利質多羅
拘鞞陀羅樹香及曼陀羅華香摩訶曼陀

羅華香曼殊沙華香摩訶曼殊沙華香栴
檀沉水種種末香諸雜華香如是等天香和合所
出之香无不聞知又聞諸天身香釋提桓因
在勝殿上五欲娛樂嬉戲時香若在妙法堂
上為忉利諸天說法時香若於諸園遊戲時
香及餘天等男女身香皆悉遙聞如是展轉
乃至梵世上至有頂諸天身香亦皆聞之并
聞諸天所燒之香及聲聞香辟支佛香菩薩
香諸佛身香亦皆遙聞知其所在雖聞此香
然於鼻根不壞不錯若欲分別為他人
念不謬尒時世尊
是人

BD00932

# 金光明最勝王經卷三

（唐）義净 譯

BD00932v

# 雜寫

560.8cm × 26cm

與一十於六道中所有父母
窣堵波物四方僧物現前僧物
世尊法律不樂奉行師長教示
行聲聞獨覺大乘行者喜生罵
心生悔惱見有勝己便懷嫉妬法
慳悋无明所覆邪見
增長於諸佛所而起誹
法如是衆罪佛以真實慧真
明真實平等惠智惠見我今
皆悉發露不敢覆藏未作之
之罪今皆懺悔所作業障應墮惡道地獄
餓鬼之中阿蘇羅衆及八難處願我此生
所有業障皆得消滅所有惡報未來不受亦

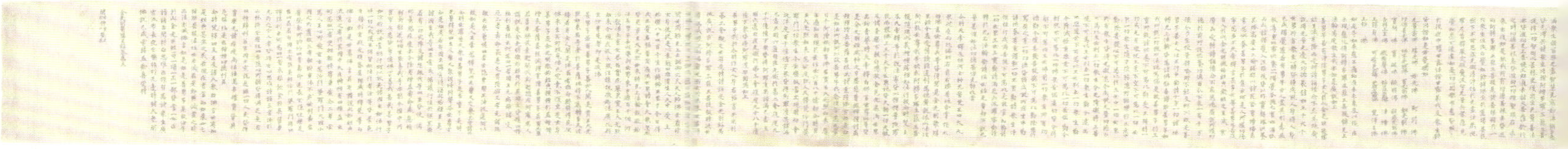

如過去諸大菩薩修菩提行所有業障悉已
懺悔我之業障今亦懺悔皆悉發露不敢覆
藏已作之罪願得除滅未來之惡更不敢造
亦如未來諸大菩薩修菩提行所有業障悉
已懺悔我之業障今亦懺悔皆悉發露不敢
覆藏已作之罪願得除滅未來之惡更不敢
造亦如現在十方世界諸大菩薩修菩提行
所有業障悉已懺悔我之業障今亦懺悔皆
悉發露不敢覆藏已作之罪願得除滅未來
之惡更不敢造
善男子以是因緣若有造罪一剎那中不得覆
藏何況一日一夜乃至多時若有犯罪欲求清
淨心懷媿恥信於未來必有惡報生大恐
怖應如是懺如人被火燒頭燒衣救令速滅火

怖應如是懺如人被火燒頭燒衣救令速滅火
若未滅心不得安若人犯罪亦復如是 即應
懺悔令速除滅若有願生冨樂之家 多
饒財寶復欲發意修習大乘亦應懺悔滅除
業障欲生豪貴婆羅門種刹帝利家及轉
輪王七寶具足亦應懺悔滅除業障
善男子若有欲生四大王衆三十三天夜 摩
天覩史多天樂變化天他化自在天亦應懺
悔滅除業障若欲生梵衆梵輔大梵天少光
无量光極光淨天少淨无量淨遍淨天无雲
福生廣果无煩无熱善現天善見色究竟天
亦應懺悔滅除業障若欲求預流果一來果
不還果阿羅漢果亦應懺悔滅除業障若欲

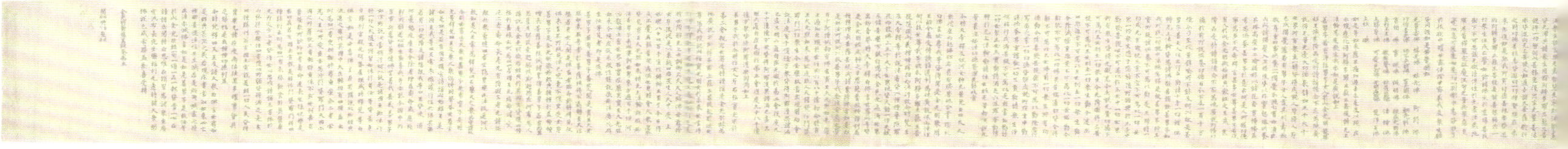

願求三明六通聲聞獨覺自在菩提至究竟
地求一切智智淨智不思議智不動智三藐三
菩提正遍智者亦應懺悔滅除業障何以故
善男子一切諸法從因緣生如來所說異相生
異相滅因緣異故如是過去諸法皆已滅盡
所有業障无復遺餘是諸行法未得現
生而今得生未來業障更不復起何以故善男
子一切法空如來所說无有我人衆生壽者
亦无生滅亦无行法善男子一切諸法皆依
於本亦不可說何以故過一切相故若有善男
子善女人如是入非微妙真理生信敬心
是名无衆生而有於本以是義故說於懺
悔滅除業障
善男子若人成就四法能除業障永得清淨

BD00932　金光明最勝王經卷三

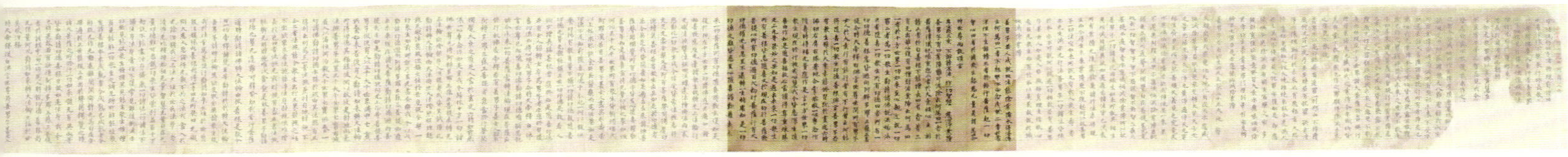

善男子若人成就四法能除業障永得清淨
云何為四一者不起邪心正念成就二者於甚
深理不生誹謗三者於初行菩薩起一切
智心四者於諸衆生起慈无量是謂為四尒
時世尊而説頌言
專心護三乘　不誹謗深法　作一切智想　慈心淨業障
善男子有四業障難可滅除云何為四一者於
菩薩律儀犯極重惡二者於大乘經心生誹
謗三者於自善根不能增長四者貪著三
有无出離心復有四種對治業障云何為四
一者於十方世界一切如來至心親近説一切
罪二者為一切衆生勸請諸佛説深妙法
三者隨喜一切衆生所有功德四者所有一

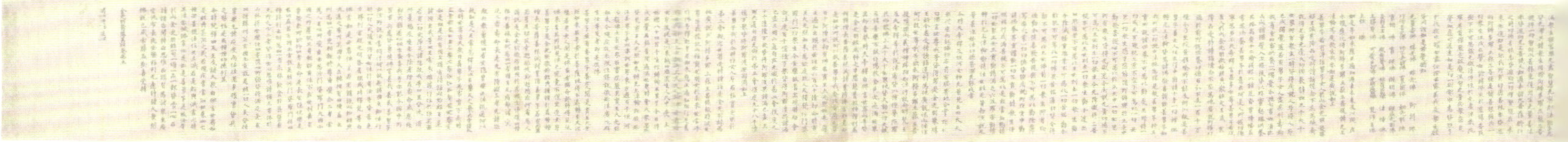

切功德善根悉皆迴向阿耨多羅三藐三菩
提尒時天帝釋白佛言世尊世間所有男子
女人於大乘行有能行者有不行者云何能
得隨喜一切衆生功德善根佛言善男子若
有衆生雖於大乘未能修習然於晝夜六時
偏袒右肩右膝著地合掌恭敬一心專念作
隨喜時得福无量應作是言十方世界一切
衆生現在修行施戒心慧我今皆悉深生隨
喜由作如是隨喜福故必當獲得尊重殊勝
无上无等㝡妙之果如是過去未來一切衆生
所有善根皆悉隨喜又於現在初行菩薩發
菩提心所有功德過百大劫行菩薩行有大
功德獲无生忍至不退轉一生補處如是一切
功德之蘊皆悉至心隨喜讚歎過去未來

BD00932　金光明最勝王經卷三

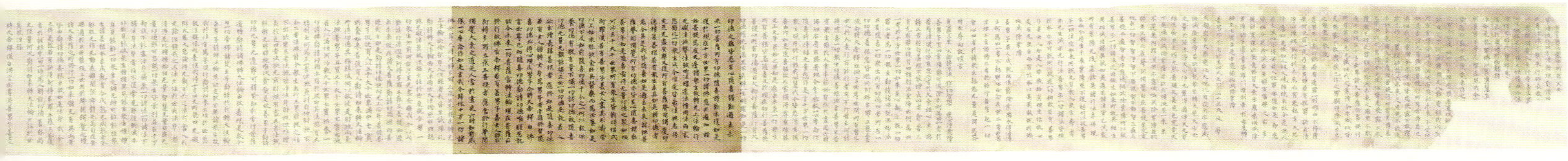

功德之蘊皆悉至心隨喜讚歎過去未
来一切菩薩所有功德隨喜讚歎亦復如是
復於現在十方世界一切諸佛應正遍知證
妙菩提為度无邊諸衆生故轉无上法輪行
无礙法施擊法鼓吹法螺建法幢雨法雨哀
愍勸化一切衆生咸令信受皆蒙法施悉得
充足无盡安樂又復所有菩薩聲聞獨覺功
德積集善根若有衆生未具如是諸功德者
悉令具足我皆隨喜如是過去未来諸佛菩
薩聲聞獨覺所有功德亦皆至心隨喜讚歎
善男子如是隨喜當得无量功德之聚如恒
河沙三千大千世界所有衆生皆斷煩惱成
阿羅漢若有善男子善女人盡其形壽常

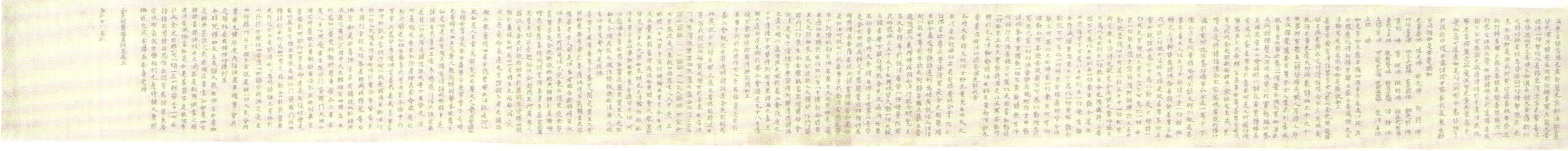

以上妙衣服飲食臥具醫藥而爲供養如是
功德不及如前隨喜功德千分之一何以故供
養功德有數有量不攝一切諸功德故隨喜
功德无量无數能攝三世一切功德是故若人
欲求增長勝善根者應修如是隨喜功德
若有女人願轉女身爲男子者亦應修習隨
喜功德必得心現成男子尒時天帝釋白佛
言世尊已知隨喜功德勸請功德唯願爲說
欲令未來一切菩薩當轉法輪現在菩薩正
修行故佛告帝釋若有善男子善女人願求
阿耨多羅三藐三菩提者應當修行聲聞
獨覺大乘之道是人當於晝夜六時如前威
儀一心專念作如是言我今歸依十方一切諸

儀一心專念作如是言我今歸依十方一切諸
佛世尊已得阿耨多羅三藐三菩提未轉无
上法輪欲捨報身入涅槃者我皆至誠頂礼
勸請轉大法輪雨大法雨然大法燈照明理趣
施无礙法莫般涅槃久住於世度脫安樂一
切衆生如前所說乃至无盡安樂我今以此
勸請功德迴向阿耨多羅三藐三菩提如過
去未來現在諸大菩薩勸請功德迴向菩
提我亦如是勸請功德迴向无上正等菩提善
男子假使有人以三千大千世界滿中七寶
供養如來若復有人勸請如來轉大法輪
所得功德其福勝彼何以故彼是財施此是
法施善男子且置三千大千世界七寶布施
若以滿恒河沙數大千世界七寶供養一

切諸佛勸請[illegible]由其法施有五
勝利云何爲五一者法施兼利自他財施不
尒二者法施能令衆生出於三界財施之福
不出欲界三者法施能淨法身財施但唯增
長於色四者法施无窮財施有盡五者法施
能斷无明財施唯伏貪愛是故善男子勸請
功德无量无邊難可譬喻如我昔行菩薩
道時勸請諸佛轉大法輪由彼善根是故今
日一切帝釋諸梵王等勸請於我轉大法輪
善男子請轉法輪爲欲度脫安樂諸衆生故
我於往昔爲菩提行勸請如來久住於世莫
般涅槃依此善根我得十力四无所畏四无礙
辯大慈大悲證得无數不共之法我當入於

BD00932　金光明最勝王經卷三

辯大慈大悲證得无數不共之法我當入於
无餘涅槃我之正法久住於世我法身者
清淨无比種種妙相无量智慧无量自在无
量功德難可思議一切衆生皆蒙利益百千万
劫說不能盡法身攝藏一切諸法一切諸法不
攝法身法身常住不墮常見雖復斷滅亦
非斷見能破衆生種種異見能生衆生種種
真見能解一切衆生之縛无縛可解能植衆
生諸善根本未成熟者令成熟已成熟者令
解脫无作无動遠離闇鬧寂靜无為自在安
樂過於三世能現三世出於聲聞獨覺之境
諸大菩薩之所修行一切如來體无有異此等
皆由勸請功德善根力故如是法身我今
已得是故若有欲得阿耨多羅三藐三菩提

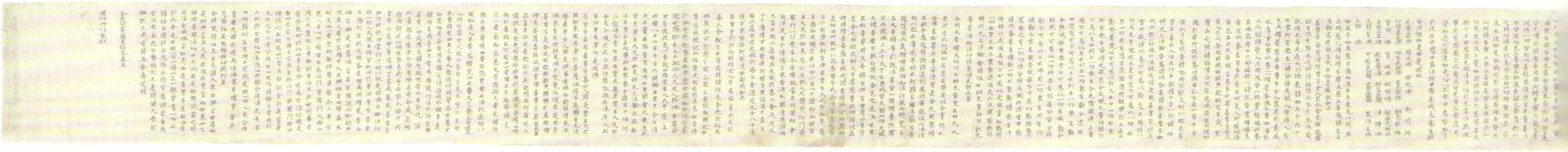

者於諸經中一句一頌爲人解說功德善根尚
无限量何況勸請如来轉大法輪久住於世
莫般涅槃
時天帝釋復白佛言世尊若善男子善女人
爲求阿耨多羅三藐三菩提故脩三乘道所
有善根云何迴向一切智智佛告天帝釋善
男子若有衆生欲求菩提脩三乘道所有善根
願迴向者當於晝夜六時慇重至心作如是說
我從无始生死以来於三寶所脩行成就所有
善根乃至施與傍生一搏之食或以善言和
解諍訟或受三歸及諸學處或復懺悔
勸請隨喜所有善根我今作意悉皆攝取迴
施一切衆生无悔悋心是解脫分善根所攝如

施一切衆生无悔恡心是解脱分善根所攝如
是所有功德善根悉以迴施一切衆生不住想
心不捨相心我亦如是功德善根悉以迴施
一切衆生願皆獲得如意之手擕空出寶
滿衆生願富樂无盡智慧无窮妙法辯才悉
皆无滯共諸衆生同證阿耨多羅三藐三菩
提得一切智因此善根更復出生无量善法
亦皆迴向无上菩提又如過去諸大菩薩修行
之時功德善根悉皆迴向一切種智現在未
来亦復如是然我所有功德善根亦皆迴
向阿耨多羅三藐三菩提是諸善根願共一
切衆生俱成正覺如餘諸佛坐於道場菩提
樹下不可思議无礙清淨住於无盡法藏陁
羅尼首楞嚴定破魔波旬无量兵衆應見

覺知應可通達如是十二緣冊中悲皆照了
於後夜中獲甘露法證甘露義我及眾生願
皆同證如是妙覺猶如
无量壽佛　勝光佛　妙光佛　阿閦佛
功德善光佛　師子光明佛　百光明佛　網光明佛
寶相佛　寶焰佛　焰明佛　焰盛光明佛
吉祥上王佛　微妙聲佛　妙莊嚴佛　法幢佛
上勝身佛　可愛色身佛　光明遍照佛　梵淨王佛
上性佛
如是等如來應正遍知過去未來及以現在
示現應化得阿耨多羅三藐三菩提轉无上
法輪為度眾生我亦如是廣說如上
善男子若有淨信男子女人於此金光明最勝

法輪為度衆生耳亦如是廣說如上
善男子若有淨信男子女人於此金光明最勝
經王滅業障品受持讀誦憶念不忘為他廣
說得无量无邊大功德聚譬如三千大千
世界所有衆生一時皆得成就人身得人身
已成獨覺道若有男子女人盡其形壽恭
敬尊重四事供養一一獨覺各施七寶如須弥
山此諸獨覺入涅槃後皆以珎寶起塔供養
其塔高廣十二瑜繕那以諸花香寶幢幡蓋
常為供養善男子於意云何是人所獲功德
寧為多不天帝釋言甚多世尊善男子若復
有人於此金光明微妙經典衆經之王滅業
障品受持讀誦憶念不忘為他廣說所獲功
德於前所說供養功德百分不及一百千万

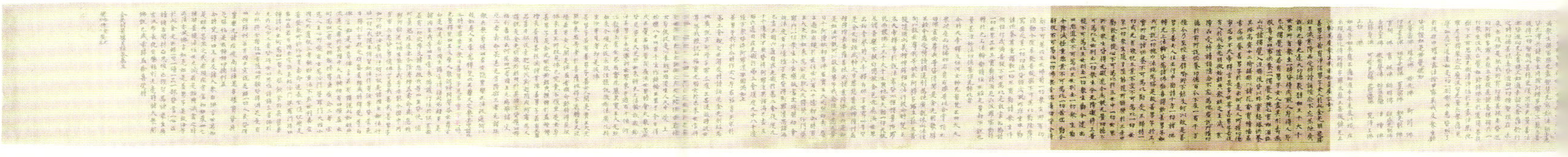

億分乃至挍量譬喻所不能及何以故是善
男子善女人住正行中勸請十方一切諸佛
轉无上法輪皆爲諸佛歡喜讚歎善男子如
我所説一切施中法施爲勝是故善男子於三
寶所設諸供養不可爲比勸受三歸持一
切戒无有毀犯三業不空不可爲比一切世
界一切衆生隨力隨能隨所願樂於三乘中
勸發菩提心不可爲比於三世中一切世界
所有衆生皆得无礙速令成就无量功德不
可爲比三世刹土一切衆生令无障礙得三菩
提不可爲比三世刹土一切衆生勸令速出
四惡道苦不可爲比三世刹土一切衆生勸
令除滅極重惡業不可爲比一切苦惱勸令
解脱不可爲比一切怖畏苦惱逼切皆令得

解脫不可為比一切怖畏苦惱逼切皆令得
解不可為比三世佛前一切衆生所有功
德勸令隨喜發菩提願不可為比勸除惡行
罵辱之業一切功德皆願成就所在生中勸
請供養尊重讚歎一切三寶勸請衆生淨
脩福行成滿菩提不可為比是故當知勸請
一切世界三世三寶勸請滿足六波羅蜜勸請
轉於无上法輪勸請住世經无量劫演說无
量甚深妙法功德甚深无能比者
尒時天帝釋及恒河女神无量梵王四大天
衆從座而起偏袒右肩右膝著地合掌頂礼
白佛言世尊我等皆得聞是金光明最勝
王經今悉受持讀誦通利為他廣說依此法住

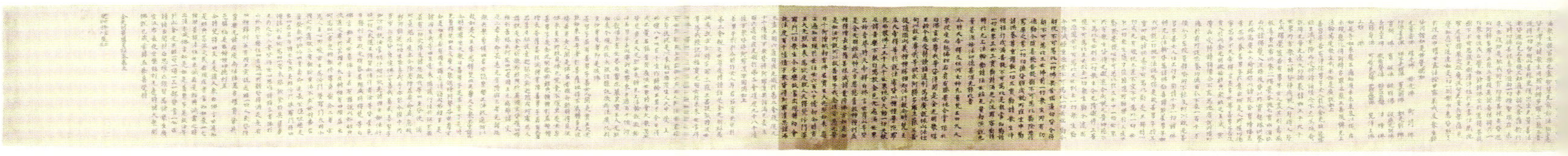

何以故世尊我等欲求阿耨多羅三藐三菩
提隨順此義種種勝相如法行故尒時梵王
及天帝釋等於說法處皆以種種曼陁羅
花而散佛上三千大千世界地皆大動一切天鼓
及諸音樂不鼓自鳴放金色光遍滿世界
出妙音聲時天帝釋白佛言世尊此等皆
是金光明經威神之力慈悲普救種種利益
種種增長菩薩善根滅諸業障佛言如是如
是如汝所說何以故善男子我念往昔過无量
百千阿僧祇劫有佛名寶王大光照如來應
正遍知出現於世住世六百八十億劫尒時寶
王大光照如來為欲度脫人天釋梵沙門婆
羅門一切衆生令安樂故當出現時初會
說法度百千億億万衆皆得阿羅漢果諸漏

BD00932　金光明最勝王經卷三

說法度百千億億万衆皆得阿羅漢果諸漏
已盡三明六通自在无礙於苐二會復度九
十千億億万衆皆得阿羅漢果諸漏已盡三
明六通自在无礙於苐三會復度九十八千億
億万衆皆得阿羅漢果圓滿如上
善男子我於尒時作女人身名福寳光明於
苐三會親近世尊受持讀誦是金光明經爲
他廣說求阿耨多羅三藐三菩提故時彼世
尊爲我授記此福寳光明女於未來世當得
作佛号釋迦牟尼如來應正遍知明行足善
逝世間觧无上士調御丈夫天人師佛世尊捨
女身後從是以来越四悪道生人天中受上
妙樂八十四百千生作轉輪王至于今日得

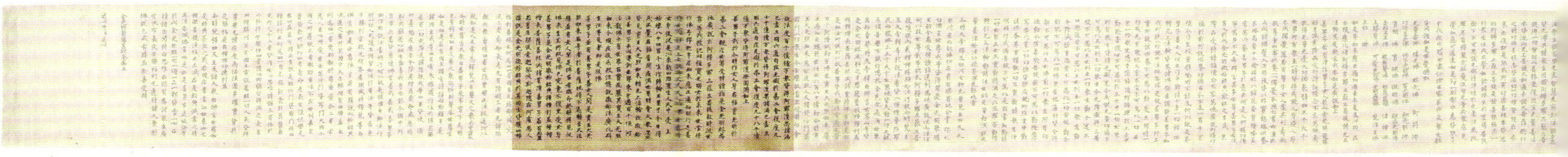

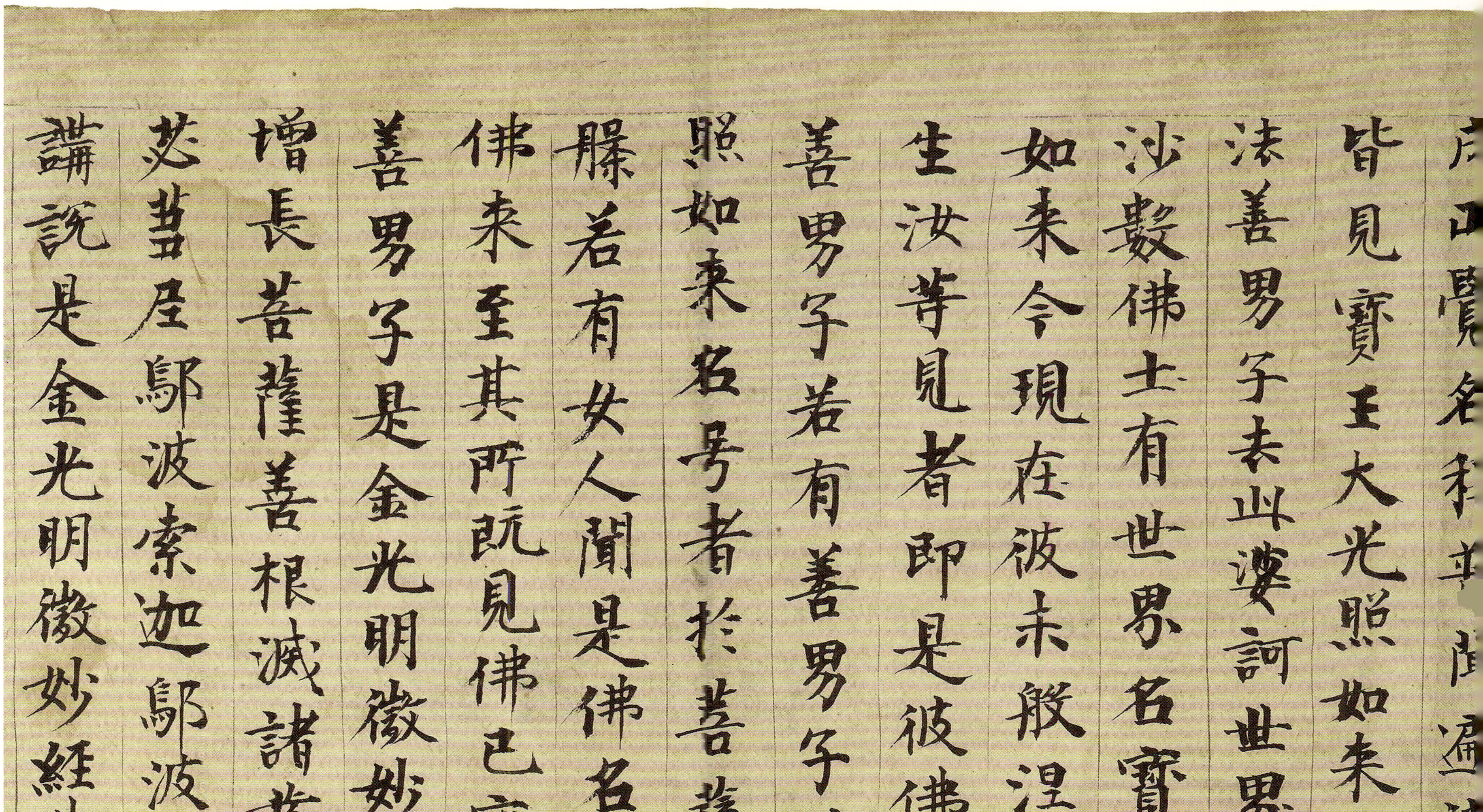

正覺名稱普聞遍滿世界時會大衆忽然
皆見寶王大光照如來轉无上法輪說微妙
法善男子去此娑訶世界東方過百千恒河
沙數佛土有世界名寶莊嚴其寶王大光照
如來今現在彼未般涅槃說微妙法廣化群
生汝等見者即是彼佛
善男子若有善男子善女人聞是寶王大光
照如來名号者於菩薩地得不退轉至大涅
槃若有女人聞是佛名者臨命終時得見彼
佛來至其所既見佛已究竟不復更受女身
善男子是金光明微妙經典種種利益種種
增長菩薩善根滅諸業障善男子若有苾芻
苾芻尼鄔波索迦鄔波斯迦隨在何處爲人
講說是金光明微妙經典於其國土皆獲四種

BD00932　金光明最勝王經卷三

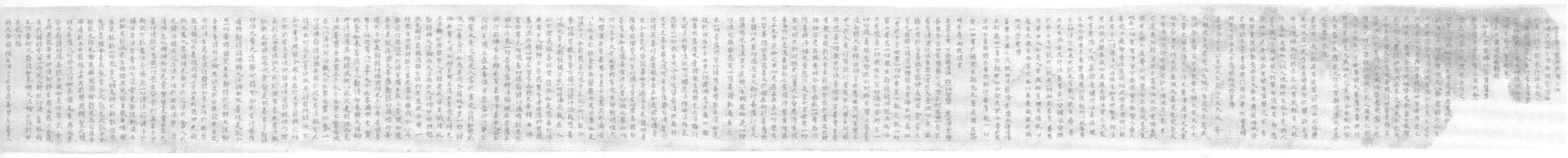

講說是金光明微妙經典於其國土皆獲四種
福利善根云何爲四一者國王无病離諸災
厄二者壽命長遠无有障礙三者无諸怨
敵兵衆勇健四者安隱豐樂正法流通何以
故如是人王常爲釋梵四王藥叉之衆共守護故
尒時世尊告天衆曰善男子是事實不是時
无量釋梵四王及藥叉衆俱時同聲荅世尊言
如是如是若有國土講宣讀誦此妙經王是
諸國主我等四王常來擁護行住共俱其王
若有一切災障及諸怨敵我等四王皆使消
殄憂愁疾疫亦令除差增益壽命感應禎
祥所願遂心恒生歡喜我等亦能令國中所
有軍兵悉皆勇健佛言善哉善哉善男子

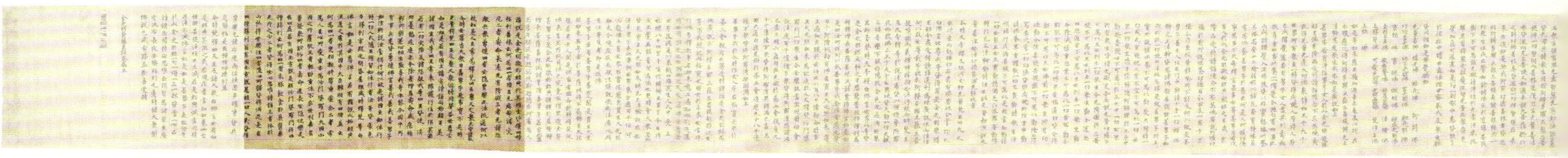

如汝所說汝當修行何以故是諸人王如法行
時一切人民隨王修習如法行者汝等皆蒙色
力勝利宮殿光明眷屬强盛時釋梵等白
佛言如是世尊佛言若有講說此妙經典
流通之處於其國中大臣輔相有四種益云
何爲四一者更相親穆尊重愛念二者常
爲人王心所愛重亦爲沙門婆羅門大國小
國之所尊敬三者輕財重法不求世利嘉名
普暨衆所欽仰四者壽命延長安隱快樂是
名四益若有國土宣說是經沙門婆羅門得四
種勝利云何爲四一者衣服飲食臥具醫藥
无所乏少二者皆得安心思惟讀誦三者依於
山林得安樂住四者隨心所願皆得滿足是名
四種勝利若有國土宣說是經一切人民皆得

BD00932　金光明最勝王經卷三

四種勝利若有國土宣說是經一切人民皆得
豐樂无諸疾疫商佑往還多獲寶貨具
足勝福是名種種功德利益
尒時梵釋四天王及諸大衆白佛言世尊如
是經典甚深之義若現在者當知如來卅七
種助菩提法住世未滅若是經典滅盡之時
正法亦滅佛言如是如是善男子是故汝等
於此金光明經一句一頌一品一部皆當一心正
讀誦正聞持正思惟正脩習為諸衆生廣
宣流布長夜安樂福利无邊時諸大衆聞
佛說已咸蒙勝益歡喜受持

金光明最勝王經卷苐三

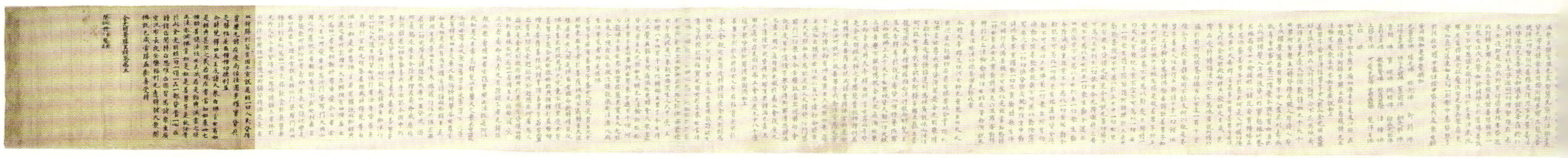

BD00932　金光明最勝王經卷三

BD00932v　雜寫

BD00933 無量大慈教經（异本二）

164.1cm × 25.5cm

尒時世尊復語阿難□□□□□瓔
黃金百万兩供養十方比丘福德多不□言□
甚多世尊荅言阿難亦不如舉足一步向道
場中佛說此經為一切法界衆生勸脩淨行
一切天人阿脩羅等聞佛所說皆大歡喜作
礼而去奉行
尒時世尊厭離娑婆世界入於涅槃白佛言
阿難我去之時未知迴日親屬法等令教衆生
心盡心勞瘁尒時阿難白佛言世尊衆生沉
在苦海无有出期尒時世尊復語阿難由汝
等方便之力善化善育令出苦海尒時阿難
白佛言世尊衆生愚癡現前顛到弃其貴妻
遂其賤妾下兩丁違无有二失衆生必门尒時

世尊具開經藏演說妙言和合衆生若有衆
生聞是說者心生歡喜是人寅上希有尒時
阿難白佛言世尊唯有閻提衆生難化難育
尒時世尊答言如牛耕田由人所遣彌猴作舞
由人所教造罪衆生由人所勸尒時阿難白佛言世
尊若有衆生樂生西方国者緣我身及向我
口眼中下不淨亦我不辤佛語阿難此經大聖
若有衆生勤誦此經者免得三難苦一難禁
囚二難病人三難地獄
尒時世尊答言阿難我為閻浮衆生難化難育
故開此經藏出其殊別妙經為汝演說若人見
此經者不生清淨當知是人與我无業我一
切經典廣說妙言引度衆生一稱我名者恚
見隨聲往救令身刼剥師僧者死墮寒氷

見隨聲往赦令身劫剥師僧者死隨寒氷
地獄又生豎中為他責剥如此等以逕八万
之劫餘受畜生身以逕五百劫蠢動衆生恚
皆作遍後受人身瘂殘盲跛五百劫中恒受
啞報令時世尊吾言阿難汙淨行尼僧者死
隨鐵窟中地獄八万刀輪一時来下斬截其
身尒時阿難白佛言如佛思量此事越三界
尒時世尊曰佛言阿難飲酒醉乱[illegible][illegible]隨飲銅
地獄中尒時阿難飲酒醉乱亂不識世尊阿難重
白酒之无命何故戒之尒時世尊復語阿難飲
酒醉乱不識尊親我見振旦國有人曰酒婬
毋破其五戒是以禁之尒時世尊白言大諸菩
薩等我戊[從]佛以来於今五百餘劫經典披遍
讀誦聞逕未聞是言未聞是說若有衆

生聞此経者宿種善曰宿種善果思[illegible]此
経不可思量不可稱盡尒時如来語諸菩薩
我説言語重如太山衆生聞者輕如微塵此
法難聞亦復難見佛語阿難若有衆生聞此
経者心生歡喜如此之人盡心爲説尒時世
尊復語阿難我見衆生随落三塗若將刀害
身體由斯可忍我不忍見於衆生受大苦惱酸
悲忍苦身上演出光明遍照十方有我縁者
得見我身无我縁者不見我想尒時阿難白
佛言世尊如何有二種心一種衆生則有見
者則无見者尒時如来復語阿難日月普照盲
者不見尒時阿難重白世尊云何是盲云何是
明尒時世尊答言阿難脩福者是明不脩福
者是盲尒時阿難復白佛言世尊脩福者

者是旨佘時阿難復白佛言世尊脩福者
不見由何佘時世尊白言阿難脩福不見我身
郭聞佛光汙泥三寶是以不得見我佛語菩
薩聞此經者心生歡喜如子見父母遠行得
歸如飢得食如渴得漿如此之人盡為說法
佛語阿難食肉之人喻如群狗諍骨各各
貪多見其猪羊常在煞煞其皂安如猫趣
鼠專心用意今身信解佛法者從人中来
今身不信佛法者從畜生身来造罪不
不悔者喻如運金填圍損其寶物造罪悔者
如病得藥還復差損汙衣水洗還得清淨
佛語普賢菩薩用我語者一偈成佛不信
我者喻如海中求針枉費功力无得見曰佛
語菩薩今身盜他物者来生与他作[illegible]

牛令他苦打非時苦使受牛身以是
劫與他為奴任他駈使心生迯避命被捉得
苦形印面非理苦打佛語諸菩薩迦葉中
有二種心一者善心二者惡心云何名為惡人若
有衆生入寺之時維從衆僧乞索惑求僧長
短或噉僧食都无慚愧心餅菓菜茹懷挟歸
家如此之人死墮鑊丸地獄云何名為善人
若有衆生入寺之時見僧恭敬見佛礼拜
受戒懺悔捨於財物經營三寶不惜身命
護持大法如此之人舉足一步天堂自至未
來受菓如樹提伽是則名為第上善人也佛
告大衆我向所論種種因果此經一名殊別
二名殊勝三名菩薩若有衆生聞此經者
一發善心得生淨土佛告菩薩聞我說者

一發善心得生淨土佛告菩薩聞我說者
心生歡喜如旱得水苗稼菜蘇活不受化
語者如石水澱无有潤時尒時阿難白佛言
世尊汝等見振旦國有人從七歲脩福至
於百年臨命終時破其五戒此人得
尒時世尊復語阿難喻如般車上万里
臨頭翻車連本所損何有得其継
多如雲影日片時之光喻如一口之
久飽佛語衆生我等廣說因緣
普勸衆生同脩淨行一切世間天
羅等聞佛所說皆大歡喜作礼而
佛說无量大慈

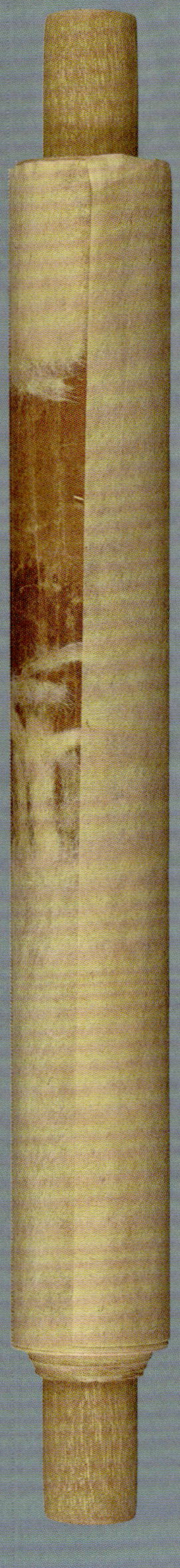

BD00934

# 金剛般若波羅蜜經

（後秦）鳩摩羅什 譯

305.5cm×25.5cm

是名莊嚴是故須菩提諸菩
生清淨心不應住色生心
觸法生心應无所住而生其心須
有人身如須彌山王於意云何是身為
須菩提言甚大世尊何以故佛說非身是名
大身須菩提如恒河中所有沙數如是沙等
恒河於意云何是諸恒河沙寧為多不須菩
提言甚多世尊但諸恒河尚多无數何況其
沙須菩提我今實言告汝若有善男子善女
人以七寶滿尒所恒河沙數三千大千世界
以用布施得福多不須菩提言甚多世尊佛
告須菩提若善男子善女人於此經中乃至
受持四句偈等為他人說而此福德勝前福

德復次須菩提隨說是經乃至四句偈等當
知此處一切世間天人阿脩羅皆應供養如
佛塔廟何況有人盡能受持讀誦須菩提當
知是人成就最上第一希有之法若是經典
所在之處則為有佛若尊重弟子
尒時須菩提白佛言世尊當何名此經我等
云何奉持佛告須菩提是經名為金剛般若
波羅蜜以是名字汝當奉持所以者何須菩
提佛說般若波羅蜜則非般若波羅蜜須菩
提於意云何如來有所說法不須菩提白佛
言世尊如來无所說須菩提於意云何三千
大千世界所有微塵是為多不須菩提言甚
多世尊須菩提諸微塵如來說非微塵是名
微塵如來說世界非世界是名世界須菩提

BD00934　金剛般若波羅蜜經

多世尊須菩提諸微塵如來說非微塵是名
微塵如來說世界非世界是名世界須菩提
於意云何可以三十二相見如來不不也世
尊不可以三十二相得見如來何以故如來
說三十二相即是非相是名三十二相須菩
提若有善男子善女人以恒河沙等身命布
施若復有人於此經中乃至受持四句偈等
為他人說其福甚多
尒時須菩提聞說是經深解義趣涕淚悲泣
而白佛言希有世尊佛說如是甚深經典我
從昔來所得慧眼未曾得聞如是之經世尊
若復有人得聞是經信心清淨則生實相當
知是人成就第一希有功德世尊是實相者
則是非相是故如來說名實相世尊我今得

聞如是經典信解受持不足為難若當來世
後五百歲其有衆生得聞是經信解受持是
人則為弟一希有何以故此人无我相人相衆
生相壽者相所以者何我相即是非相人相
衆生相壽者相即是非相何以故離一切諸
相則名諸佛
佛告須菩提如是如是若復有人得聞是經
不驚不怖不畏當知是人甚為希有何以故
須菩提如來説弟一波羅蜜非弟一波羅蜜
是名弟一波羅蜜
須菩提忍辱波羅蜜如來説非忍辱波羅蜜
何以故須菩提如我昔為歌利王割截身體
我於尒時无我相无人相无衆生相无壽者
相何以故我於往昔節節支解時若有我相

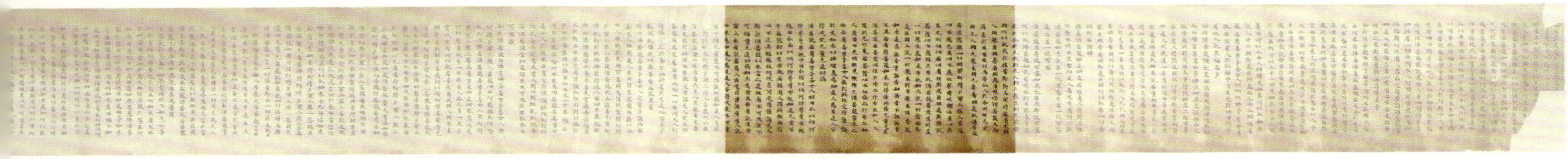

我於尒時无我相无人相无衆生相无壽者
相何以故我於往昔節節支解時若有我相
人相衆生相壽者相應生瞋恨須菩提又念
過去於五百世作忍辱仙人於尒所世无我
相无人相无衆生相无壽者相是故須菩提
菩薩應離一切相發阿耨多羅三藐三菩提
心不應住色生心不應住聲香味觸法生心應
生无所住心若心有住則為非住是故佛說
菩薩心不應住色布施須菩提菩薩為利益
一切衆生應如是布施如來說一切諸相即
是非相又說一切衆生則非衆生須菩提
如來是真語者實語者如語者不誑語者
不異語者須菩提如來所得法此法无實无虛
須菩提若菩薩心住於法而行布施如人入

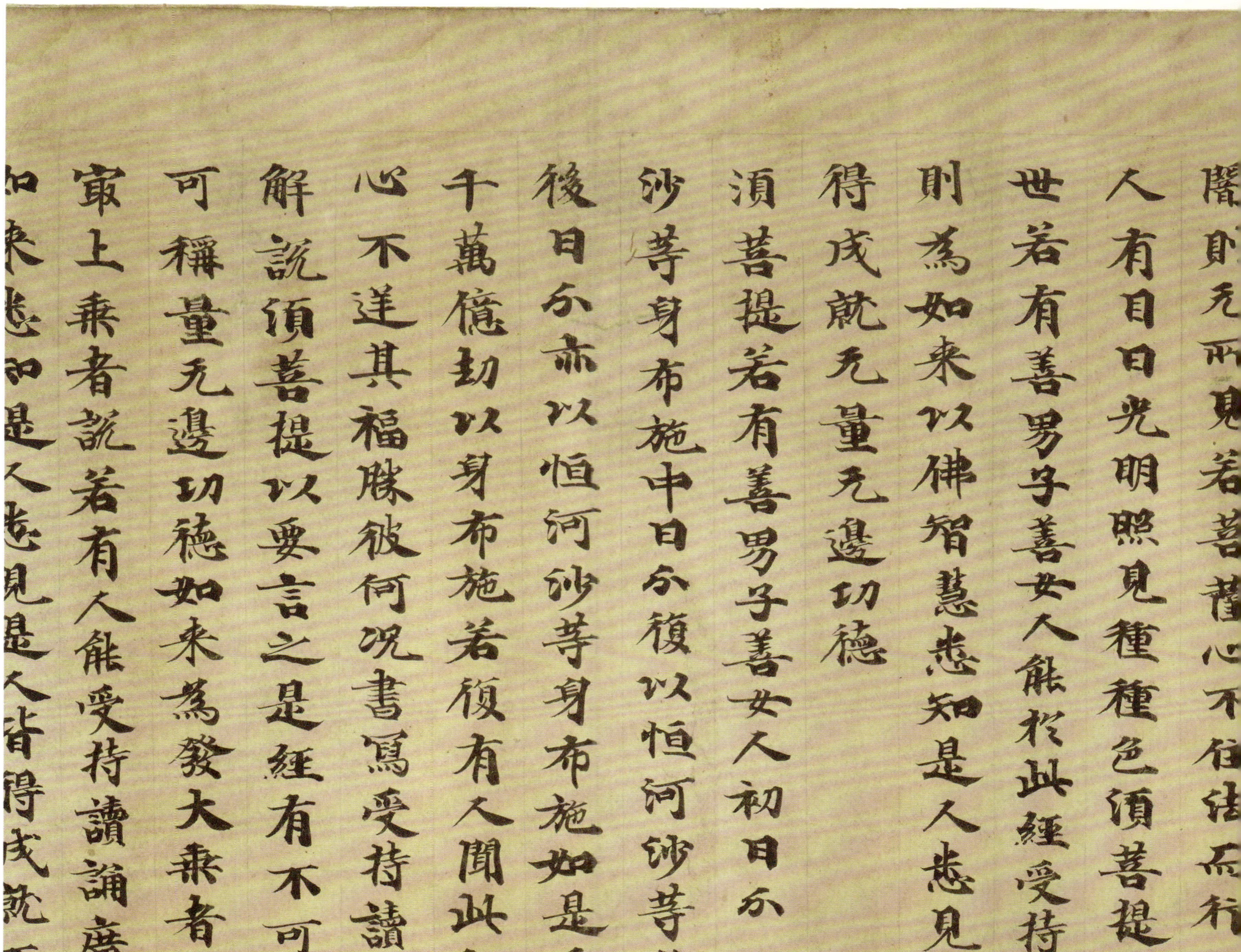

闇則无所見若菩薩心不住法而行布施如
人有目日光明照見種種色須菩提當來之
世若有善男子善女人能於此經受持讀誦
則為如來以佛智慧悉知是人悉見是人皆
得成就无量无邊功德
須菩提若有善男子善女人初日分以恒河
沙等身布施中日分復以恒河沙等身布施
後日分亦以恒河沙等身布施如是无量百
千萬億劫以身布施若復有人聞此經典信
心不逆其福勝彼何況書寫受持讀誦為人
解說須菩提以要言之是經有不可思議不
可稱量无邊功德如來為發大乘者說為發
最上乘者說若有人能受持讀誦廣為人說
如來悉知是人悉見是人皆得成就不可量

BD00934　金剛般若波羅蜜經

可稱量无邊功德如來為發大乘者說為發
冣上乘者說若有人能受持讀誦廣為人說
如來悉知是人悉見是人皆得成就不可量
不可稱无有邊不可思議功德如是人等則
荷擔如來阿耨多羅三藐三菩提何以故
須菩提若樂小法者著我見人見衆生見壽
者見則於此經不能聽受讀誦為人解說須
菩提在在處處若有此經一切世間天人阿
脩羅所應供養當知此處則為是塔皆應恭
敬作礼圍繞以諸華香而散其處
復次須菩提善男子善女人受持讀誦此經
若為人輕賤是人先世罪業應墮惡道以今
世人輕賤故先世罪業則為消滅當得阿耨
多羅三藐三菩提須菩提我念過去无量阿

僧祇劫於然燈佛前得值八百四千萬億那
由他諸佛悉皆供養承事无空過者若復有
人於後末世能受持讀誦此經所得功德於
我所供養諸佛功德百分不及一千萬億分
乃至筭數譬喻所不能及須菩提若善男子
善女人於後末世有受持讀誦此經所得功
德我若具說者或有人聞心則狂亂狐疑不
信須菩提當知是經義不可思議果報亦不
可思議
尒時須菩提白佛言世尊善男子善女人發
阿耨多羅三藐三菩提心云何應住云何降
伏其心佛告須菩提善男子善女人發阿耨
多羅三藐三菩提者當生如是心我應滅度
一切衆生滅度一切衆生已而无有一衆生

多羅三藐三菩提者當生如是心我應滅度
一切衆生滅度一切衆生已而无有一衆生
實滅度者何以故若菩薩有我相人相衆生
相壽者相則非菩薩所以者何須菩提實无
有法發阿耨多羅三藐三菩提者須菩提於
意云何如来於然燈佛所有法得耨多羅三
藐三菩提不不也世尊如我解佛所説義佛
於然燈佛所无有法得阿耨多羅三藐三
菩提佛言如是如是須菩提實无有法如来
得阿耨多羅三藐三菩提須菩提若有法如
来得阿耨多羅三藐三菩提者然燈佛則不
與我受記汝於来世當得作佛号釋迦牟尼
以實无有法得阿耨多羅三藐三菩提是故
然燈佛與我受記作是言汝於来世當得作

佛号釋迦牟尼何以故如來者即諸法如義
若有人言如來得阿耨多羅三藐三菩提須
菩提實无有法佛得阿耨多羅三藐三菩提
須菩提如來所得阿耨多羅三藐三菩提於
是中无實无虛是故如來說一切法皆是佛
法須菩提所言一切法者即非一切法是故名
一切法須菩提譬如人身長大須菩提言世
尊如來說人身長大則為非大身是名大
身須菩提菩薩亦如是若作是言我當滅
度无量眾生則不名菩薩何以故須菩提實
无有法名為菩薩是故佛說一切法无我无人
无眾生无壽者須菩提若菩薩作是言我當
莊嚴佛土是不名菩薩何以故如來說莊嚴
佛土者即非莊嚴是名莊嚴須菩提若菩薩

莊嚴佛土是不名菩薩何以故如來說莊嚴
佛土者即非莊嚴是名莊嚴須菩提若菩薩
通達无我法者如來說名真是菩薩
須菩提於意云何如來有肉眼不如是世尊
如來有肉眼須菩提於意云何如來有天眼
不如是世尊如來有天眼須菩提於意云何
如來有慧眼不如是世尊如來有慧眼須菩
提於意云何如來有法眼不如是世尊如來
有法眼須菩提於意云何如來有佛眼不如
是世尊如來有佛眼須菩提於意云何如恒河
中所有沙佛說是沙不如是世尊如來說是
沙須菩提於意云何如一恒河中所有沙有
如是等恒河是諸恒河所有沙數佛世界如
是寧為多不甚多世尊佛告須菩提尒所國

土中所有眾生若干種心如來悉知何以故
如來說諸心皆為非心是名為心所以者何
須菩提過去心不可得現在心不可得未來
心不可得須菩提於意云何若有人滿三千
大千世界七寶以用布施是人以是因緣得
福多不如是世尊此人以是因緣得福甚多
須菩提若福德有實如來不說得福德多以
福德无故如來說得福德多
須菩提於意云何佛可以具足色身見不不
也世尊如來不應以具足色身見何以故如來
說具足色身即非具足色身是名具足色身須
菩提於意云何如來可以具足諸相見不不
也世尊如來不應以具足諸相見何以故如
來說諸相具足即非具足是名諸相具足須

來說諸相具足即非具足是名諸相具足須菩提汝勿謂如來作是念我當有所說法莫作是念何以故若人言如來有所說法即為謗佛不能解我所說故須菩提說法者无法可說是名說法須菩提白佛言世尊佛得阿耨多羅三藐三菩提為无所得耶如是如是須菩提我於阿耨多羅三藐三菩提乃至无有少法可得是名阿耨多羅三藐三菩提復次須菩提是法平等无有高下是名阿耨多羅三藐三菩提以无我无人无眾生无壽者脩一切善法即得阿耨多羅三藐三菩提須菩提所言善法者如來說非善法是名善法須菩提若三千大千世界中所有諸須彌山

# BD00935 太子瑞應本起經卷下

（三國吳）支謙 譯

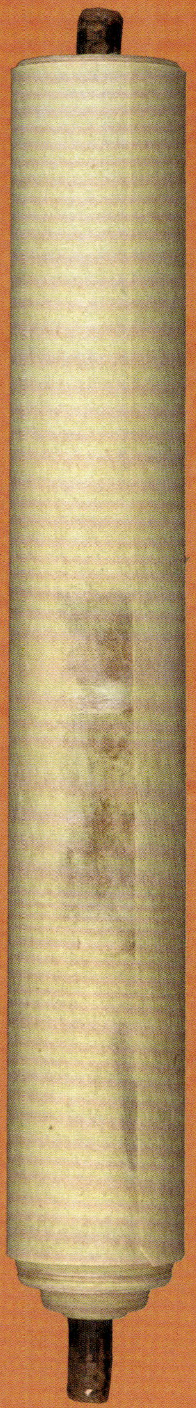

478.5cm × 23.5cm

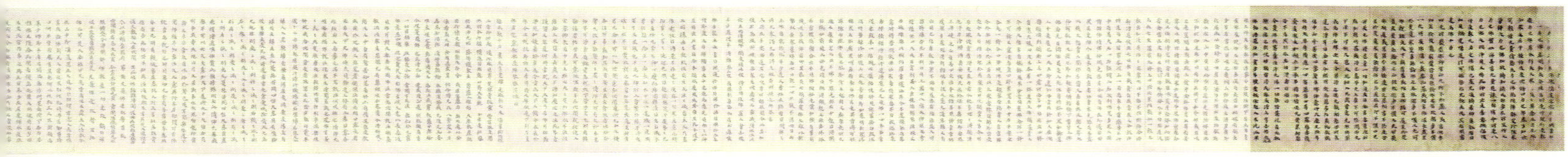

□大□佛□身无深微隱遠是處非處明審如
一力也佛悉明知來今往古所造行地所受報
處力也佛悉分別天人衆〻彼〻異念三力也佛
知衆生若干種語及度世語四力也佛悉了知世
間雜種无量情態五力也佛能現禪解定行除衆
勞諍六力也佛知欲縛知縛以解要在所宜行七
力也佛智如海善言无量巨識一切宿命所更八
力也佛天眼淨見人物死神所出生善惡殃福隨
行受報九力也佛漏已盡无復縛著神真叡智自
知見證究暢道行可作能作无餘生死其智明審
是爲佛十力也
四无所畏者佛神智正无所不知愚人或言佛未
知至於梵魔衆聖皆莫能論佛之智故獨步不懼
一无所畏佛漏以盡悉正愚或相言佛漏未盡至
於梵魔衆聖莫能論佛之悉故獨步不懼二无所

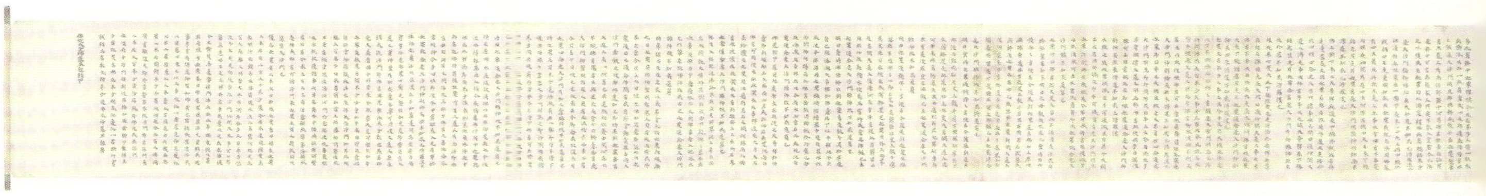

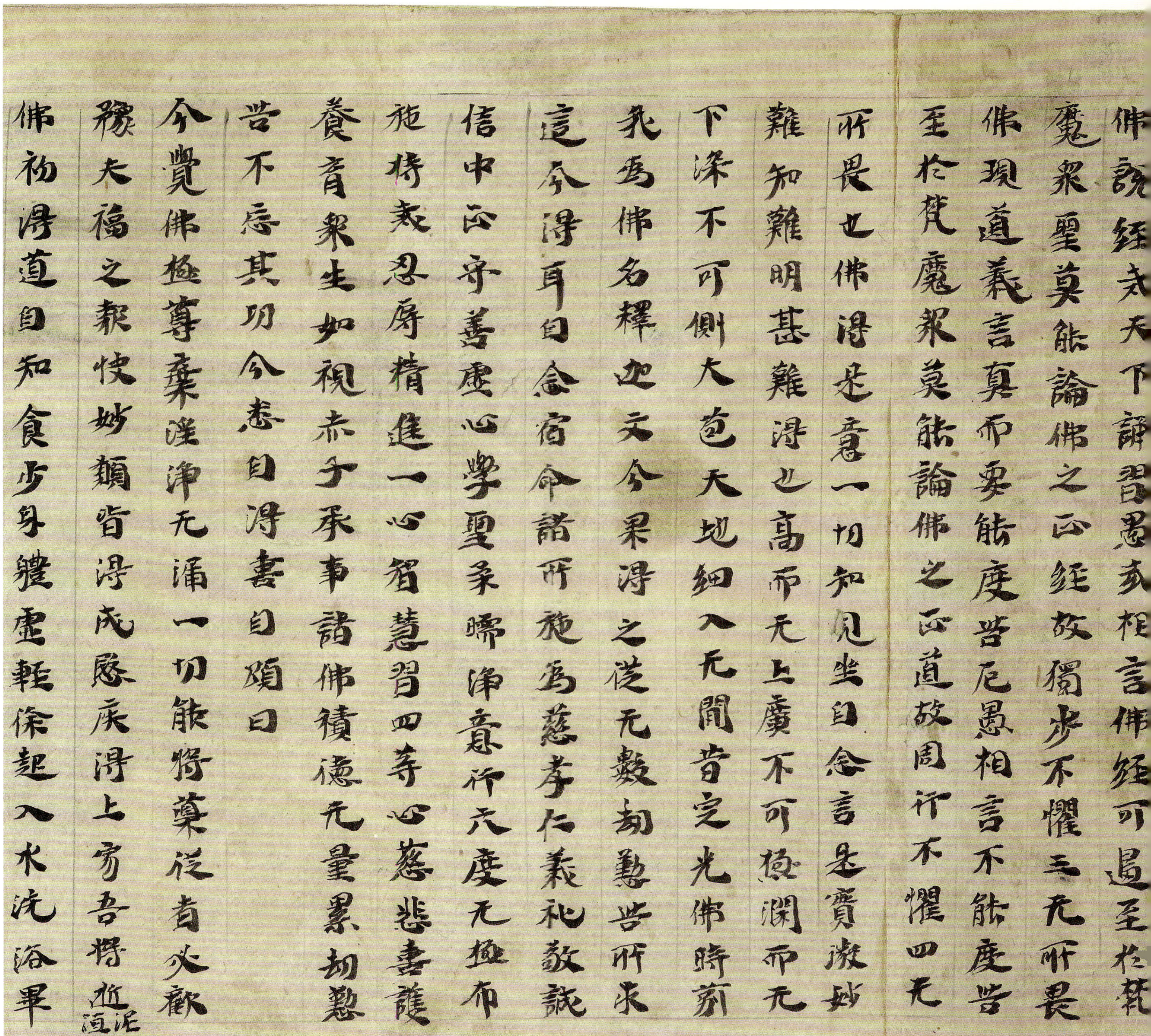

佛說經或天下諸習愚或相言佛經可遍至於梵
魔衆聖莫能論佛之正經故獨步不懼三无所畏
佛現道義言真而要能度皆尼愚相言不能度皆
至於梵魔衆莫能論佛之正道故周行不懼四无
所畏也佛得是意一切知見坐自念言是寶微妙
難知難明甚難得也高而无上廣不可極淵而无
下深不可側大苞天地細入无間昔定光佛時蒙
我為佛名釋迦文今果得之從无數劫勤苦所求
適今得耳自念宿命諸所施為慈孝仁義禮敬誠
信中正守善虛心學聖柔軟淨意行六度无極布
施持戒忍辱精進一心智慧習四等心慈悲喜護
養育衆生如視赤子承事諸佛積德无量累劫勤
苦不忘其功今悉自得喜自頌曰
今覺佛極尊棄淫淨无漏一切能將導從者必歡
豫大福之報快妙願皆得成慇懃得上旁吾將泥洹
佛初得道自知食少身體虛輕徐起入水洗浴畢

BD00935　太子瑞應本起經卷下

佛初得道自知食少身體虛輕從起入水洗浴畢
欲上坼天案樹枝得攀而出旋往樹下有五百青
雀飛來繞佛三匝而去復有長者女始嫁有願生
子男者當作百味之糜祠山樹神後生得男喜即
作糜成以金鉢其女寫糜釜勺不污女益珍敬與
數女俱入山中望見好樹即遣婢先掃除婢見佛
不知何神還報女曰有神在樹下女命婢齎百味
之糜置頭上前長跪上食并金鉢佛言女善有善
意故以現世得福見諦衆女進拜而退佛食糜念
先三佛初得道時皆有獻百味食并金鉢如此器
者金皆在天帝王龍所佛即擲鉢水中自然逆流
上水七里墮前三鉢上四器共累相類如一龍王
獻書知復有佛々之意七日不動不惟樹神念佛
新得道快坐七日未有獻食者我當求人令飯佛
時適有五百賈客從山一面過車牛皆躓身不行

諸樹神諸神神現光像言今世有佛在此優
界尼連禪水邊未有致食者汝曹幸先能有善意
久獲大福賈人聞佛名皆大喜言佛久獨大尊天
神所敬非凡器也即和麨蜜俱詣樹下稽首上佛
佛念先古諸佛哀受人施法皆持鉢不宜如餘道
人手受食也四天王即遙知佛當用鉢如人屈伸
臂頃俱到頞那山上如意所念石中自然出四鉢
香潔无穢四天王各取一鉢還共上佛願哀賈人
令得大福方有鐵鉢後弟子當用食佛念取一鉢
不可餘王意便悉受四鉢累置左手中右手案之
合成一鉢令四際現佛受麨蜜告諸賈人言當歸
命於佛歸命於法方有比丘衆當從自歸即皆受
教各三自歸佛起於異處食畢呪願賈人言今所
布施欲使食者得充氣力當令施家世世得願得
色得力得瞻得善安快无病終保年壽諸邪惡鬼
不得嬈近已有善心立德本故諸善鬼神常當擁

BD00935　太子瑞應本起經卷下

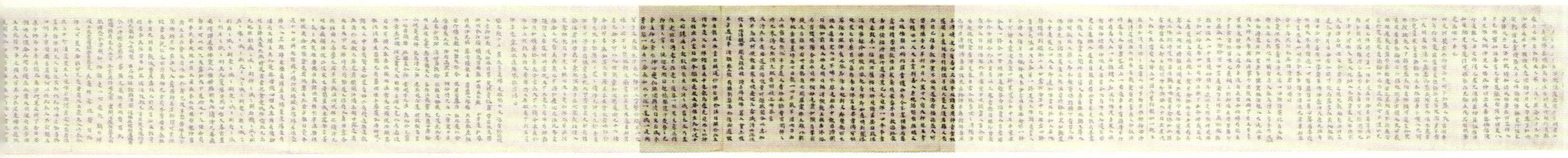

不得嫉妬已有善心立德本故諸善鬼神常當擁
護開示道地得利諸偶不便大憂无復患難人有
正見已信善敬淨潔不悔施道德者福德益大所
墮轉勝吉无不利日月五星廿八宿天神鬼王常
隨護助四大天王賞別善人東提頭賴南維睒文
西維樓勒北拘均羅當護汝等令不遭橫能有慧
意研精學問敬佛法衆棄捐衆惡不自放恣終受
吉祥種福得福行道得道已先見佛一心奉事當
從是致第一福現世獲祐快解見諦富樂自致泥
洹時奚趣冷佛腹內風起帝釋即知應時到閻浮
提衆上取藥果呵梨勒來白佛言是果香潔可服
即除內風佛食之風即除去起到文鄰瞽龍所无
提水邊坐定七日不喘不息光照水中龍自得開
目識如前見三佛光明目輙得視龍王歡喜沐浴
名香檀擁護合出水見佛相好光景如樹有華前
光[illegible][illegible][illegible][illegible]圍卅里龍有七頭羅覆[illegible][illegible][illegible][illegible]

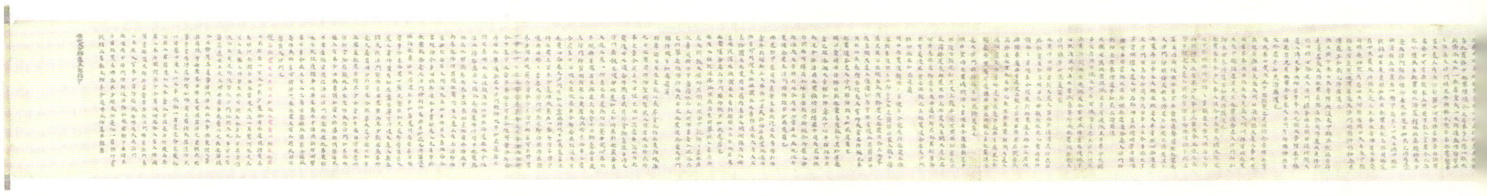

蚊虫霄寒暑時雨七日龍一心不動不搖七日而
上佛寤龍作化年少道人著好衣飾稽首問佛之
得无寒之得无熱得无蚊蝱所嬈近佛荅言
久得在屏處思道其福快昔所願欲聞今以悉知
快不為彼所嬈龍安衆生快度世三毒滅得佛泥洹
快生世得覩佛　聞受經法快　得與辟支佛　真人會亦快
不與遇從事　得離惡人快　有慧别真偽知信正道快
佛告龍王汝當自歸復於佛自歸於法自歸於比丘
僧即受三自歸諸畜生中是龍為應先見佛之以神
足移坐石室自念本願欲度衆生思惟生死本從十
二因緣法之起故使有生死法之滅者生死乃盡
作是故自得是不作是之便見一切衆生意為精
神寘之家之恍惚无形自起識想隨行受身之无
常主神无常形神心變化躁濁難清自生自滅未
曾休息一念去一念來如水中泡一這滅一復興

BD00935　太子瑞應本起經卷下

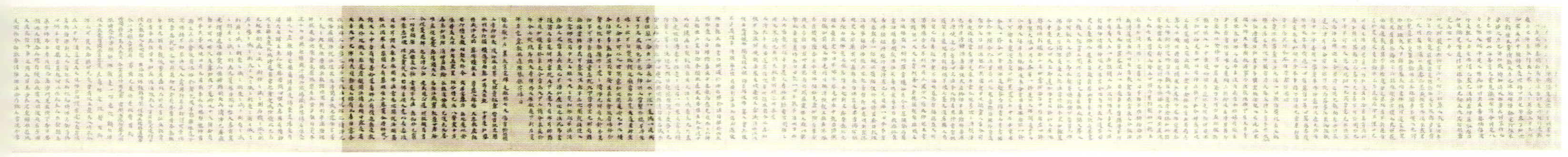

曾休息一念去一念來如水中泡一這滅一復興
至于三界欲色不色九神所上皆繫於識不得免
昧昧無不自覺故謂之癡莫知要道大道至妙虛
寂无念不可以凡世間意知世間道術九十六種
各信所事難知其惑皆樂生求安貪欲者味好於
聲色故不能樂佛佛道道清淨无所有凡計身萬
物不可得常有設當爲說天下皆皆空无所有誰
能信者枯皆我耳意欲望甦不爲世間說經便入
定意佛於眉中光上照七天天梵知佛欲取泥洹
悲念三界皆爲長衆已不得知度世之法死即當
復墮三惡道何時當脫天下久遠乃有佛耳佛難
得見如優曇鉢華耳今當爲天下人請命求哀於
佛令止說經即語天帝釋將天樂般遮下到石室
佛方定意教般遮彈琴歌其辭曰
惪我歌十力　業蓋寂之禪　光徹照七天　惪香踰旃檀

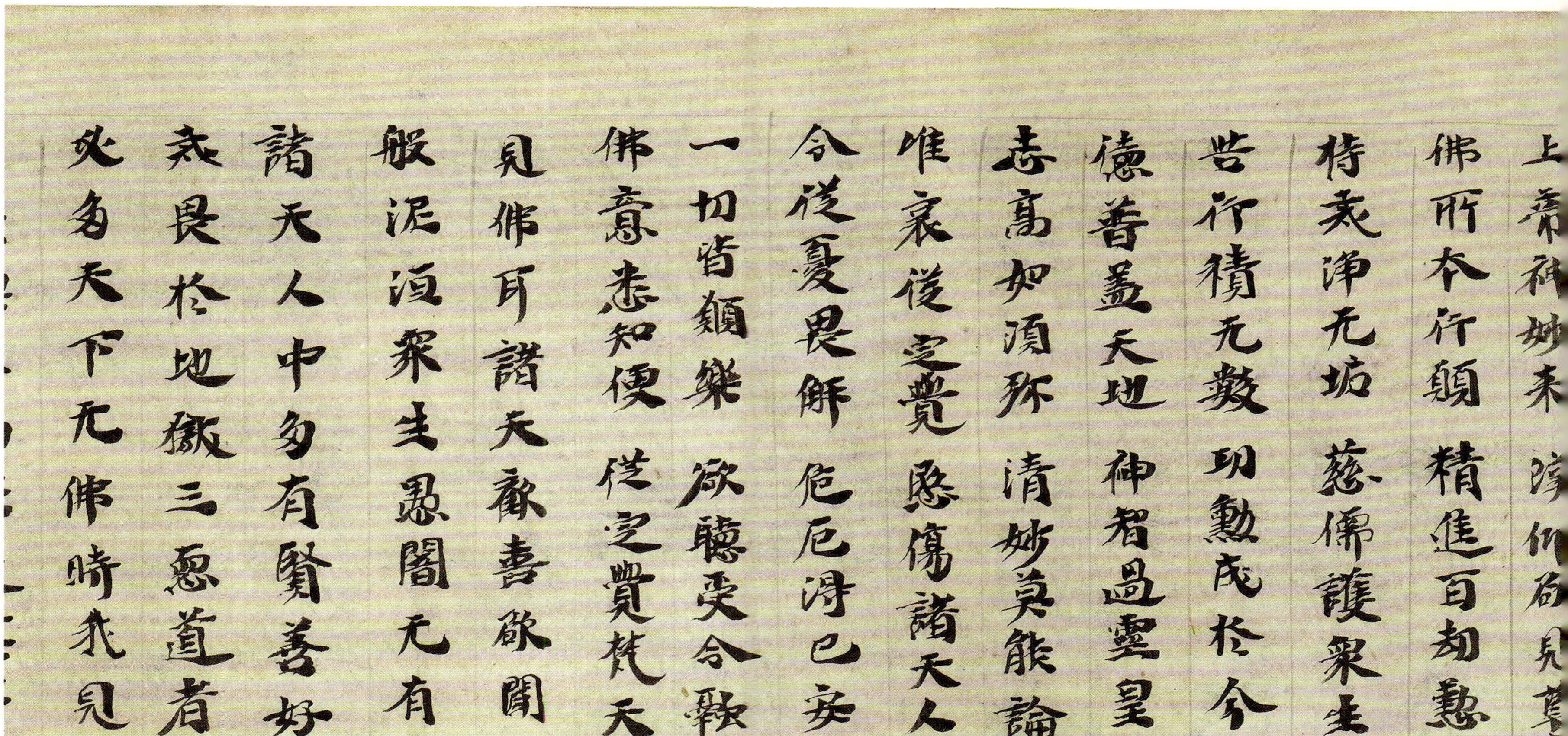
佛所本行願　精進百劫懃　四等大布施　十方受加恩
持戒淨无垢　慈悲護衆生　勇慧入禪智　大悲敷度経
昔行積无數　功勳成於今　戒忍定慧力　動地魔以擒
德普蓋天地　神智過靈聖　相好特无比　八聲震十方
志高如須弥　清妙莫能論　永離淫怒癡　无復老死患
唯哀從定覺　愍傷諸天人　為施法藏寶　敷慧甘露珎
令從憂畏解　危厄得已安　迷惑見正道　耶疑覩真言
一切皆願樂　欲聽受令歎　當開不死法　當化於无窮
佛意悉知便　從定覺梵天　白佛言從久遠以來適復
見佛耳諸天歡喜欲聞佛法當為世間說法願莫
般泥洹衆生愚闇无有慧眼唯加慈哀令得解脫一
諸天人中多有賢善好道易解尒有精進能受教
戒畏於地獄三惡道者須開法情為現甘露受者
必多天下无佛時我見餘道人俱有三毒自意合

BD00935　太子瑞應本起經卷下

如名天下无佛時我見餓道人俱有三毒自意合
作經典人尚學之其不至誠法何况佛之清淨天
婬怒癡顛佛說法使衆生得聞至誠之道佛言善
々哉々天梵欲廣施安救諸世間極利寧涅槃使
解脫我念世間貪愛者欲蠲生死苦步能自覺本
從十二因緣起緣癡行緣行識緣識名像緣名像六入
緣六入更樂緣更樂痛緣痛愛緣愛受緣受有
緣有生緣生老死憂悲苦悶心惱大患具有精神
從是轉生受死欲得道者當斷貪愛滅除情欲无為
无起無則癡々滅々則行々滅々則名識々滅々則
名々像々滅々則六々入々滅々則更々樂々滅々
則痛々滅々則愛々滅々則受々滅々則有々滅
々則生々滅々則老死憂悲苦悶心惱大患皆盡
是謂得道唯佛覺此微妙難明夫此清淨无愚癡
想不可以世凡夫意知天下道術九十六種各有
所言我自天地日月五星我為之々恩邪能神皆

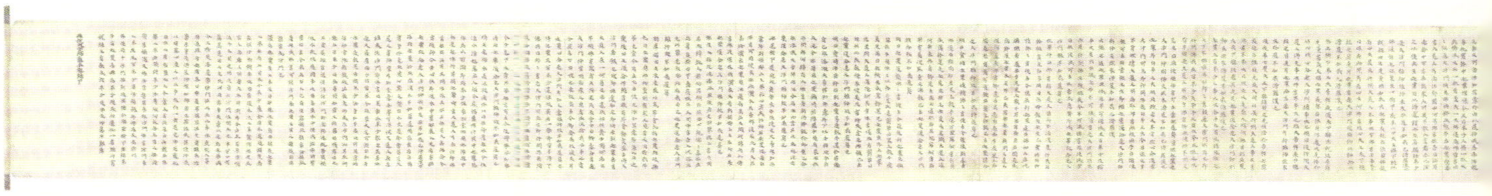

衆生求安貪欲者味好於聲色故不能樂佛道不
聞佛經不知要法凡人意異計身万物謂可常保
設當為說自之所見萬物无常有身皆苦身為悲
身空无所有親族家屬悉悲人所正言似反誰肯
信者吾為枯苦不如取泥洹故欲不言耳梵天復請曰
從无數劫人在世間　生死唯佛經難得聞　從佛在世能度脫者
今以得願人中難有　尊極无過佛是故稽首禮
世間縛者為久在冥　今方興神智无量　當開法藏施慧光明
照諸天人令得開解佛能度一切是故　願自歸
從本發意護諸病有慈哀　无過佛是　故　稽　首　禮
佛已可梵天念誰可先度昔者父王遣五人侍我今
在山中即復道還五人見佛自相謂言是人來者慎
莫與語佛到五人皆起不知作禮時佛言卿等持
心何不牢固屬言莫起何以作禮五人不對願為
弟子佛即手摩其頭已為沙門還坐樹下各自思

BD00935　太子瑞應本起經卷下

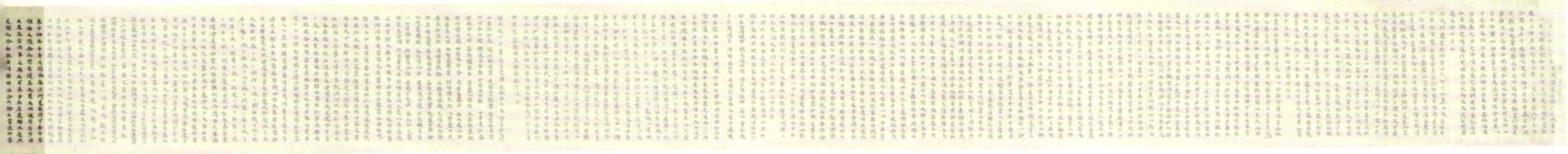

弟子佛即手摩其頭已爲沙門還坐樹下各自思
惟佛又復念此閒有優爲迦葉大明健有名字國
王吏民皆共事之與五百弟子在尼連禪水邊欲
先開化令解歡喜信樂佛法尒乃餘人當隨而學
即往從之迦葉見佛來起迎讚言幸甚大道人善
來相見消息安不佛即答言无病弟一利知足弟
一富善友弟一親无爲弟一安迦葉曰有何勑使
佛言欲寄一事寧不瞋恚煩借火室一宿之閒曰
不愛也中有毒龍恐相害耳佛言无苦龍不害我
重借至三迦葉言然道人德高能居中者大善佛
即澡洗訖入火室將草布地遶坐須臾龍瞋恚身
中出烟佛尒身中出烟龍大忿怒身皆火出佛尒
神現身出大光龍火佛火於是俱盛石室盡燃其
突烟出如光火伏迦葉夜起相視星宿見火室洞
燃嗟嗟言咄哉是大沙門端政可惜不隨我言竟

身化置鉢中迦葉悵怏令五百弟子人持一瓶水
就灑滅火而一瓶着更成一火師徒益怖皆言咄
々致是大沙門明旦佛持鉢盛龍而出迦葉驚喜
言大道人乃尚活耶器中何等佛言然吾自活耳
是鉢中可言毒龍衆人所畏不敢入室者今已降
之以慢我矣迦葉自以得道謂佛非真顧語弟子
是大沙門極神雖神未及於道不如我已得羅漢也
佛復移近迦葉坐一樹下夜第一四天王俱下聽佛
說經四王光景明如盛火迦葉夜起占候見佛邊
有四火晨旦行問大道人忽事火耶佛言不事也
曰昨夜此間乃有四火何佛言昨四天王來下聽
經是其光耳迦葉言是大沙門明極神雖神尚未
得道不如我已得羅漢也
佛止樹下第二天帝釋夜復來下聽佛說經帝釋
光景甚益大明迦葉夜起占候見佛邊火更倍於
昨四明心念是大沙門續事火也明日復行問大

BD00935　太子瑞應本起經卷下

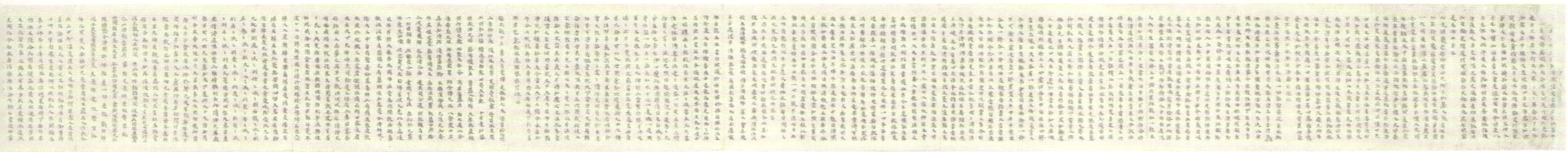

昨四明心念是大沙門續事火也明日復行問大
道人得无事火佛言不事火也昨天帝釋來下聽
經是其光耳迦葉念言是大沙門乃神雖神然未
及於道不如我得羅漢也
後夜第七梵天又下聽經梵之光明倍於帝釋迦葉
夜起占候見光益大明日復行問大道人事火乎
佛言不事火曰昨夜火光益大明何佛言昨夜梵
天來下聽經是其光耳迦葉復念是大沙門神則
神矣然未得道不如我得羅漢也
迦葉五百弟子人事三火合千五百火明旦然之
火了不然怪而白師師言疑是大沙門所為也即
行問佛我五百弟子凡事千五百火今旦然之火
皆不然是大道人所為乎佛言卿欲使然不問之
至三曰欲使然佛言可去當然應聲皆然迦葉是
大沙門神則神矣然未得道不如我已得羅漢也
迦葉弟自事三火明旦然之又不得然心念復是

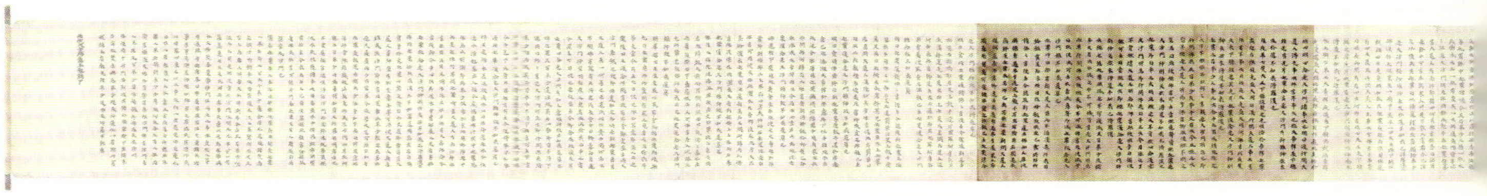

大沙門可[illegible]
不肯燃續大道人所為耶佛言欲使燃乎曰願使
燃可去曰當燃三火即燃迦葉復念是大沙門神
則神矣然未得道不如我已得羅漢
火燃之後迦葉欲滅之不可復滅五百弟子及諸
事火者共助滅之而不可滅皆言是大沙門所為
迦葉行問佛火既燃矣今不可滅佛言欲使滅乎
曰欲使滅可去火當滅應聲即滅迦葉故念是大
沙門雖不如我道真也
迦葉行白佛言願大道人留此不須復遠行我自
給飯食還勅家明日作好飯施牀坐已食時自行
請佛佛言便去今隨後到迦葉適去佛如人屈伸
臂頃東過弗于逮界上數千万里取樹果名閻逼
滿鉢還迦葉未至佛已坐其林迦葉到問大道人
從何道來佛言卿適去我適東過弗于逮界上取
閻逼果香美可食便取食之佛飯已去迦葉續念

BD00935　太子瑞應本起經卷下

閻浮果香美可食便取食之佛飯已去迦葉續念
是大沙門雖神故不如我得道真也
明日食時迦葉復請佛佛言便去今隨後到適去
佛便西詣拘耶尼界上數千億万里取阿摩勒果
盛滿鉢還先迦葉坐林上迦葉後至問大道人從
何面來佛言卿適去我西適拘耶尼地取阿摩勒
果香美便取食之佛飯已去迦葉復念是大沙門
雖神故不如我道真
明日迦葉復請佛佛言便去今隨後到迦葉反顧
忽然不見佛佛以神力足北適欝單曰界上數千億
萬里取自然粳米盛滿鉢還先迦葉坐林上迦葉
後至問大道人從何來身佛言從北方欝單曰
地取此自然粳米快美且香卿可食之佛飯已去
迦葉復念是大沙門雖神故不如我道真也
明日食時佛待鉢自到迦葉家受飯而還於屏處
念欲澡漱天帝釋知佛意即下以手指地水出

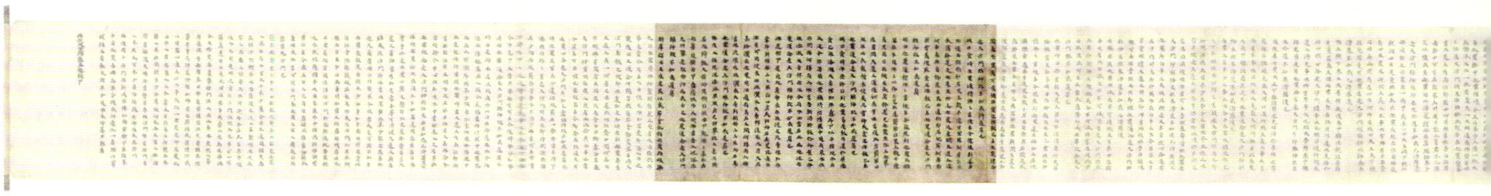

成池令佛得用迦葉飯時
而問佛何緣有此佛言吾朝得卿飯於此食已念
欲澡漱天帝釋指地令有水汝當名此為地池迦
葉復念是大沙門雖神故不如我道真也
佛還樹下道見地棄弊衣取欲浣之天帝釋知佛
意即到頻那山上取正四方成治好石來置池邊白
佛言可用浣衣佛欲灑衣天帝釋復取六方大石
來給灑衣迦葉見池邊有兩石又問何緣有此佛
言欲浣濯及欲灑衣天帝到頻那山上取此石來
迦葉復念是大沙門雖神故不如我道真也
佛復入指地池澡浴畢欲出无所攀池上素有樹
名迦訶絕大條好其樹自然曲下就佛〻攀而出
迦葉見樹曲下垂蔭怪而又問佛言吾入池浴出
无所攀是故樹神為我曲之迦葉復念是大沙門
雖神故不如我道真
時摩竭國王及吏民以歲節會祀請迦葉相娛樂

BD00935　太子瑞應本起經卷下

雖神彼不如我道真
時摩竭國王及吏民以歲節會祀詣迦葉相娛樂
七日迦葉見佛神聖明智衆人見者必沮捨我而
事之當令其去七日快也佛知其意即隱七日迦
葉後日又復念佛間者我有節會餘食甚多得大
沙門來飯之快耶佛逆知之即時來到迦葉喜言
大道人來一何善也我適欲相供養中間何為七
不現佛言間者王興吏民來會七日卿意念言是
大沙門神聖明智衆人見者必沮捨我而事之當
令其去七日快也是故我去今卿念我故復來耳
迦葉心念是大沙門乃知人意雖神故不如我道真也
時迦葉五百弟子適俱破薪若一舉斧皆不得下
懷共白師〻言是大沙門所為也即行問佛我諸
弟子向共破薪斧皆舉而不得下佛言可去斧當
下斧即下〻之後斧皆著薪舉之不舉復行白佛
今斧適下又皆不舉佛言可去今使斧舉斧即舉

得屈迦葉復念是大沙門雖神故不如我道真也
時尼連蟬水長流駛疾佛以自然神道斷水令住
使水隔起高出人頭令底揚塵佛行其中迦葉恐
佛爲水所漂即與弟子俱乘船索佛見水隔斷中
央塵起佛行其間迦葉呼言大道人乃尚活耶佛
言然自活耳又問佛欲上船不佛言大善佛念今
當現神令子心伏即從水中貫船底入无有穿跡
迦葉故念是大沙門神則神矣然不如我已得羅漢也
佛語迦葉汝非羅漢亦不知真道胡爲虛妄自稱
貢高於是迦葉心驚毛竪自知无道即稽首言大
道人實神聖乃知我意志寧可得從大道人稟受
經戒作沙門耶佛言且還報汝弟子報之益善卿
是大長者國中所望來今欲學大道可獨自知乎
迦葉受教還告諸弟子汝曹知不我自所見意始
信解當除鬚髮被法衣受佛戒作沙門汝等欲何
趣五百弟子曰我等所知皆大師恩師所尊信必

BD00935　太子瑞應本起經卷下

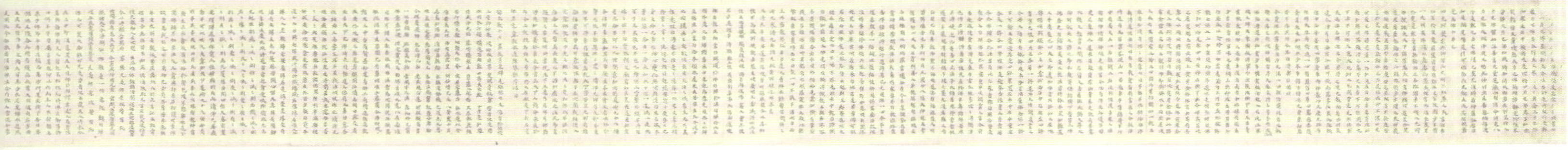

趣五百弟子曰我等所知皆大師恩師所尊信必
不虛妄願皆隨從得作沙門於是師徒脫身裘褐
及水瓶杖屣諸事火具悉棄水中俱共詣佛所稽
首曰言今我五百人已有信意願欲離家除鬚髮
受佛戒佛言可諸沙門來迦葉五百人鬚髮自墮
衣皆成沙門也
優為迦葉有二弟次曰那提迦葉勿曰竭夷迦葉
二弟各有二百五十弟子廬舍居水邊見諸梵志
衣服什物諸事火具皆隨水流二弟驚愕恐兄五
百人為惡人所害大水所溺即合与五百弟子順
流而上見兄師徒皆作沙門怪問大兄年百廿智
慧高遠國王吏民所共宗事我意以兄為达羅漢
今又捨梵志道學沙門法此非小事佛豈獨大尊
其道勝乎迦葉答曰佛道最勝其法无量雖我世
學未曾有得道神智如佛者也其經戒甚清淨我
以丨篆公受之大三百故也一日並定中之達也

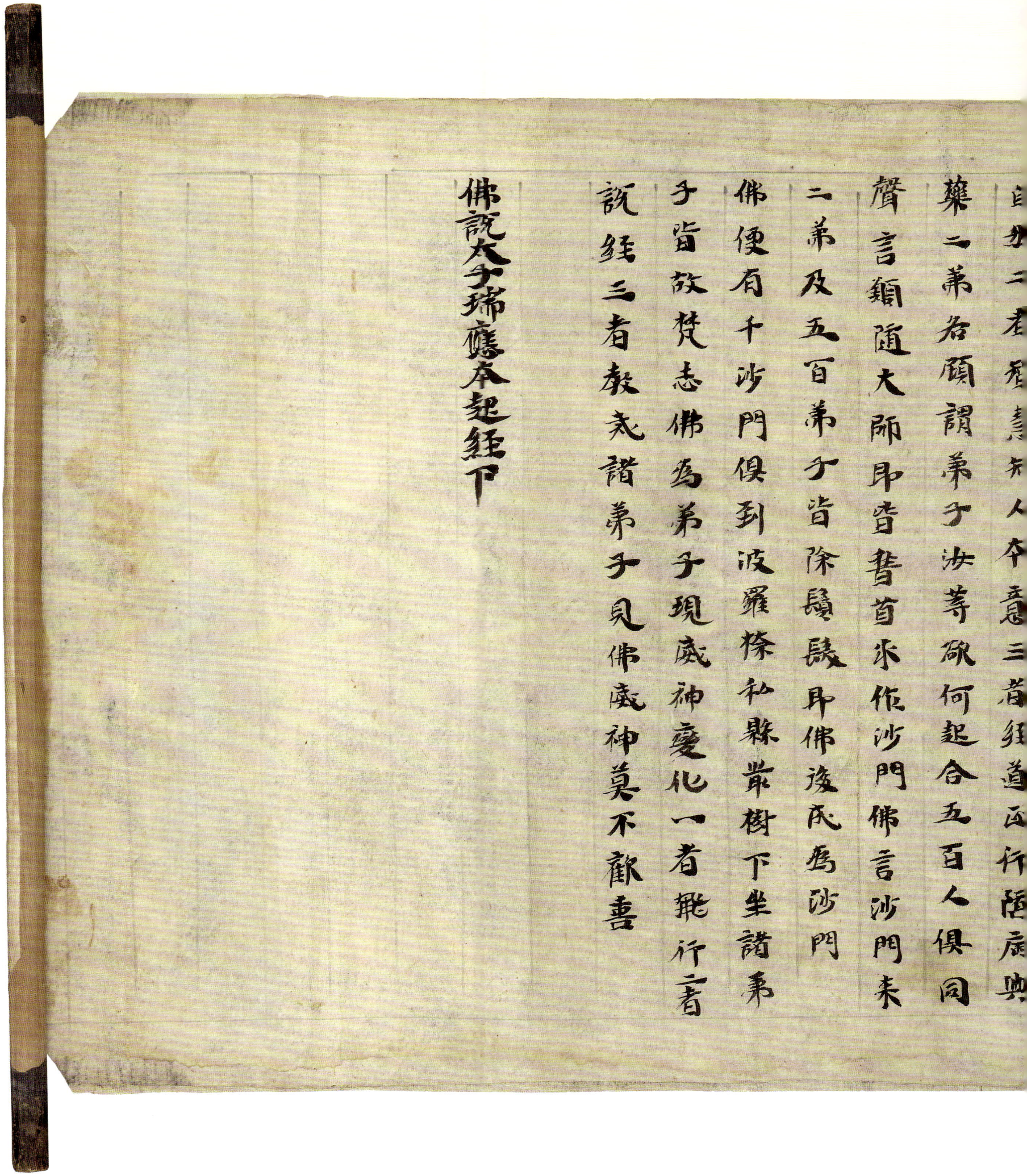

自然二者發慧知人本意三者經道正行隨病與
藥二弟各顧謂弟子汝等欲何起合五百人俱同
聲言願隨大師即皆書首求作沙門佛言沙門來
二弟及五百弟子皆除鬚髮即佛後成為沙門
佛便有千沙門俱到波羅捺私縣常樹下坐諸弟
子皆放梵志佛為弟子現威神變化一者飛行二者
說經三者教戒諸弟子見佛威神莫不歡喜

佛說太子瑞應本起經下

BD00935　太子瑞應本起經卷下

## BD00936 深密解脱經卷五

（北魏）菩提流支 譯

473.4cm×25.7cm

身也依解脫身聲聞緣覺諸佛如来其身平
等而佛法身差別殊勝法身勝者勝彼一切
聲聞緣覺无量无邊阿僧祇功德奇特殊勝
不可為辟分別顛倒對治彼人說如来生知
經文殊師利白佛言世尊諸佛生世有何
相佛告文殊師利化身生相隨世界相一切
種一切功德莊嚴住持相相應是即化身生
世間相應知文殊師利而佛如来法身不生
文殊師利白佛言世尊我云何知化身所作
現方便相佛告文殊師利一切佛國土三
大千世界中大勢力家及福田家一時退入
胎住胎出胎生已增長受五欲樂而行大捨
出家苦行證菩提轉法輪入涅槃文殊師利

是應化身所作方便示現應知
文殊師利白佛言世尊世尊依如來法身
持力幾種語為眾生說法如來說法依可化
眾生未熟者令熟已熟者令得解脫佛言文
殊師利如來有三語何等為三謂說脩多羅
毗尼摩得勒伽文殊師利是為三種應知文
殊師利言世尊何等脩多羅何等毗尼何等
摩得勒伽佛言文殊師利我所說少事法是
名脩多羅少事法者謂四種事九種事廿九
種事文殊師利所言四種事者謂聞事歸依
事學事善提事是名四種事文殊師利所言
九種事者謂施設事眾生向受用事向生事
向生住事向染淨事向種種事能說事可說
事眷屬事是名九種事文殊師利所言廿九

向生住事向滅淨事向種種事能說事可說
事眷屬事是名九種事文殊師利所言廿九
事者謂依煩惱對治諸行事隨煩事何者是
隨煩事謂隨煩彼人相未來世生因事故依
法相未來行因事依淨分觀事即彼處循行
事令心住事現身受樂法行事過一切苦觀
行事即如實知彼事彼事有三種依顛倒住
持故依衆生相外觀耶行住持相故內心無
憍慢住持故循行住事現證事循行事作向
堅固事觀彼九種事觀察遠離不遠離方便
事向散亂事不散亂不失事循行无鄣㝵事
循行利益事向堅固事向彼實證事具足得
涅槃事如來善說比丘法世間正見出諸外
道一切勝事不循行彼法退事何以故文殊

師利若於如來善說比丘法中不能脩行令
善法退非耶見過文殊師利言世尊何者是
毗尼相文殊師利比丘相者我爲聲聞及諸
菩薩說波羅提木叉及波羅木叉相應法是
名比丘事文殊師利言世尊菩薩有幾種法
攝波羅提木叉佛言文殊師利菩薩有七種
法攝波羅提木叉何等爲七所謂菩薩知說
受持法知說波羅夷事知說過事知說過事
體知說无過事體知說起過事知說受持法
失事文殊師利是名菩薩七種法攝波羅提
木叉應知
文殊師利言世尊何者是摩得勒伽文殊師
利我所說十一種相示現了義經是名摩得
勒伽文殊師利言世尊何等是摩得勒伽十

BD00936　深密解脱經卷五

利我所說十一種相示現了義經是名摩得
勒伽文殊師利言世尊何等是摩得勒伽十
一種相佛言文殊師利所謂世諦相第一義
諦相觀菩提分法相彼法相自體相彼法果
相受彼法說相彼法鄣相彼法隨順相彼法
過失相彼法利益相
文殊師利言世尊何者是世諦相文殊師利
世諦相者有三種何等為三說人相說分別
體相觀法思惟作種種業相應知文殊師利
言世尊何者第一義諦相文殊師利第一義
諦相有七種如七種真如中說文殊師利言
世尊何者是觀菩提分法相文殊師利觀菩
提分法相者所謂觀一切種事應知文殊師
利言世尊何者是彼法相文殊師利彼法相

者如八種觀中應知文殊師利言世尊何等
八種觀文殊師利所謂依實諦住諦過失功
德通相形相相應相廣略說相文殊師利實
諦相者所謂真如住諦相者所謂人相分別
差別體一向答相隨問分別答相置答相盡
事示現相過失相者所謂我說諸法染過功
德相者所謂我說一切淨法无量利益相通
相者有六種應知何等六種謂真實義通得
通說離二邊通不可思議通意通形相者所
謂三世三有為相四種因緣相應相者有四
種應知何等四謂相待相應所作相應能作
所作相應生相應法體相應相待相應者謂
何等因何等緣能生有為行名字等用是名
相待相應能作所作相應者何等因何等緣

所作相應生相應法體相應相待相應者
何等因何等緣能生有爲行名字等用是名
相待相應能作所作相應者何等因何等緣
能得法能生法能生法已能成辦業是名能
作所作相應生相應者謂何等因何等緣知
法說法示法能成能正覺知是名生相應法
體相應者略說有二種何等爲二謂一者淨
三者不淨文殊師利淨有五種相不淨有七
種相文殊師利何者淨五種相一者彼現前
見相二者依彼現前見相三者自相譬喻相
四者成就相五者說清淨阿含相文殊師利
何者是彼現前見相謂一切有爲行无常一
切有爲行苦一切法无我世間現前見法如
是等是名彼現前見相應知文殊師利何者

是依彼現前見相所謂所一切諸有為行一相
故不失未來善不善業依彼麁法現見故依
種種種業見種種衆生現見故依善不善業
受苦受樂現見故於現見法中譬喻如是等
彼依心現見相應知
文殊師利自相譬喻相者所謂內外一切世
間現見譬喻因緣如是等名為自相因緣譬
喻應知如是依彼現見相依心彼現見相譬
喻相一向成就彼事名為成就相應知文殊
師利何者是說清淨阿含相所謂一切智人
說彼寂靜涅槃之相如是等名清淨阿含相
應知文殊師利汝應如是深觀察五種清淨
相深觀察已知清淨知清淨已如是循行
文殊師利白佛言世尊有幾種法知一切智

相滿觀察已知滿法知滿法已如是修行
文殊師利白佛言世尊有幾種法知一切智
人相佛言文殊師利有五種法知一切智人
相何等為五有人出世於諸一切天人世
間名一切智有人畢竟成就卅二大人之相
得十力法能斷一切衆生疑具四无畏降伏
一切諸魔怨敵說法更无能作礙難於說法
中善說八聖菩提道分現證成就四沙門果
文殊師利如是依生依相斷疑降伏无人能
難現見沙門五種法現前是名一切智人相
應知文殊師利此依生成相應現見相應量
相應比智相應聖人說法相應知五種相是
名清淨相應知文殊師利何者是七種不清
淨相所謂彼相似見相彼不相似見相有一

切相似見相一切不相似見相自辟喻異相
不成相説法不清淨阿含相文殊師利何者
是有一切相似見相謂一切法依意識
如是等名爲一切法相似同見相文殊師利
何者一一切法不相似見相謂法相體相業
法因果異相一一相異相畢竟彼彼相待異
相如是等是名一切不相似不同見相文殊
師利何者是自辟喻異相謂彼相似見相辟
喻中有一切不相似不同相爲成彼事一向不
成是故我説彼不成相文殊師利自辟喻中
彼不相似見相有一切相似同相爲成彼事
一向不成是故我説不成相若不成相者彼
法不清淨若法不清淨者不應脩行是故我
説不清淨阿含相以自性不清淨應知文殊

BD00936　深密解脱經卷五

法不清淨若法不清淨者不應脩行是故我
說不清淨阿含相以自性不清淨應知文殊
師利何者是法體所謂如來出世及不出世
法住法體法界是名法界體相應知
文殊師利言世尊何者是略廣相文殊師利
所謂略說一句彼一句上上句差別无量句
乃至說應至處是名略說應知
文殊師利言世尊何者是得相文殊師利謂
取諸法見觀菩提分別法我說菩提分法四
念處等是名彼法自體相共世間出世間遠
離染相彼法果起世間出世間功德是名彼
得相文殊師利即彼法依解脫智受用應知
廣為人說示現是名彼法隨順示現相文殊
師利即彼脩行菩提分法離道相違染法是

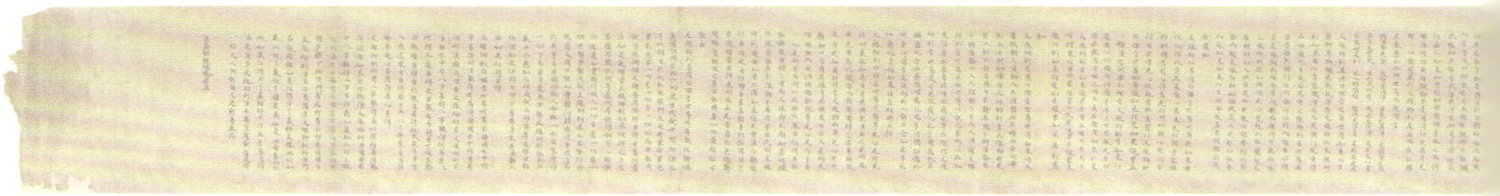

名向障法應知文殊師利為彼法多生增長
是名隨順彼法相文殊師利鄣諸法是名過
相文殊師利隨順彼法功德是名利益相應知
尒時文殊師利菩薩白佛言世尊唯願世尊
為諸菩薩更重略說脩多羅比尼摩得勒伽
義不共一切外道二乘陁羅尼相諸佛如來
說甚深法諸菩薩得甚深意得已能入一切
佛法佛告文殊師利汝今諦聽我當為汝略
說陁羅尼義諸菩薩等聞我法已能得我意
得我意已入於我法文殊師利何者略說陁
羅尼義所謂我說一切染法一切淨法彼一
切法不覺相无作相无分別相无我相如是
如是法我說不覺无作无分別无我相以一
切无覺无我相是故染法非先是染後時得

如是法我說不覺无作无分別无我相以一
切无覺无我相是故染法非先是染後時得
淨諸淨法者之非先淨後得名染愚癡凡夫
依虛妄染身執著我法計自體相依因耶見
而言有我所謂我能見我聞能覩得味能觸
我能知我能食我染我淨生如是等諸耶見
行若人如是如實能知離煩惱身彼人能得
離諸煩惱斷諸戲論畢竟清淨得无為身无
有一切諸有為行文殊師利是名略說陁羅
尼義應知尒時世尊而說偈言
諸法本无染　後時不清淨　染及於清淨　是諸法无我
染身見有我　生於我所有　我染及清淨　我見及以食
若能如是知　彼人離煩惱　能得无染身　是故名无為
文殊師利菩薩白佛言世尊世尊如來心生

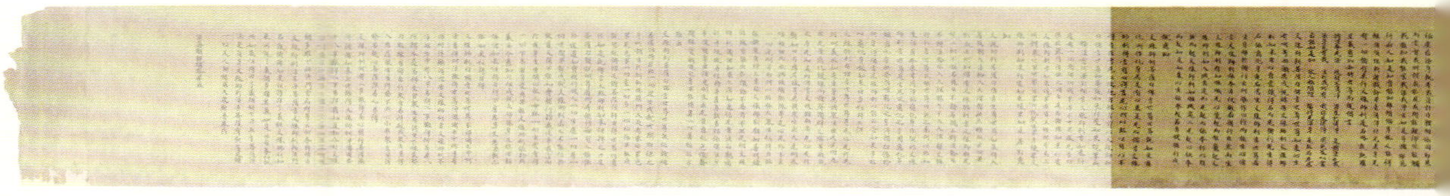

有何等相難差我說佛告文殊師利文殊師
利如来非心意意識得名而无諸行見生得
名依應化身說名為生文殊師利言世尊若
法身離於諸行云何離作心行而能生心佛
言文殊師利依本方便般若脩行自然而生
文殊師利譬如睡眠无心覺起而能覺起文
殊師利如入滅盡定而无起心依本作心自
然而起文殊師利如睡滅定二无起心依本
而起如是如来心生依本般若方便脩行成
就應知
文殊師利菩薩白佛言世尊世尊說如来應
化所作化身為是有心為是无心佛言文殊
師利得言有心得言无心何以故以自心不
得[illegible]

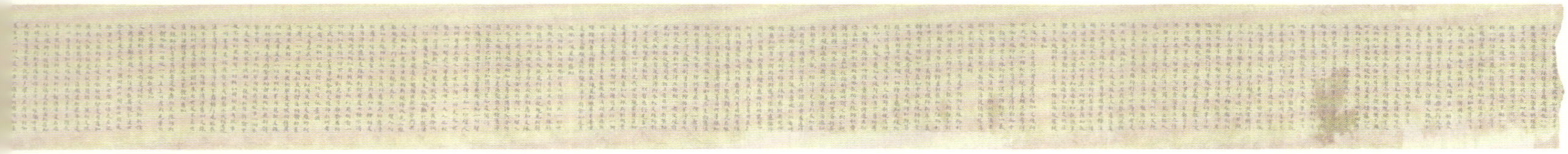

化所作化身爲是有心爲是无心佛言文殊
師利得言有心得言无心何以故以自心不
得自在言无心依他方故言有心文殊師利
白佛言世尊如尊說如来行處如来境界此
二種法有何差別佛言文殊師利言如来行
處者一切諸佛功德平等不可思議无量功
德莊嚴清淨佛之國土是名諸佛如来行處
文殊師利言如来境界者有五種何等爲五
所謂衆生界世界法界可化衆生界方便界文
殊師利如来行處如来境界如是差別應
知
文殊師利菩薩白佛言世尊世尊如来得大
菩提轉大法輪入大涅槃此三種相云何差
別我云何知佛告文殊師利言文殊師利无

有二相不證菩提非不證菩提不轉法輪非
不轉法輪非入大涅槃非不入大涅槃文殊
師利言世尊我解世尊所說之義何以故如
來法身本來常清淨故應化身示現故文殊
師利言世尊衆生見依應化之身聞應化身
觸應化身供養讚嘆應化之身得諸功德於
何身得佛言文殊師利以能正念如來身故
以應化身依如來法身住持力得
文殊師利白佛言世尊世尊等无心无作无
行何義故如來法身為諸衆生出大光明及
出无量應化鏡像而諸聲聞辟支佛等解脫
之身无如是相佛言文殊師利等无心无作
譬如日月摩尼珠等為諸衆生出大光明及
種種物而水精頗梨珠等无心无作不出

譬如日月摩尼珠等為諸衆生出大光明及
種種物而水瑠璃頗梨珠等无心无作不出
一切光明等物何以故依大衆生住持力故
依諸衆生增上業故文殊師利譬如善巧鍊
治珠寶能出影像餘不善者不出光明文殊
師利諸佛如來亦復如是依无量法正觀循
行方便般若作諸善業集諸善根依佛法身
方便智慧出諸光明及出无量應化色像聲
聞緣覺解脫之身不能循集一切善根故不
能出
文殊師利菩薩白佛言世尊世尊說依諸佛
菩薩住持力故一切衆生成就世間功德之
身所謂生於刹利婆羅門大長者家欲界色
界无色界一切處一切身一切功德果報成

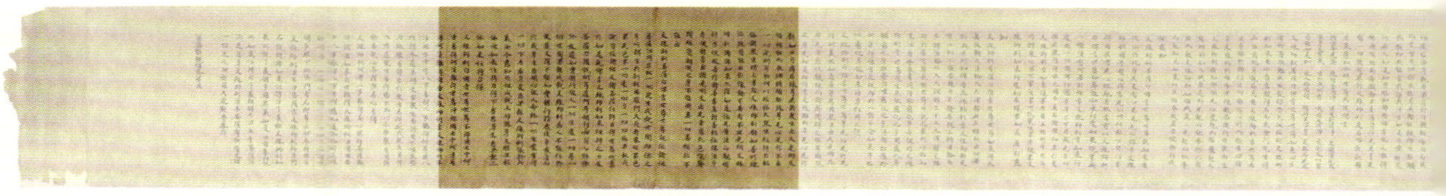

故皆依諸佛及諸菩薩住持力得世尊何意
作如是說佛言文殊師利如来住持之力及
菩薩力隨說何等道何等脩行若有人能依
於彼道如實脩行彼人一切生處一切身一
切世間果報成就文殊師利若人不能信於
彼道又復不能如實脩行謗我法爭我法而
於我身生惡瞋心彼人命終一切生處常得
一切下劣惡身受惡果報文殊師利依於此
義汝今應知非但成就上妙勝身及勝果報
依佛如来住持力得下劣惡身及惡果報亦
依如来住持力得
文殊師利白佛言世尊世尊不淨國土中何
法易得何法難得世尊淨佛國土中何法易
得何法難得佛告文殊師利言文殊師利不

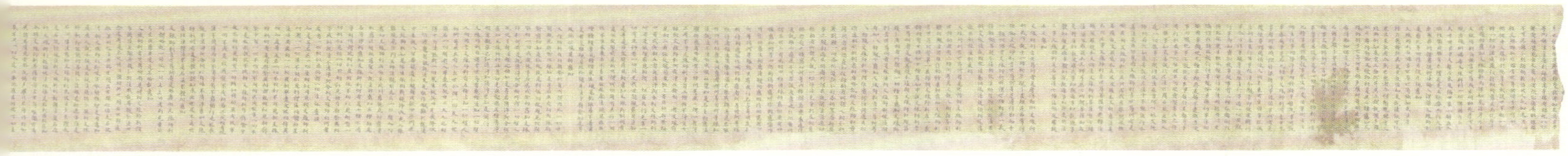

文殊師利白佛言世尊世尊不淨國土中何
法易得何法難得世尊淨佛國土中何法易
得何法難得佛告文殊師利言文殊師利不
淨國土中有八事易得二事難得何等爲八
所謂外道易得受苦衆生易得生下姓家勢
力敗壞易得惡行衆生易得破戒衆生易得
入惡道衆生易得發下品心小乘衆生易得
發菩提心菩薩深妙心易得
文殊師利何者二事難得高心脩行菩薩難
得諸佛如來出世難得文殊師利淨佛國土
中八事難得二事易得應如是知尒時文殊
師利法王子菩薩白佛言世尊此深密解脫
脩多羅中此法門當名何等云何奉持佛告
文殊師利法王子菩薩言文殊師利此法門

名諸佛如来任持力了義經文殊師利如
来所説了義脩多羅其義如是汝當奉持説
此如来任持力了義經時七万五千菩薩得
滿足法身文殊師利法子菩薩摩訶薩及諸
一切天人阿脩羅大衆歡喜奉行

深密解脫經卷第五

BD00936　深密解脫經卷五

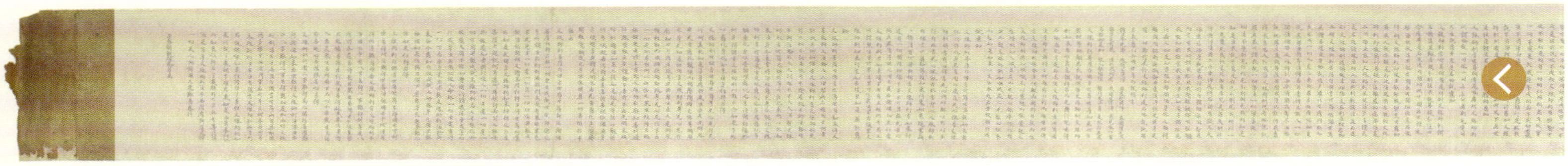

BD00937 妙法蓮華經卷六

（後秦）鳩摩羅什 譯

BD00937v 雜寫

109.2cm×25.5cm

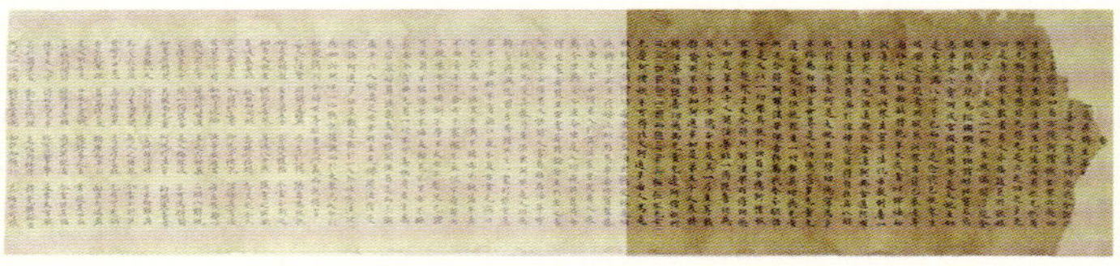

喜
如是展轉至第
子善女人隨喜功德我今說之
汝當善聽若四百万億阿僧祇世界六趣四
生衆生卵生胎生濕生化生若有形无形有
想无想非有想非无想无足二足四足多足
如是等在衆生數者有人求福隨其所欲娛
樂之具□給與之一一衆生與滿閻浮提金
銀琉璃車璖馬瑙珊瑚虎珀諸妙珎寶及象
馬車乘七寶所成宮殿樓閣等是大施主如
是布施滿八十年已而作是念我已施衆生
娛樂之具隨意所欲然此衆生皆已衰老年
過八十髮白面皺將死不久我當以佛法而
訓導之即集此衆生宣布法化示教利喜一

皆得須陀洹道斯陀含道阿那含道阿羅
漢道盡諸有漏於深禪定皆得自在具八解
脫於汝意云何是大施主所得功德寧為多
不弥勒白佛言世尊是人功德甚多无量无
邊若是施主但施衆生一切樂具功德无量
何况令得阿羅漢果佛告弥勒我今分明語
汝是人以一切樂具施於四百万億阿僧祇
世界六趣衆生又令得阿羅漢果所得功德
不如是第五十人聞法華經一偈隨喜功德
百分千分百千万億分不及其一乃至筭數
譬喻所不能知阿逸多如是第五十人展轉
聞法華經隨喜功德尚无量无邊阿僧祇何
况冣初於會中聞而隨喜者其福復勝无量
无邊阿僧祇不可得比又阿逸多若人為是

況最初於會中聞而隨喜者其福復勝无量
无邊阿僧祇不可得比又阿逸多若人為是
經故往詣僧坊若坐若立須臾聽受緣是功
德轉身所生得好上妙象馬車乘珎寶輦轝
及乘天宮若復有人於講法處坐更有人來
勸令坐聽若分座令坐是人功德轉身得帝
釋坐處若梵王坐處若轉輪聖王所坐之處
阿逸多若復有人語餘人言有經名法華可
共往聽即受其教乃至須臾間聞是人功德
轉身得與陁羅尼菩薩共生一處利根智慧
百千万世終不瘖瘂口氣不臭舌常无病口
亦无病齒不垢黑不黃不踈亦不缺落不差
不曲脣不下垂亦不褰縮不麁澀不瘡胗亦
不缺壞亦不喎斜不厚不大亦不黧黑无諸
可惡鼻不匾𠔃亦不曲戾面色不黑亦不狹

長不窊曲無有可惡脣舌牙齒
悉皆嚴好鼻脩高直面貌圓滿眉高而長額
廣平正人相具足世世所生見佛聞法信受
教誨阿逸多汝且觀是勸於一人令往聽法功
德如此何況一心聽說讀誦而於大衆爲人分別
如說脩行尒時世尊欲重宣此義而說偈言
若人於法會　得聞是經典　乃至於一偈　隨喜爲他說
如是展轉教　至于第五十　最後人獲福　今當分別之
如有大施主　供給无量衆　具滿八十歲　隨意之所欲
見彼衰老相　髮白而面皺　齒踈形枯竭　念其死不久
我今應當教　令得於道果　即爲方便說　涅槃真實法
世皆不牢固　如水沫泡焰　汝等咸應當　疾生猒離心
諸人聞是法　皆得阿羅漢　具足六神通　三明八解脫
最後第五十　聞一偈隨喜　是人福勝彼　不可爲譬喻

家後第五十　聞一偈隨喜　是人福勝彼　不可為譬喻
如是展轉聞　其福尚无量　何况於法會　初聞隨喜者
若有勸一人　將引聽法華　言此經深妙　千万劫難遇
即受教往聽　乃至須臾聞　斯人之福報　今當分別說
世世无口患　齒不踈黃黑　脣不厚褰缺　无有可惡相
舌不乾黑短　鼻高脩且直　額廣而平正　面目悉端嚴
為人所喜見　口氣无臭穢　優鉢華之香　常從其口出
若故詣僧坊　欲聽法華經　須臾聞歡喜　今當說其福
後生天人中　得妙象馬車　珎寶之輦轝　及乘天宮殿
若於講法處　勸人坐聽經　是福因緣得　釋梵轉輪座
何况一心聽　解說其義趣　如說而脩行　其福不可限

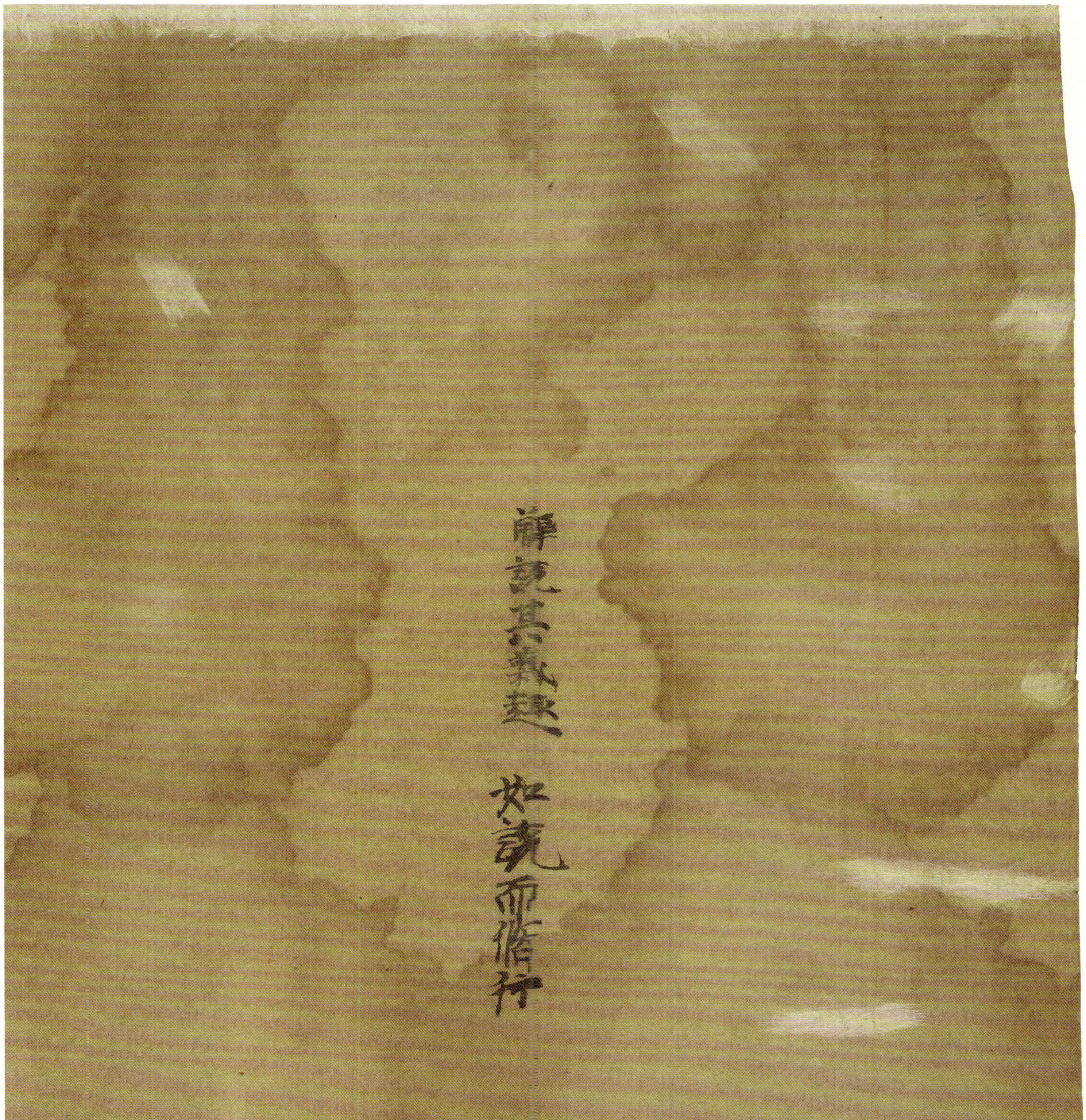
解說其義趣　如說而修行

BD00937v　雜寫

BD00938

# 維摩詰所說經卷上

（後秦）鳩摩羅什 譯

214cm × 24.5cm

從道場来我問道場者何所是日直心是道
場无虛假故發行是道場能辦事故深心是
道場增益功德故菩提心是道場无錯謬故
布施是道場不望報故持戒是道場得願具
故忍辱是道場於諸衆生心无閡故精進是
道場不懈退故禪定是道場心調柔故智慧
是道場現見諸法故慈是道場等衆生故悲
是道場忍疲苦故喜是道場悅樂法故捨是
道場增愛斷故神通是道場成就六通故解
脫是道場能背捨故方便是道場教化衆生
故四攝是道場攝衆生故多聞是道場如聞
行故伏心是道場正觀諸法故三十七品是道
場捨有爲法故諦是道場不誑世間故緣

起是道場无明乃至老死皆无盡故諸煩惱
是道場知如實故衆生是道場知无我故一
切法是道場知諸法空故降魔是道場不傾
動故三界是道場无所趣故師子吼是道場
无所畏故力无畏不共法是道場无諸過故
三明是道場无餘閡故一念知一切法是道
場成就一切智故如是善男子菩薩若應諸
波羅蜜教化衆生諸有所作舉足下足當知
皆從道場來住於佛法矣說是法時五百天
人皆發阿耨多羅三藐三菩提心故我不任
詣彼問疾
佛告持世菩薩汝行詣維摩詰問疾持世白
佛言世尊我不堪任詣彼問疾所以者何憶
念我昔住於靜室時魔波旬從万二千天女
狀如帝釋鼓樂絃歌來詣我所與其眷屬稽

BD00938　維摩詰所説經卷上

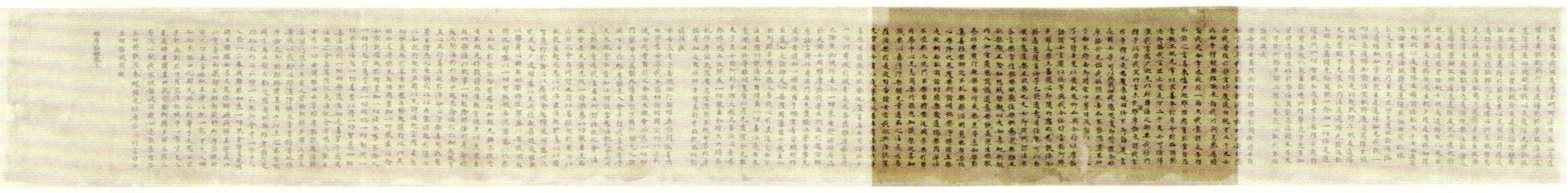

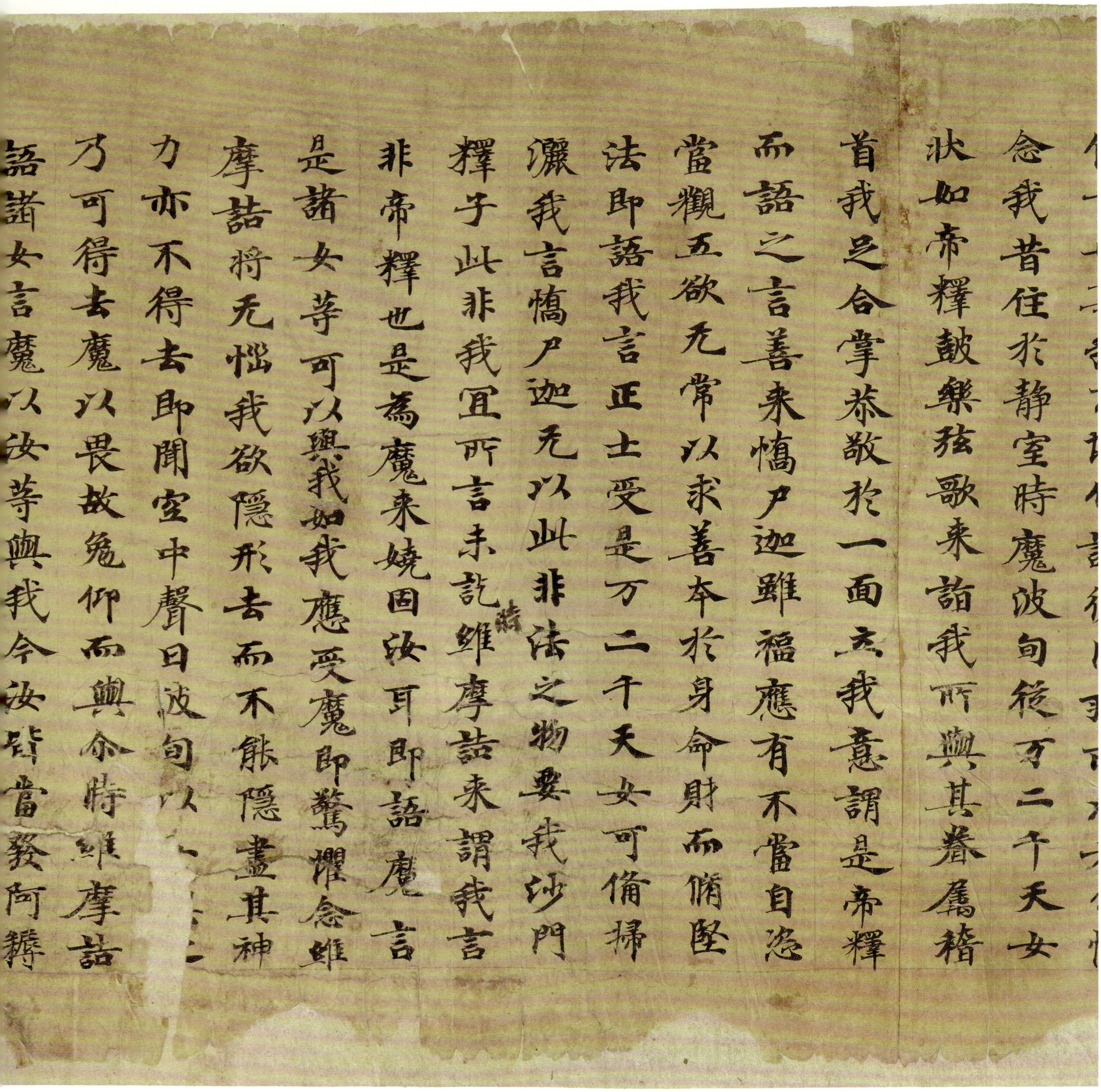

念我昔住於静室時魔波旬從万二千天女
狀如帝釋鼓樂絃歌来詣我所與其眷屬稽
首我足合掌恭敬於一面立我意謂是帝釋
而語之言善来憍尸迦雖福應有不當自恣
當觀五欲无常以求善本於身命財而脩堅
法即語我言正士受是万二千天女可備掃
灑我言憍尸迦无以此非法之物要我沙門
釋子此非我宜所言未訖維摩詰来謂我言
非帝釋也是為魔来嬈固汝耳即語魔言
是諸女等可以與我如我應受魔即驚懼念維
摩詰將无惱我欲隱形去而不能隱盡其神
力亦不得去即聞空中聲曰波旬以女與之
乃可得去魔以畏故俛仰而與尒時維摩詰
語諸女言魔以汝等與我今汝皆當發阿耨

多羅三藐三菩提心即隨所應而為說法令
發道意復言汝等已發道意有法樂可以自
娛不應復樂五欲樂也天女即問何謂法樂
荅言樂常信佛樂欲聽法樂供養眾樂離五
欲樂觀五陰如怨賊樂觀四大如毒蛇樂觀
內入如空聚樂隨護道意樂饒益眾生樂敬
養師樂廣行施樂堅持戒樂忍辱柔和樂勤
集善根樂禪定不亂樂離垢明慧樂廣菩提
心樂降伏眾魔樂斷諸煩惱樂淨佛國土樂
成就相好故脩諸功德樂嚴道場樂聞深法
不畏樂三脫門不樂非時樂近同學樂於非
同學中心无恚閡樂將護惡知識樂近善知
識樂心喜清淨樂脩无量道品之法是為菩
薩法樂於是波旬告諸女言我欲與汝俱還
天宮諸女言以我等與此居士有法樂我等

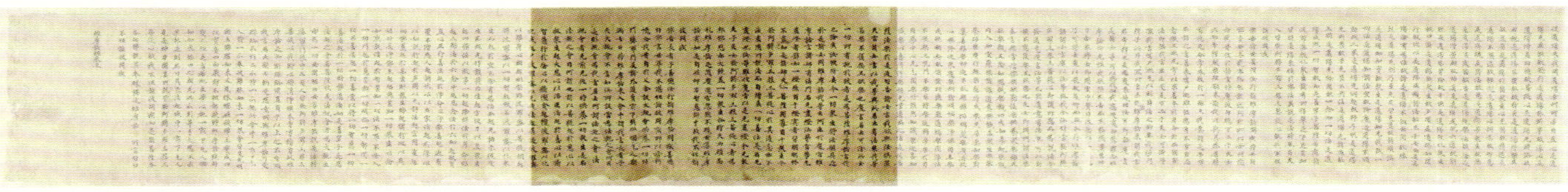

薩法樂於是波旬告諸女言我欲與汝俱還
天宮諸女言以我等與此居士有法樂我等
甚樂不復樂五欲樂也魔言居士可捨此女
一切所有施於彼者是爲菩薩維摩詰言我
已捨矣汝便將去令一切衆生得法願具足
於是諸女問維摩詰我等云何止於魔宮維
摩詰言諸姊有法門名无盡燈汝等當學无
盡燈者譬如一燈然百千燈冥者皆明明終
不盡如是諸姊夫一菩薩開導百千衆生令
發阿耨多羅三藐三菩提心於其道意亦不
滅盡隨所說法而自增益一切善法是名无
盡燈也汝等雖住魔宮以是无盡燈令无數
天子天女發阿耨多羅三藐三菩提心者爲
報佛恩亦大饒益一切衆生尒時天女頭面

礼維摩詰足隨魔還宮忽然不現世尊維摩
詰有如是自在神力智慧辯才故我不任詣
彼問疾
佛告長者子善德汝行詣維摩詰問疾善德
白佛言世尊我不堪任詣彼問疾所以者何
憶念我昔自於父舍設大施會供養一切沙
門婆羅門及諸外道貧窮下賤孤獨乞人期
滿七日時維摩詰來入會中謂我言長者子
夫大施會不當如汝所設當為法施之會何用
是財施會為我言居士何謂法施之會法
施會者无前无後一時供養一切衆生是名
法施之會曰何謂也謂以菩提起於慈心以
救衆生起大悲心以治正法起於喜心以攝
智慧行於捨心以攝慳貪起檀波羅蜜以化
犯戒起尸羅波羅蜜以无我法起羼提波羅蜜

智慧行於捨心以攝慳貪起檀波羅蜜以化
犯戒起尸波羅蜜以无我法起羼提波羅蜜
以離身心相起毗梨耶波羅蜜以菩提相起
禪波羅蜜以一切智起般若波羅蜜以化衆
生而起於空不捨有爲法而起无相示現受
生而起无作護持正法起方便力以度衆生
起四攝法以敬事一切起除慢法於身命財
起三堅法於六念中起思念法於六和起敬質
直心正行善法起於淨命心淨歡喜起近賢
聖不憎惡人起調伏心以出家法起於深心
以如說行起於多聞以无諍法起空閑處趣
向佛慧起於宴坐解衆生縛起脩行地以具
相好及淨佛土起福德業知一切衆生心念
如應說法起於智業知一切法不取不捨入

一相門起於慧業出一切煩惱一切鄣閡
切不善法起一切善業以得一切智慧一切
善法起於一切助佛道法如是善男子是為
法施之會若菩薩住是法施會者為大施主
亦為一切世間福田世尊維摩詰說是法時
婆羅門衆中二百人皆發阿耨多羅三藐三
菩提心我時心得清淨嘆未曾有稽首礼維
摩詰足即解瓔珞價直百千以上之不肯取
我言居士願必納受隨意所與維摩詰乃受
瓔珞分作二分持一分施此會中一最下乞
人持一分奉彼難勝如來一切衆會皆見光明
國土難勝如來又見珠瓔在彼佛上變成四
柱寶臺四面嚴飾不相鄣蔽時維摩詰現神
變已作是言若施主等心施一最下乞人猶
如如來福田之相無所分別等于大悲不求

柱寶臺四面嚴飾不相章蔽時維摩詰現神
變已作是言若施主等心施一㝡下乞人猶
如如來福田之相无所分別等于大悲不求
果報是則名曰具足法施城中一㝡下乞人
見是神力聞其所說皆發阿耨多羅三藐三
菩提心故我不任詣彼問疾如是諸菩薩各
各向佛說其本緣稱述維摩詰　所言皆曰
不任詣彼問疾

維摩詰經卷上

BD00938　維摩詰所説經卷上

**圖書在版編目（CIP）數據**

中國國家圖書館藏敦煌文獻．第六二册／中國國家圖書館編．—北京：國家圖書館出版社，2024.12

ISBN 978-7-5013-7984-2

Ⅰ．①中…　Ⅱ．①中…　Ⅲ．①敦煌學－文獻　Ⅳ．① K870.6

中國國家版本館 CIP 數據核字（2024）第 036530 號

書　　名　中國國家圖書館藏敦煌文獻·第六二册
著　　者　中國國家圖書館　編
項目統籌　魏　崇　殷夢霞
責任編輯　程魯潔　潘　竹　黄　鑫　苗文葉
責任校對　王　哲

出版發行　國家圖書館出版社（北京市西城區文津街 7 號　100034）
（原書目文獻出版社　北京圖書館出版社）
010-66114536　63802249　nlcpress@nlc.cn（郵購）
網　　址　http://www.nlcpress.com
排版印裝　天津裕同印刷有限公司
版次印次　2024 年 12 月第 1 版　2024 年 12 月第 1 次印刷

開　　本　787×1092　1/8
印　　張　39
書　　號　ISBN 978-7-5013-7984-2
定　　價　2800.00 圓